CRÓNICA SECRETA
DE LA CONSTITUCIÓN
(40 años después)

SOLEDAD GALLEGO-DÍAZ
BONIFACIO DE LA CUADRA

CRÓNICA SECRETA DE LA CONSTITUCIÓN
(40 años después)

Prólogo de DIEGO LÓPEZ GARRIDO
Epílogo de MARÍA LUISA BALAGUER

SEGUNDA EDICIÓN

tecnos

1.ª edición, 1989
2.ª edición, 2018

Diseño de cubierta:
JV Diseño gráfico, S.L.

Juan Ignacio Luca de Tena, 15 - 28027 Madrid
ISBN: 978-84-309-7612-6
Depósito Legal: M-36294-2018

Printed in Spain

A Elena,
hija y ahijada

ÍNDICE

PRÓLOGO

Una obra de periodismo de análisis sobre la elaboración de una Constitución tiene mucho que ver con la ciencia de la política. Es desentrañar lo que hay detrás del espejo; hacer patente algo normalmente sofocado por la enorme dignidad de un texto fundamental; es sencillamente decir que las Constituciones son creaciones humanas, que alguien ideó su redacción y configuró su estructura.

En las páginas que siguen hay personas, hombres y mujeres (más de los primeros, ciertamente), que actúan, negocian, deciden. Hay estrépito parlamentario. Una realidad tan despersonalizada como la Constitución, el más elevado instrumento jurídico que da forma a un régimen democrático, fue posible merced a concretos nombres y apellidos.

Más que eso. El propio Estado se desmitifica ante la cirugía de papel de dos periodistas. En su análisis toma cuerpo real el vendaval de nuevas instituciones políticas que han hecho temblar al Leviatán en el tardío siglo XX. Efectivamente, la discusión constitucional la estaban protagonizando no órganos legalmente encargados de ejercer el poder y la coacción, sino más bien otras nuevas realidades extrajurídicas paralegales: partidos políticos, grupos sociales, medios de comunicación, instituciones como la escuela, la Iglesia y la familia, y, desde luego, poderes fácticos, vergonzantemente ocultos tras las bambalinas.

Toda una revolución sociológica está presente en el largo proceso de concepción de nuestra Constitución. Una complejísima red de intereses, en un ejercicio de alquimia política, se trasmuta en preceptos jurídicos de máximo rango. Hay intereses bajo el manto constitucional porque el derecho —que no es sino discusión política objetivada, detenida— se genera por alguien, aunque después toma una vida propia.

El único intento profundo que conozco de explicar una Constitución en términos de intereses económicos —intento fallido por unilateral— es el que Charles Beard hizo en 1913 sobre la Constitución de los Estados Unidos. Para Beard, el propósito del bicentenario documento era redistribuir la riqueza desde los más pobres segmentos de población a las clases superiores, a las que los constituyentes norteamericanos pertenecían. Los grupos de interés beneficiados supuestamente iban a ser los manufactureros y banqueros acreedores a expensas de granjeros y deudores. Para ello, la Constitución concedió cuatro importantes poderes al nuevo gobierno federal: el poder fiscal, el poder de dirigir la guerra, el poder de controlar el comercio y el poder de disponer de las *western lands*. Esos poderes beneficiaban a los manufactureros facilitándoles tarifas proteccionistas, y beneficiaban a los banqueros bloqueando las pretensiones de los «deudores desesperados». En cuanto a los pequeños agricultores, fueron lesionados por la Constitución norteamericana porque ésta estableció un gobierno central con suficiente poder para arrasar cualquier rebelión agraria contra los terratenientes.

Para Beard, la Constitución es un texto puramente económico, en el sentido de que refleja las consecuencias de una lucha por el poder entre intereses económicos competidores.

Vencieron los partidarios del *statu quo,* y ello se expresó en una estructura pensada para la parálisis política, porque ésa sería la consecuencia de principios como la separación de poderes, el sistema bicameral, el veto presidencial a la legislación emanada del Congreso y la judicatura independiente.

¿Cabría intentar también un análisis económico de la Constitución española? La penetrante descripción de Bonifacio de la Cuadra y Soledad Gallego-Díaz —que incluye una encuesta sociológica sobre los padres de la Constitución— sería un instrumento precioso para ese trabajo, al que quizá algún investigador se anime en un futuro. En todo caso, difícilmente se llegaría a conclusiones tan rotundas como las que hace Beard. La Constitución española no podía ser un triunfo de parte. La izquierda, la única fuerza con capital político para legitimar al nuevo régimen, tuvo influencia innegable en la versión final de nuestra Constitución. La derecha, que tenía el poder de partida, lo supo administrar con sabiduría, como las páginas siguientes se encargan de demostrar.

Además, los partidos representantes de las burguesías vasca y catalana introducían un factor de complejidad que sólo una Constitución muy «política» podía solucionar. De modo que la Constitución española no es, desde luego, un reflejo mecánico de exclusivos intereses económicos.

Lo que quiero plantearme en este corto prólogo, que se escribe once años después del maratón constitucional, es lo que trasladó a la Constitución, entendida ya como eje de la vida política española, aquel período trepidante, seguramente irrepetible, del Parlamento; qué rasgos quedaron indelebles en la estructura constitucional tras aquellas conversaciones, debates y votaciones presididas, al tiempo, por la confrontación y por el acuerdo; qué ha sucedido en estos once años que no hubiera sucedido sin aquel tipo de elaboración legislativa; qué cultura política ha trascendido de los días apasionantes del consenso y de la inestabilidad. En definitiva, qué Constitución tenemos y por qué la tenemos.

PLURALISMO

Tenemos, ante todo, una Constitución para el pluralismo. Pienso que ése es el factor que, de modo más constante y patente, aflora en la *Crónica secreta*.

Si algo hubo en la construcción de la Constitución fue pluralismo. Ésa es seguramente la mayor herencia dejada por los constituyentes a la siguiente historia de nuestro país. Es su más caluroso mensaje.

El relato de la aventura constituyente es el relato de la inevitabilidad del pluralismo. Aunque no hubiera sido querido, aunque no lo fue por algunos, el pluralismo se convirtió en la lógica implacable de ese período.

Los reformistas del régimen franquista y la oposición democrática —la más luchadora y la menos, la más nacionalista y la más centralista, la más izquierdista y la más conservadora— se necesitaban para hacer un edificio sin fisuras. La verdad es que casi todos aportaron algo, y casi todos se sintieron alguna vez frustrados.

Esa tensión de fondo se trasladó al texto y ahí ha quedado. De modo que, cuanto menos pluralista ha sido la vida política española en esta década, más ha sufrido su referencia jurídica básica, más ha sido el «malestar de la cultura constitucional», por parafrasear a Freud.

En esto, la obra constituyente fue moderna. El pluralismo es algo más que una estrategia política. Es un designio de los tiempos. Es la forma de la sociedad de la complejidad.

Se ha dicho que la tercera revolución de la física, tras la cuantitativa de Galileo y la relativista de Einstein, es la de la complejidad y el caos determinista. La física de la complejidad estructural consiste en la imposibilidad de describir un fenómeno por medio de cada uno de sus elementos, estáticamente. Y es que hay algo más en los objetos y, añadiríamos nosotros, en las sociedades contemporáneas, que impide definirlos o dirigirlos con la simplicidad o la elementalidad de la clásica relación gobernante/gobernado.

El mundo actual, también nuestro país, tiene en su interior la paradoja de ser inmune a un estilo decisionista —típico de la derecha y de la izquierda más tradicionales— pero, a la vez, necesitado de ser gobernado, esto es, sujeto a la opción.

La opción es aquello no paradigmático, o sea, nítidamente contingente.

El pluralismo se mueve en ese sentido. Para gobernar la complejidad se requiere flexibilidad y no resistencia al cambio.

El pluralismo es un valor fundamental de la democracia española, y yo creo que no sólo por la fuerza de las cosas, sino porque, de forma natural, se instaló en aquélla de la mano de la azarosa peripecia constituyente.

El modo en que se debatió la Constitución obligó a cada partido a pensar en términos del interés general, porque sólo así era posible encontrar un área común aceptable para el interlocutor.

Y no era sólo un pluralismo de naturaleza política. Era también la expresión de un pluralismo social proyectado a pluralismo institucional: partidos, sindicatos, asociaciones, nacionalidades.

Ésta es una de las razones de la aceptable integración de la Constitución en la sociedad española. En España se ha dado también una fragmentación de niveles de la vida, que caracteriza al capitalismo tardío. Los individuos y grupos han desarrollado una fuerte diferenciación de papeles, que ha conllevado, y conlleva, una crisis de identidad, porque ésta ya no es el fruto de una previsión indefectible.

La construcción de la identidad de tantos grupos e individuos es, parecidamente a la elaboración de un texto legal, el resultado de una especie de negociación y renegociación sobre el papel a desempeñar. En este aspecto, la pluralidad mostrada por las Cortes de 1977 era, y, al trasladarse a la Constitución, sigue siendo, funcional y adecuada al tipo de transformaciones producidas en los distintos sectores, intereses e ideologías de nuestra sociedad.

La Constitución fue capaz de convertirse, gracias al pluralismo inserto en su orígenes, en un escenario de conflicto social y, al tiempo, en expresión y garantía de intereses generales y de integración estabilizadora.

ESTABILIDAD

Si hay un lugar común en la literatura política de la década, es la necesidad de una nueva forma de hacer política. Y ello porque lo político parece haber perdido su supuestamente innata capacidad de conferir identidad y seguridad referencial a los ciudadanos y ciudadanas.

La apertura al pluralismo sufre, como la otra cara de la moneda, de una sectorialización intensísima de los problemas, y de una desvertebración societaria. Por eso, la pérdida de capacidad integradora del político y de lo político es un horizonte muy grave de nuestro tiempo. Las esferas cabalmente políticas (área de gobierno, área parlamentaria, área de partidos, área ideológica) muestran hoy su desnudez cultural, su dificultad de conexión con el mundo vital.

Lo social ha cambiado sus bases hasta hacerse irreconocible en los ochenta. El proceso de segmentación y degradación de las relaciones laborales, la modificación de la empresa, la difusión de una idea del individuo como ser capaz de consumir y poseer indefinidamente, han destruido en gran parte las reservas de solidaridad y de vinculación entre seres humanos y grupos sociales, que en otro tiempo tanta energía política desplegaron.

Lo que alguien ha llamado cultura conservadora de la «restauración» tiene mucho que ver con esos datos preocupantes, en buena medida subproductos del fracaso político (que no social) de la explosión del 68, cuya mentalidad radical e individualista no encontró vías de entrar en las tradiciones de solidaridad de la vieja civilización del trabajo, única forma de obtener resultados integradores.

Pues bien, la obra constitucional hizo gala de una sorprendente energía integradora. El hecho más integrador en la historia reciente de España. Ésta es otra de las notas a destacar tras la lectura de este libro.

Integración significa estabilidad, pero de ahí al *statu quo* no hay más que un paso. Y hay que reconocer que la obra constituyente fue también una estrategia de conservación.

En las intenciones de los padres de la Constitución existía el temor a edificar sobre arena; a la Constitución transmitieron un santo temor a que terminase por ser una anécdota más en la dramática época contemporánea. Por eso, algunos de sus contenidos ideológicos son verdaderamente conservadores: el papel del Ejército, el protagonismo de la Iglesia católica, la institucionalización de las profesiones, la fuerza dada a la escuela privada, la libertad de empresa, la prohibición de asociación política para los magistrados. También lo son algunos mecanismos orgánicos, el principal de ellos la moción de censura constructiva y el sistema electoral de circunscripción provincial y el bajo número de diputados (no más de 400), que produce un fortísimo efecto mayoritario en las zonas no industrializadas.

La verdad es que, por sí misma, una Constitución es un resorte profundamente estabilizador. Paradójicamente, eso es lo que angustiosamente pedían las fuerzas políticas que salían de la clandestinidad, y el 23-F les dio la razón. Porque la ruptura jurídica con la dictadura, que eso es al fin y al cabo la Constitución, era ya un paso gigantesco que no estaban dispuestos a desperdiciar.

Ahora bien, la Constitución ¿permitiría que se instalase entre nosotros permanentemente el freno al tiempo social o la parálisis de que hablaba Beard? No creo que fuese ésa la intención de los diputados y senadores de 1977; y hay otros elementos en el texto que sirven para equilibrar la fuerte componente estabilizadora.

CONFLICTO

La crónica de la elaboración de la Constitución es la crónica del acuerdo, pero, en paralelo, también la crónica del enfrentamiento al borde del abismo. Fue una historia de amor y desamor, de desencuentros, de incompatibilidades ideológicas. Algún grupo importante llegó a defender la República, aunque aquello fuese una finta.

La Constitución se construyó, pues, sobre el conflicto, y tiene en su interior el conflicto. A veces espectacularmente. El artículo 15 sobre el derecho a la vida, el artículo 27 sobre el derecho a la educación, o el título VIII sobre las autonomías son verdaderos homenajes al conflicto.

El artículo 1.º1 es el precepto que, por antonomasia, asume el conflicto como parte consustancial del desarrollo y el crecimiento de los pueblos.

Dice que España se constituye como un Estado social.

El Estado social es, como se sabe, la expresión del pacto que las capas sociales trabajadoras y populares hacen con los detentadores de los medios de producción. La lucha por los beneficios del trabajo se va a concentrar no tanto en la propiedad como en el nivel redistributivo. Así, el sistema fiscal y la política económica se erigen en los mecanismos que manifiestan y gobiernan la tensión de las relaciones económico-sociales. Ése es el terreno del conflicto.

La Constitución selló el compromiso y abrió el campo de lucha social. Ahí están el derecho a la huelga y al conflicto colectivo, tan bien descritos en la *Crónica* como la baza innegociable de la izquierda.

La admisión del conflicto como elemento del sistema tiene como dimensión subjetiva la potenciación de los agentes sociales encargados de corporeizarlo, sindicatos y asociaciones empresariales. Son los sujetos políticos del conflicto, juridificados.

Y hay otro sujeto del conflicto: el Gobierno, que, según su orientación lógica, puede adoptar una posición activa o pasiva en aquél. La actitud neoliberal ha predominado en esta década en Europa hasta hacerse estratégicamente, sorprendentemente, con gobiernos presididos por socialistas en España y en Italia. Es la actitud pasiva y meramente legitimatoria del predominio de los poderes económicos dirigentes en la esfera privada (la empresa) obviando un papel de dirección de las relaciones industriales, sin sostener especialmente el papel contractual del sindicato con el propio Gobierno.

Hubiera cabido otra política más activa. De hecho, la Constitución no ha impedido una huelga general, ni es contraria a un papel político del sindicato que se confronte con la posición central y solitaria que las decisiones empresariales han venido adquiriendo en la década. Porque en la Constitución española la función estabilizadora innegable de su naturaleza va acompañada de un escenario abierto a las reformas de contenido político.

REFORMISMO

La Constitución española ha crecido en un período en el que el tiempo económico ha superado rápidamente al tiempo político. La dinamicidad enorme de la nueva ingeniería financiera especulativa es, probablemente, el más elocuente ejemplo de ello.

La borrachera de economía, hegemonizada por la decisión autónoma empresarial y por la dictadura del mercado *tout court*, ha desequilibrado el juego político. Ha desenfocado la dimensión reformadora de la Constitución, oculta por la mencionada opción liberal y despolitizadora de los gobiernos españoles de la década.

Pero cuando los padres de la Constitución trabajaban afanosamente no tenían ante sí este panorama políticamente plano. Había en su seno una mayoría socialista-socialdemócrata, según los resultados de la encuesta sobre el origen sociopolítico de los parlamentarios que se incluye en este libro.

El producto constituyente no iba a ser, naturalmente, una puerta a la revolución, pero sí a grandes y significativas reformas. ¿Cómo, si no, se podía ejecutar el artículo 9.° sobre la igualdad real, de contenido tan ambicioso que aún hoy causa incredulidad leerlo?

En las legislaturas habidas desde 1977 ha habido ocasiones para comprobar el gran margen de reforma que una fuerza progresista, de izquierda, puede llevar a cabo en sintonía con las líneas constitucionales básicas. Por ejemplo, la Constitución no hubiera sido obstáculo para salir de la OTAN. Tampoco para aceptar las principales reivindicaciones de la huelga general del 14-D. No es obstáculo para democratizar la empresa pública o las relaciones industriales; o para trasladar fuertes cantidades de la investigación militar a la reforma de la sanidad, la justicia o la enseñanza. No lo es para dar autonomía presupuestaria y estabilidad a las organizaciones no gubernamentales que cumplen funciones de interés público.

Aún conserva la Constitución un alma reformista; quizá oxidada, pero viva. Es lo que en ella sembraron los constituyentes conscientemente, y no sólo desde la izquierda. Si alguna mayoría la desempolvara en el futuro, seguro que desencadenaría toda la fuerza que guarda.

COMUNICACIÓN

Los constituyentes de 1977-1978 actuaron en una atmósfera muy distinta de la de sus predecesores del turbulento parlamentarismo español. Actuaron en el mundo de la imagen y de la comunicación. Los constituyentes venían de un régimen sin comunicación, replegado sobre sí mismo, y, aunque la transición democrática fue un ejercicio de virtuosismo para no tocar las estructuras de poder del pasado, si había algo distinto y antológicamente inocultable era la comunicación, la libre información, especialmente en la prensa y en la radio.

La labor de creación de la Constitución, a pesar de las resistencias iniciales a la transparencia de quienes apostaron por la confidencialidad, terminó haciéndose a la luz de una opinión pública sedienta de información política libre. Este libro es el paradigma de ese fenómeno flamantemente estrenado por los españoles.

La experiencia personal de aquellos diputados y senadores explica, entre otras cosas, que el artículo 20 proclame y garantice las diversas dimensiones de la libertad de expresión y el derecho a la información con precisión y detenimiento deliberado.

Es muy cierto que, en las sociedades complejas, cuando la inestabilidad y la impredictibilidad obstruyen nuestra capacidad de comprensión y dificultan la gobernabilidad de los hechos sociales y científicos, la libertad de información es la condición de cumplimiento de la democracia.

Que nos perdone Carlos Marx si pronunciamos una herejía más. Hoy, la historia política es la lucha por la información; es otra forma de definir las diferencias de clases. La economía de la información, una mercancía intangible pero tan humana, sustituye a la economía de masas; y la información, la inteligencia en los circuitos de producción y los circuitos de poder resultan ser los elementos centrales, el núcleo duro de la civilización actual.

En la no muy excitante vida parlamentaria de la aún joven democracia española, la contienda Gobierno/Oposición ha resultado ser tan fuertemente desequilibrada precisamente por la enorme diferencia de capacidad de acceso a la información.

La Constitución española tiene de tal modo metida en su seno la libre información, el libre pensamiento, la libre conciencia —valores en alza en 1978— que cabría decir que también ampara, en embrión, un nuevo concepto de poder. Se trataría de ver al poder político democrático no como algo estático que se posee tangiblemente en un bloque, que se detenta de una vez y definitivamente, sino como algo de algún modo compartido capilarmente.

El poder así contemplado tiene mucho que ver con las estructuras de la comunicación. Sería un poder para comunicar, para coordinar la pluralidad; un poder no para disfrutar en un juego de suma cero en el que la cesión de información resta dominio, sino para multiplicar recíprocamente las potencialidades del cuerpo social.

En el nivel político interno, el trabajo constituyente fue, en verdad, un ejercicio de poder compartido, en el que la información comunicada potenciaba a los interlocutores en la consecución del objetivo final. Fue una muestra de la energía que surge de la comunicación.

A pesar de los partidarios a ultranza de la confidencialidad y el secretismo, la libertad de comunicación es el principal instrumento para que los titulares del poder, los ciudadanos, puedan participar, de modo real y no sólo nominalmente, en la toma de las decisiones que les afectarán en el *feed-back* del sistema político.

El pensamiento constituyente se alimentaba de la libre comunicación, y esos rasgos están impresos en la Constitución española. Es el aire que requiere nuestra democracia. Por eso es tan absolutamente esencial que el pensamiento libre de cada ciudadano pueda expresarse y desarrollarse sin temor a discriminaciones o represalias disimuladas, especialmente en el campo controlado por el omnipresente Estado. Es el primero y principal de los derechos civiles.

DERECHOS

La obsesión garantista que los constituyentes plasmaron en la Constitución (excepto para la legislación antiterrorista) no era cuestión baladí. La izquierda se entregó a esa tarea compensando lo que no podía ni procedía hacer en cuanto al modelo económico. Pero, de tanto mirar hacia atrás para poner una muralla entre las dictaduras y las libertades, se olvidaron de la posteridad.

La Constitución ha sido rebasada por la sociedad tecnológica de servicios, creadora de más y más contradicciones y, por tanto, de más y más derechos de nuevo cuño.

Los ochenta son los años de los nuevos derechos, relacionados con la identidad y la vida privada, la salud, el medio ambiente, el consumo, la producción, las nuevas tecnologías de la información, y de la biología genética, la vivienda, la justicia, el ocio, y tantos otros. La Constitución no pudo preverlo y, cuando lo hizo —el caso de la ley sobre la informática y la invasión de la intimidad—, mostró la cara de la desconfianza y la ignorancia. Algo reflejado hasta hoy, por cierto, en la incapacidad de ninguna mayoría de aprobar esa ley.

La sociedad de estos días que vivimos es mucho más sensible a la calidad de vida, a la acentuación de la diferencia entre el grupo y lo privado, a los valores de creatividad, a las necesidades individuales, a lo irracional y lo artístico, a lo emocional. Todo ello, con sus luces y sus sombras, va unido a la crisis del movimiento obrero, ante la fuerte terciarización de las sociedades industriales.

Esto es una explicación parcial a un fenómeno novedoso consistente en lo efímero de las reivindicaciones sectoriales de los últimos años. Otras causas pueden residir en la escisión producida entre derechos teóricamente poseídos y prácticamente no disfrutados.

Lo cierto es que el universalismo, que ha sido consustancial con las declaraciones de derechos, va dejando de ser una señal de identidad eterna. Y termina por replantearnos la proyección de futuro de la Constitución.

FUTURO

¿Le dieron a la Constitución fuerza de permanencia y durabilidad sus creadores? Ésa fue, con toda seguridad, su pretensión; la intensidad de los debates descritos a lo largo de la *Crónica* lo atestigua. Pero con la intención, y la absurdamente pétrea resistencia a la reforma inserta en el texto, no basta. Además, tiene que mantenerse el equilibrio que —salvo en la cuestión no resuelta de la autodeterminación de las nacionalidades— se saldó con éxito hace once años.

A mi juicio, la Constitución seguirá vigente social y políticamente si mantiene las seis funciones fundamentales que la han venido legitimando y que he señalado en este modesto prólogo: el *pluralismo* de quienes intervienen en el juego político que se diseñó en 1977; la *integración* estabilizadora de los distintos intereses en un interés general; la resolución política, es decir, legitimatoria, no autoritaria, del *conflicto;* la apertura a las *reformas* hacia la libertad e igualdad reales; el poder entendido como *comunicación* y cooperación democrática; y una política constitucional de *derechos* que no olvide que el sujeto (que no objeto) de la política no es el Estado o la razón de Estado, sino la mujer y el hombre concreto. Éstos son los autores de su futuro en una honesta política democrática, la única que, a estas alturas del siglo XX, se puede proponer como paradigma filosófico para el planeta Tierra.

Las seis grandes dimensiones de la Constitución descrita (pluralismo, integración, conflicto, reformismo, comunicación y garantía de derechos) siguen siendo, pienso, un programa de gobierno para una mayoría de progreso en España con fuerte apoyo social. Porque, a pesar de que se han dado las condiciones para esa mayoría, la Constitución, tan conservadora en algunos aspectos, sigue permaneciendo en muchos otros potencialmente muy «a la izquierda» de las políticas públicas realizadas en la década de los ochenta. Para esa eventualidad, la lectura de la *Crónica secreta* de Bonifacio de la Cuadra y Soledad Gallego-Díaz es, les aseguro, definitivamente necesaria.

DIEGO LÓPEZ GARRIDO

Madrid, diciembre de 1989

INTRODUCCIÓN

A los 40 años de la aprobación de la Constitución de 1978, exponemos de nuevo a la luz pública *Crónica secreta de la Constitución*, con la idea de que nuevos lectores tengan a su disposición el relato, lo más detallado posible, de aquel proceso constituyente. Creemos que puede ser útil leer ahora lo que se escribió entonces, conforme iba avanzando el debate constituyente, no exento de dificultades sobre cesiones, acuerdos secretos, encuentros de madrugada y debates parlamentarios en los que hasta el último instante las diversas opciones estuvieron abiertas. Todos aquellos protagonistas, con sus luces y sus sombras, y con sus imperfecciones, lograron el gran objetivo de una Constitución democrática, respaldada por la gran mayoría de las fuerzas políticas y de los ciudadanos. No basta con decirlo. Conviene leer lo que se escribió entonces, según ocurrían los hechos, para comprender el alcance de la tarea que realizaron en aquel momento.

Muchos de los que seguimos día a día la elaboración de la Constitución, sin plegarnos a la pretendida confidencialidad ni aplaudir sistemáticamente a los constituyentes, nos llevamos una gran sorpresa cuando jóvenes políticos y jóvenes periodistas nos cuentan ahora el relato de lo ocurrido entonces, vivido, conocido y explicado entonces por nosotros en directo. Pensamos que quizás solo ocurre que a los improvisados cronistas del pasado les faltan detalles. Pues aquí los tienen.

Se ha dicho muchas veces que en la Constitución del 78 no estuvieron presentes las mujeres, y de hecho en este libro no se las menciona prácticamente. Sin embargo, no es exacto que no participaran en su elaboración o que no lucharan para que se reconocieran sus derechos. Es verdad que solo hubo 27 mujeres parlamentarias en aquella legislatura (21 diputadas y 6 senadoras), pero también lo es que todas ellas, sin excepción, defendieron la rápida incorporación de los derechos de la mujer al texto constitucional, a través del artículo 14, que reconoce la igualdad de sexos, «sin que pueda prevalecer discriminación alguna». La centrista Teresa Revilla, única mujer que formó parte de la Comisión de Asuntos Constitucionales y Libertades Públicas del Congreso, intervino el 18 de mayo de 1978, tras la aprobación unánime del artículo 14, en el trámite de explicación de voto, para llamar la atención sobre el significado del precepto: «la mujer española adquiere, por fin, la plenitud de sus derechos», «pero no vamos a dar las gracias por ello», añadió.

Pocos meses después de la aprobación en referéndum de la Constitución, a impulso del entonces secretario de Estado de Desarrollo Constitucional, Juan Antonio Ortega y Díaz-Ambrona, el 22 de junio de 1979, el Consejo de Ministros, presidido por Adolfo Suárez, remitió a las Cortes un proyecto de ley que modificaba ¡265 artículos! del Código Civil, para adaptarlos a la Constitución democrática y al reconocimiento de la igualdad de género.

No son objeto de esta obra, aunque sean interesantes, las deficiencias u omisiones en que, una vez en vigor la Constitución, incurrieron los políticos que, al amparo de ella, alcanzaron el poder y tuvieron la responsabilidad de promover avances democráticos. Nos importa más resaltar el gran espacio que abrió la Constitución para adaptar todo el sistema jurídico a las necesidades de la nueva y democrática sociedad española. Sin tocar una coma del texto constitucional, por ejemplo, suprimir 23 años después y sin más trámites el servicio militar obligatorio o, 27 años después, ampliar el derecho a contraer matrimonio a personas del mismo sexo.

La publicación de este libro tiene como objeto explicar con palabras y con informaciones de entonces —sin elaborarlas ni *cocinarlas*—, cómo se alcanzó el consenso constitucional. Es el relato, lo más detallado posible, de 15 azarosos meses de la vida política española, que culminaron en una obra fundamental para el sostenimiento y profundización de nuestra democracia. Creemos que el Apéndice, que contiene el texto íntegro del primer borrador, comparado con el texto final de la Constitución, aprobado por ambas cámaras en sus respectivos plenos del 31 de octubre de 1978, es una pieza de especial interés: los lectores podrán seguir en el libro el rastro de los cambios que se produjeron y encontrar la explicación razonada que se formuló en su momento. Por ejemplo, el camino seguido por el término «nacionalidades», que figuró desde el principio en el primer borrador, aunque el texto vigente del artículo dos, que lo contiene, experimentara una transformación muy notable en su lectura final.

Los autores tuvimos en su día la voluntad de indagar, mediante una encuesta propia, sobre la personalidad política y el perfil sociológico de los 598 constituyentes (350 diputados y 248 senadores) que intervinieron en aquel proceso. El resumen del resultado, que nos sigue pareciendo revelador, son los varios epígrafes que describen a aquellos hombres y mujeres: «Moderadamente jóvenes», «Nacieron en provincias», «Hijos de clase acomodada», «Estudiaron en la Universidad», «Ochenta sufrieron las cárceles de Franco», «Más de la mitad va a misa» y «Socialistas más socialdemócratas, mayoría absoluta».

La elaboración del libro que ahora reeditamos necesitó la ayuda de muchas personas, sobre todo políticos, que nos proporcionaron noticias de primera mano, en algunos casos inéditas; nos ayudaron a contrastar los datos de nuestra investigación, o contestaron a nuestra encuesta. Valoramos también con agradecimiento la ayuda de algunos compañeros periodistas y, de modo muy especial, la de José Luis Martínez. Asimismo, agradecemos el auxilio técnico que nos prestó Adela Abarrategui, socióloga, en la tabulación y evaluación de la encuesta.

Madrid, noviembre de 2018

1. LA CARA OCULTA DEL CONSENSO

UNAS CORTES CONSTITUYENTES ATÍPICAS

Cuando, a raíz de la aprobación mediante referéndum de la Ley para la Reforma Política, los partidos adquirieron absoluta confianza en la rápida celebración de unas elecciones generales que entregaran al Parlamento el protagonismo político y la capacidad legislativa, el primer objetivo que prácticamente todos ellos se propusieron fue la elaboración de una Constitución. Y cuando el 15 de junio de 1977 los militantes y simpatizantes de una u otra opción concurrieron a las urnas, sabían que aquellos por los que estaban votando se habían encomendado a sí mismos esa tarea: redactar la novena Constitución española.

Aunque la Ley para la Reforma Política no aludía en ninguno de sus artículos a semejante propósito, el país no tuvo grandes dudas sobre el carácter constituyente de las Cortes que iba a elegir. El propio partido creado por el entonces presidente del Gobierno, Adolfo Suárez, la coalición electoral Unión de Centro Democrático, incluía en su programa una referencia constitucional y en los escasos mítines ofrecidos por sus candidatos quedó generalmente patente la urgente necesidad de dotar a España de un texto legislativo fundamental.

En las negociaciones previas a la creación de UCD este propósito fue asumido por todos los «cabezas de serie». Tanto el socialdemócrata Francisco Fernández Ordoñez como el liberal Joaquín Garrigues Walker o el democratacristiano Fernando Álvarez de Miranda no tuvieron ningún inconveniente en reafirmar su intención de que las primeras Cortes del posfranquismo fueran Constituyentes.

El temor despertado por la Ley para la Reforma Política —que establecía la creación de dos Cámaras, Congreso y Senado, y quebraba la tradición jurídica según la cual las Cortes Constituyentes están formadas por una sola— fue rápidamente disipado por el propio Adolfo Suárez. La creación del Senado, atípica en esta primera etapa de iniciación democrática, fue considerada como un requisito indispensable para que las Cortes franquistas, aún plenamente legales, accedieran a votar su propio haraquiri. Torcuato Fernández-Miranda, presidente de aquellas Cortes y que recibió del Rey de España, agradecido, un ducado y el Toisón de Oro, apoyó con todo su peso la creación de la segunda Cámara, *más aún* —señaló a personas allegadas— *si se va a redactar una Constitución.*

El Senado, en el que el Rey podía designar 41 senadores y que resultaba elegido por un sistema de listas y representación territorial distinto del establecido para el Congreso de los Diputados, se configuró como una *segunda línea* de resistencia moderada, en el caso de que los resultados electorales dieran a la izquierda una situación demasiado beligerante en el Congreso. El Rey, que designaba a *sus* 41 senadores después de que fuera público el resultado electoral, podría ayudar a nivelar la balanza.

Los dirigentes de los partidos democráticos integrados en la coalición electoral de Suárez tuvieron que darse por satisfechos con estas explicaciones y asumir lo que se les presentó como un hecho consumado, herencia irrenunciable del franquismo. Se trataba de una pequeña concesión al régimen anterior que no pondría en ningún caso en peligro el propio proceso constituyente. Los partidos de izquierda, por su parte, no se encontraban en situación de imponer su criterio y aceptaron acudir a las urnas con este esquema bicameral. Todo el mundo ignoraba cuál era su fuerza electoral real y esperaba conocer el resultado de la consulta del 15 de junio para tomar posiciones de cara a la elaboración de la Constitución.

El único partido que se mostró, ya en aquellos momentos, contrario a la apertura de un proceso constituyente fue Alianza Popular, todavía esperanzada en la proyección política de sus líderes y en el reclamo electoral que supondría su presentación como los herederos de Francisco Franco. Manuel Fraga y otros dirigentes aliancistas se negaron a conceder a las elecciones carácter constituyente aunque, en su fueron interno, el ex vicepresidente y ministro del primer Gobierno de la Monarquía no se engañó nunca y puso pronto a punto su biblioteca particular, dejando a mano todos los volúmenes relacionados con las Constituciones habidas y por haber en España y en el mundo.

El balance de las primeras elecciones democráticas que se celebraban en España después de cuarenta años de *pertinaz sequía* política, condicionó el posterior desarrollo del proceso constituyente. Ningún partido obtuvo la mayoría absoluta y los dos primeros *clasificados,* UCD y PSOE, se encontraron separados por un número bastante escaso de votos —aproximadamente un millón— y un número algo más abultado de escaños, aunque no lo suficiente como para que UCD pudiera atribuirse la representación de la *gran* mayoría de los españoles.

Pasados los primeros momentos y formado ya el primer Gobierno democrático, todos los ojos se volvieron hacia lo que había constituido el primer punto de los programas electorales y se presentaba como una necesidad urgente de cara a la consolidación de la nueva etapa española: la Constitución. Sin ella, resultaba imposible acometer la reforma del ordenamiento jurídico franquista, protegido, en muchos casos, por aquellas inefables Leyes Fundamentales que tenían la consideración de normas prácticamente constitucionales.

La escasa fortaleza del partido vencedor, de los partidos opositores, e, incluso, de la recién instaurada Corona, hizo que la clase política del país apreciara muy pronto la necesidad de presentar el proceso constituyente ante la sociedad española rehuyendo en todo lo posible las aristas rupturistas y limando todo cuanto contribuyera a radicalizar la inesperada y *europea* moderación del electorado. Se empezó, pues, a hablar pronto de la necesidad de redactar una Constitución *para todos,* una Constitución de *consenso.*

«NOS BASTAMOS Y SOBRAMOS»

El presidente Suárez y su Gobierno pensaron encomendar al ministro de Justicia, Landelino Lavilla, y a un equipo de expertos de UCD, encabezados por el joven letrado del Consejo de Estado, Miguel Herrero Rodríguez de Miñón, la elaboración de un borrador sobre el que después se negociara y debatiera. A través de la prensa, los responsables del partido gubernamental hicieron las primeras sugerencias en ese sentido, pero la reacción de los socialistas y comunistas fue negativa; el PSOE y el Partido Comunista de España (PCE) no estaban dispuestos a pasar por ese trance. Conocían ahora su propia fuerza y podían presentar el respaldo de varios millones de votos.

El Gobierno pensó entonces en una solución intermedia: designar, previa consulta con los partidos parlamentarios, una comisión de expertos en Derecho constitucional, teóricamente despolitizada, o, al menos, apartidista. Avalaba esta propuesta el hecho de que hubiera sido el procedimiento elegido para redactar el borrador de la Constitución republicana de 1931.

Sotovoce empezaron a circular los nombres de catedráticos y expertos, posibles candidatos: Eduardo García de Enterría, Carlos Ollero, Luis Sánchez Agesta, Jorge de Esteban... Los socialistas, se decía, podrían *colar* a Elías Díaz o a José Antonio González Casanova. Recién inaguradas las Cortes, en sesión solemne presidida por don Juan Carlos, se apreció que los socialistas —que ostensiblemente rehusaron participar en el aplauso al discurso del Rey— rechazaban también esta fórmula. «Las Cortes —dijo Felipe González— se bastan y se sobran para dotar al país de una Constitución.»

La izquierda se negó porque temía que cuando aún estaban los partidos políticos recién nacidos a la legalidad, el Gobierno quisiera restarles protagonismo ante la sociedad española y por ello su reacción fue especialmente agresiva. «La Constitución —afirmaron los líderes del PSOE y del PCE— es una consecuencia del equilibrio entre las fuerzas políticas y debe redactarse por esas mismas fuerzas. El Gobierno no debe tener ningún protagonismo».

«UCD fue partidaria desde el comienzo —diría meses más tarde quien se convirtió en uno de los protagonistas de la negociación constitucional, Fernando Abril Martorell— de un proyecto más breve y más simple, quizá más clásico. Porque cuanto más breve fuera, menores serían las discrepancias. Esta fue la posición inicial de UCD y la primera idea del Gobierno, que propuso la creación de una comisión de expertos en Derecho Constitucional para que elaborara el proyecto que fuera después debatido por las Cámaras. Como consecuencia de un conjunto de intervenciones con motivo de la constitución del Congreso, se renunció a esa fórmula.»

El último intento gubernamental consistió en una velada oferta a los partidos para intentar que el borrador fuera redactado, al menos, por los jefes de fila de cada uno de los grupos parlamentarios, asesorados por los técnicos que eligieran. Se trataba de una comisión al margen del Parlamento; ya tendría tiempo después la Cámara Baja —pensaba el Gobierno— de iniciar los debates, técnicamente hablando. La propuesta, realizada en última instancia y de una forma muy ambigua, fue también rechazada por la izquierda.

El camino elegido por el PSOE y el PCE, y que prosperó finalmente, con el voto a favor de UCD, fue la elección de una ponencia en el seno de la Comisión de Asuntos Constitucionales y Libertades Públicas del Congreso de los Diputados. El proceso constituyente se inició formalmente el 22 de julio de 1977 con la primera reunión de dicha Comisión. Iba a ser, según se dijo, un proceso enmarcado exclusivamente en las paredes parlamentarias, lo que no significa que se creyera que éstas eran impenetrables a la influencia de la calle ni a las exigencias de los poderes más o menos fácticos.

UNA PONENCIA CON SIETE SILLAS

Antes de que se reuniera por primera vez la Comisión Constitucional del Congreso, los partidos parlamentarios libraron sus batallas internas por dilucidar quiénes serían sus representantes y qué número de integrantes debía tener la ponencia encargada de redactar el borrador.

Los comunistas, la minoría nacionalista y el Grupo Mixto —controlado en aquel momento por el Partido Socialista Popular (PSP)— defendieron la formación de una ponencia integrada por nueve miembros: tres de UCD, dos del PSOE y uno en representación de los cuatro grupos parlamentarios restantes (AP, PCE, vasco-catalanes y Grupo Mixto). Esta propuesta fue, sin embargo, rechazada inmediatamente por UCD, porque existía el riesgo de que los nueve ponentes se decantaran en dos compartimentos estancos, UCD y AP, con cuatro votos, por un lado, y los otros grupos, con cinco votos, por otro.

Los socialistas, por su parte, tampoco mostraron gran entusiasmo ante la formación de una ponencia tan amplia.

En contrapartida, el grupo gubernamental propuso que formaran la ponencia sólo cinco diputados: tres de UCD y dos del PSOE. Finalmente, se llegó a un término medio: serían siete los miembros de la ponencia. UCD reclamó, lógicamente, un reparto proporcional que le permitiera estar representada por un mayor número de diputados que su inmediato seguidor, el PSOE. Deseaba también que estuviera presente, al menos, un portavoz del Partido Comunista de España, cuyos dirigentes, a juicio de UCD, mantenían una actitud posibilista muy apreciable. El posibilismo comunista podría ayudar a atemperar los impulsos socialistas y obligarles a poner sus pies en la tierra, especialmente en temas relacionados con la forma de gobierno y la regulación de todo lo que afectara a la Corona.

Los socialistas se encontraban en aquellos momentos inmersos en una batalla dialéctica con el PSP, cuyos resultados electorales, sin ser espectaculares, tampoco eran despreciables. El PSP constituía un riesgo en el horizonte del PSOE: se reclamaba heredero del partido de Pablo Iglesias y en las batallas parlamentarias que parecían avecinarse, el electorado socialista podía sentirse confundido si dos partidos cuyas siglas incluían la misma definición ideológica adoptaban posturas divergentes. Los líderes del PSOE no mostraron ningún interés, sino más bien todo lo contrario, en lograr la inclusión del portavoz del PSP, Enrique Tierno Galván, en la ponencia constitucional. Aún resuenan en los pasillos del palacio del Congreso las veladas acusaciones del viejo profesor, que se vio alejado de uno de sus más ansiados sueños: redactar una Constitución para España.

Si los socialistas no pusieron ningún empeño en lograr que el profesor Tierno fuera elegido ponente, renunciaron, en cambio, a uno de sus puestos en favor de un representante del Grupo Vasco-Catalán. Intuyeron que la ausencia de un portavoz de los partidos nacionalistas podría suponer un grave problema para el futuro inmediato y ofrecieron, desinteresadamente, su segunda plaza al grupo formado por diputados del Partido Nacionalista Vasco (PNV) y Convergència Democrática de Catalunya (CDC).

La propuesta socialista fue bien acogida por UCD, sabedora de que en el grupo parlamentario Vasco-Catalán constituían mayoría los diputados de Convergència y no los del PNV. «Si hubiera sido al contrario —señaló un destacado centrista— hubiéramos intentado convencer al PSOE para que eligiera sus dos representantes y no cediera ninguno. Sabíamos que iba a resultar muy difícil entenderse con el PNV, mientras que la elección de Miquel Roca Junyent suponía, casi, un refuerzo para nosotros. Excepto en materias autonómicas —y en esas también puede discutirse con él— está muy próximo a los planteamientos ideológicos de UCD.»

La aseveración del diputado de UCD se reveló pronto cierta. En más de una ocasión, y a lo largo de todos los debates, los socialistas renegaron de su propia decisión anterior. «Roca no nos ayuda», «Roca ha votado con UCD», fueron lamentaciones frecuentes en boca de los parlamentarios del PSOE.

Para los diputados del PNV, la elección de Miquel Roca no supuso ninguna garantía. Muy pronto, los nacionalistas vascos pudieron formar su propio grupo parlamentario y dejaron claro que el diputado de Convergència Democrática de Catalunya no representaba los intereses del PNV.

La presencia de Manuel Fraga, el séptimo ponente, resultó inexcusable. UCD no quiso correr el riesgo de proporcionar un pretexto a Alianza Popular para poner en tela de juicio el proceso constituyente, o para que se sintiera apriorísticamente alejada de la futura Constitución. AP había sido, como hemos dicho, el único partido contrario en la campaña electoral a la apertura de ese proceso y, por ello mismo, debía estar presente en su iniciación. Manuel Fraga, integrado en la ponencia, resultaba mucho menos peligroso que fuera de ella. Además, la actitud del líder de AP supondría un buen punto de referencia hacia la derecha para los ponentes de UCD. El centro podría seguir siendo el centro. Los demás grupos, incluido el PCE, se mostraron de acuerdo.

LAS POSICIONES DE PARTIDA DE UCD Y PSOE

Una vez decidida la creación de una ponencia en el seno de la Comisión de Asuntos Constitucionales y Libertades Públicas del Congreso de los Diputados, quedaba por concretar cuál sería la estrategia de cada partido. La opinión pública pudo apreciar enseguida que ninguno de ellos tenía el propósito de presentar su propio proyecto constitucional. La única diferencia real entre los proyectos de la izquierda y de la derecha que llegó a los lectores de los periódicos en aquellos meses de julio y agosto de 1977 fue la extensión de la Constitución, el número de sus artículos.

El Gobierno y UCD defendieron una Constitución corta, con 40 artículos escasos y pocas declaraciones de principios. Su proyecto trataba de delinear unas normas generales y posponer para leyes futuras el desarrollo de esos preceptos genéricos. La izquierda, por el contrario, estimó que la Constitución española debía incluir la enumeración pormenorizada de los derechos y de las libertades. La peculiar situación política de nuestro país —carente durante cuarenta años de garantías jurídicas dignas de ser llamadas tales— obligaba, a juicio del PSOE y del PCE, a dedicarles un amplio capítulo en el texto de la

Constitución, como suprema garantía de que serían respetadas y salvaguardadas en el futuro.

«Acepto las ventajas de un texto corto —dijo Miquel Roca, situándose en el término medio de la polémica—. Pero esta Constitución tiene que ser larga para resolver muchas deficiencias y represiones del régimen anterior, que ahora deben desterrarse desde la Constitución. La sueca no necesitará hablar del derecho de reunión, por ejemplo, pero la española sí, porque en los últimos cuarenta años no lo hemos tenido.»

El único proyecto constitucional que quedó fuera de esta polémica fue el de Manuel Fraga. Alianza Popular defendió inicialmente que la Constitución no se contuviera en un texto único y cerrado, sino que se dictara un conjunto de varias leyes fundamentales con esa calificación jurídica.

Con excepción de esta polémica, los partidos renunciaron a explicar pormenorizadamente el contenido de sus propios borradores constitucionales. Antes aún de que se hubiera llegado a un acuerdo formal para garantizar el secreto que debía rodear las primeras deliberaciones interpartidistas, los grupos parlamentarios optaron por rodear sus propios trabajos y reuniones del mayor secreto. Así, los socialistas decidieron reunirse, sin anunciarlo a la prensa, en el Parador Nacional de Turismo de Sigüenza (Guadalajara). Allí discutirían a puerta cerrada para esbozar el borrador que su ponente, Gregorio Peces-Barba Martínez, presentaría a sus seis compañeros, días después. Su sorpresa fue grande cuando, al llegar al parador, comprobaron que, cómodamente sentado en un salón, les esperaba un periodista, Manuel Soriano. Pese a todo, mantuvieron su decisión y se negaron a detallar sus trabajos.

El proyecto de Constitución elaborado por el PSOE en aquellas reuniones constaba de un preámbulo y once títulos. Varios profesores, entre ellos Jorge de Esteban, Elías Díaz y José Antonio González Casanova, ayudaron a los diputados socialistas, al igual que Miguel Satrústegui y Alfonso Ruiz Miguel. Eduardo García de Enterría, el conocido especialista en Derecho Administrativo, no acudió a Sigüenza, pero ofreció en algunas ocasiones a los socialistas su valioso dictamen técnico. Igualmente lo ofreció, cuando fue requerido para ello, a los diputados de UCD, que llamaron a su puerta varias veces a lo largo de los debates constitucionales.

Aunque la reunión socialista se mantuvo en secreto, pronto trascendió que su borrador no incluía ninguna referencia expresa a la forma de gobierno, Monarquía o República. El PSOE, un partido con gran tradición republicana, decidió mantener su imagen, pero intentó, desde el primer momento, quitar carga emotiva a sus planteamientos. En Sigüenza se anunció que la última decisión sobre este punto correspondería a la ejecutiva del partido. Felipe González y los demás líderes socialistas quedaron facultados para, según el desarrollo de las negociaciones y la *coyuntura* política, poner mayor o menor énfasis en lo que iba a denominarse a partir de entonces *la enmienda republicana.*

Las líneas generales del borrador constitucional del PSOE fueron redactadas por Gregorio Peces-Barba, el joven y voluminoso profesor de Filosofía del Derecho de la Facultad madrileña, que recuperó así su proyección política dentro del partido, algo deteriorada a raíz de la anterior conferencia de la Federación Socialista de Madrid y de los rumores sobre su línea excesivamente moderada, extendidos ampliamente entre la base militante del partido socialista. Pero en Sigüenza pudo apreciarse ya que la persona *de más confianza,* el dirigente del PSOE que iba a marcar desde la sombra el camino a seguir, era el sevillano Alfonso Guerra. Peces-Barba, hijo de un senador también socialista, era, a juicio de Felipe González, el diputado más indicado para formar parte de la ponencia: vicedecano de la Facultad de Derecho de la Universidad Complutense, tenía cierta influencia en los medios docentes y estaba considerado como uno de los mejores especialistas españoles en temas relacionados con los derechos humanos, así como un buen experto en Derecho constitucional. Su pública declaración de fe católica disipaba, en cierta medida, los recelos de la jerarquía eclesiástica y concitaba las simpatías del sector más progresista de la comunidad católica. Ningún otro diputado socialista, excepción hecha de Pablo Castellano, tenía una formación técnico-jurídica tan adecuada para el trabajo que se le encomendó. Pablo Castellano, por otra parte, ofrecía una imagen más radical, no tenía ninguna relación con medios cercanos a la Iglesia, y había hecho gala en numerosas ocasiones de discrepar con la línea mantenida por el primer secretario del PSOE, Felipe González, y su ejecutiva. La elección no podía resultar dudosa ya que, por otra parte, Alfonso Guerra carecía de una formación jurídica profunda. El número dos del PSOE era licenciado en Filosofía y Letras e ingeniero técnico pero no había cursado jamás Derecho. Por este motivo, Guerra no podía ser miembro de la ponencia y cuando, meses después, ocupó el primer plano de la negociación constitucional, precisó siempre de Gregorio Peces-Barba como asesor técnico-jurídico.

El *reparto de papeles* en Unión de Centro Democrático se efectuó también sin grandes tensiones internas. En representación del Gobierno, el ministro de Justicia, el democratacristiano Landelino Lavilla, recibió el encargo —utilizando las palabras de uno de sus colegas de gabinete— *de vigilar el desarrollo de los trabajos.* Su formación jurídica era también la más adecuada y su condición de democratacristiano ayudaba a compensar la escasa influencia política que este sector ideológico de UCD tenía entonces en el Gobierno. Francisco Fernández Ordóñez no presentó ninguna batalla: todas sus fuerzas estaban volcadas en la reforma fiscal, tantas veces anunciada por este político socialdemócrata. El ministro de Hacienda tenía asegurada una información abundante y fidedigna sobre el desarrollo de los trabajos constitucionales a través del diputado Rafael Arias Salgado, que ocupaba la subsecretaría para Relaciones con las Cortes, cartera encomendada a Ignacio Camuñas, y que procedía del mismo sector ideológico.

Landelino Lavilla, dedicado intensamente a las tareas de su departamento, no pudo, ni quiso, llevar directamente los trabajos constitucionales. La parte más pesada de los mismos fue encomendada a su *mano derecha:* Miguel Herrero Rodríguez de Miñón, que había sido elegido ponente, junto a José Pedro Pérez Llorca y a Gabriel Cisneros. Herrero R. de Miñón y el ministro de Justicia discutieron ampliamente su estrategia y las líneas generales de lo que sería el borrador de UCD: un texto breve que no precisaba, ni tan siquiera, redactarse previamente con mucho detalle.

Como si de un índice se tratara, Miguel Herrero contó con el borrador de Constitución elaborado en el Ministerio de Justicia cuando aún se creía que el Gobierno iba a enviar a las Cortes un primer texto. Aquel borrador constaba únicamente de treinta y cuatro artículos, repartidos en seis títulos. Entre sus características más notables merece destacarse el establecimiento de un Parlamento unicameral —es decir, la supresión del Senado— y la ausencia de cualquier referencia a cuestiones económicas. Toda la parte dogmática se remitía a los acuerdos internacionales sobre la materia suscritos por España. Los seis títulos tenían los siguientes epígrafes: Principios Generales (cuatro artículos, uno de ellos referido a la Monarquía), de la Corona, de las Cortes Generales, del Gobierno, de las relaciones entre las Cortes y el Gobierno y del Poder Judicial.

En relación con las autonomías, uno de los cuatro primeros artículos establecía el reconocimiento de este derecho como principio general. En la mente de Miguel Herrero R. de Miñón y de Landelino Lavilla las autonomías debían regularse posteriormente, bien caso por caso, bien mediante la remisión al Congreso de un proyecto de ley orgánica que impusiera un marco global para los estatutos. A fin de calmar las ansias autonómicas de Cataluña y del País Vasco, el borrador incluía dos disposiciones adicionales en las que se las nombraba expresamente y se acortaban los plazos para su asunción de competencias de autogobierno.

Herrero R. de Miñón, a sus treinta y ocho años, con un *curriculum* académico intachable, sorprendió muy a menudo a sus compañeros de escaño por su sólida formación jurídico-constitucional. Pero tuvo siempre un grave inconveniente: su escasa capacidad diplomática y su fama de erudito decimonónico, que le causó abundantes problemas en sus relaciones, no sólo con los parlamentarios de los demás grupos, sino también con los del suyo propio, que le contemplaban con cierto recelo. Nadie, sin embargo, se atrevió a disputarle la designación como *coordinador general* del grupo de UCD en la ponencia constitucional. La única persona que estaba en condiciones de dar la batalla era Rafael Arias Salgado, pero éste se encontraba agobiado de trabajo y su hipotética plaza en la ponencia fue reclamada por José Pedro Pérez Llorca, letrado de las anteriores Cortes, ex miembro del Partido Popular y portador también de un considerable currículum académico.

El tercer ponente de UCD, Gabriel Cisneros, mejor orador que jurista, era el único que tenía experiencia parlamentaria —fue procurador de las Cortes de Franco y autor material del discurso de Carlos Arias Navarro que abrió la puerta al «espíritu del 12 de febrero» (de 1974)—. Cisneros representaba a un sector de UCD muy potente: los independientes, los diputados que figuraron en las listas del 15 de junio por indicación de Rodolfo Martín Villa, y a todo ello añadía su condición de interlocutor habitual de la jerarquía de la Iglesia católica. No en balde cubrió muy delicadas misiones ante esa jerarquía cuando Carlos Arias Navarro quiso obligar al obispo monseñor Añoveros a abandonar precipitadamente España.

Los tres ponentes centristas celebraron muy pocas reuniones con Landelino Lavilla. A la que tuvo lugar el veinte de agosto en el Ministerio de Justicia asistieron también Ignacio Camuñas y Rafael Arias Salgado. Se dejó establecido en ella que UCD defendería la redacción: «La forma del Estado es la Monarquía parlamentaria» y que, si existían resistencias insalvables por parte de los socialistas, podría llegar a considerar alguna otra fórmula que resultara menos incómoda al PSOE. Por ejemplo: «La Monarquía española es un Estado de Derecho, democrático y social», es decir, una redacción, menos tajante, aunque de igual importancia política.

Los ponentes apreciaron que dentro del grupo parlamentario de UCD se incubaban grandes recelos ante todo lo relativo a la regulación constitucional de las autonomías y decidieron mantener, en todo lo que fuera posible, el proyecto inicial según el cual esta regulación se remitiría a una ley orgánica posterior.

Especial preocupación despertó también en aquella reunión la regulación de los votos de confianza y censura, de cuya redacción dependería la estabilidad de los futuros gobiernos. Tanto Landelino Lavilla como los tres ponentes, Camuñas y Arias Salgado, coincidieron en la absoluta necesidad de que la Constitución española ofreciera tantas garantías de estabilidad gubernamental como la Constitución de la República Federal de Alemania, que fue ampliamente comentada y estudiada. Los constitucionalistas de UCD miraban con mucho nerviosismo el caso de Italia, país sometido a frecuentes crisis gubernamentales, propiciadas por una regulación poco estricta del voto de censura. «Sería una catástrofe para España», comentó uno de los asistentes.

El principal problema con el que se encontró Unión de Centro Democrático fue su heterogeneidad ideológica y su condición de coalición electoral. Los diputados y senadores de UCD se desconocían entre sí antes de celebrarse las elecciones generales en las que resultaron elegidos y pronto surgieron mutuos recelos, puestos de relieve nada más inaugurarse las tareas legislativas de ambas Cámaras. Los ponentes ignoraban cuáles podrían ser las reacciones de sus compañeros de escaño ante un tema de tanta trascendencia como la Constitución. Por ello, necesitaron crear *canales de comunicación interna,* según palabras textuales de José Pedro Pérez Llorca.

Con este propósito se convocaron y celebraron, en el período comprendido entre la constitución de la ponencia y el inicio de los trabajos de la comisión, varias reuniones a las que asistió prácticamente todo el grupo parlamentario de UCD. Las más importantes tuvieron lugar en dos hoteles situados en las proximidades del aeropuerto de Madrid —los hoteles Barajas y Alameda— y en el Eurobuilding.

Los *contactos* con los diputados y senadores centristas se desarrollaron en un clima de cierta confusión. Fueron presididos, generalmente, por Landelino Lavilla, asesorado por los tres ponentes, y desde la primera reunión se confirmó la suspicacia con que los parlamentarios de UCD contemplaban el proceso autonómico. El ministro para las Regiones, Manuel Clavero Arévalo, no ayudó a disipar la confusión: sus tesis no coincidieron, sino que fueron contrarias, a las expuestas por Miguel Herrero. Como ya hemos dicho, éste pretendía que la Constitución reconociera plenamente la autonomía para Cataluña y País Vasco y que estableciera, paralelamente, ciertos frenos al proceso autonómico del resto de las regiones españolas. Pensaba Herrero R. de Miñón, y esta tesis era compartida por el ministro de Justicia, que una *carrera desbocada* de todas las nacionalidades y regiones españolas hacia el estatuto de autonomía podía poner en peligro la propia estructura del Estado, crear una incontrolada crisis económica y colocar en el filo de la navaja el proceso democrático que iban a experimentar otras instituciones del Estado.

El ministro Clavero, por el contrario, proponía que el proceso autonómico se desarrollara tan simultáneamente como fuera posible en todo el país para evitar un pretendido trato de favor hacia Cataluña y País Vasco, en perjuicio de Andalucía, Galicia o Extremadura. La simultaneidad del proceso, explicó Clavero, serviría de control y freno de las desaforadas pretensiones nacionalistas de catalanes y vascos. El subsecretario del Ministerio para las Regiones, Luis Cosculluela Montaner, llegó a afirmar que, a su juicio, Andalucía y País Vasco, por ejemplo, tenían la misma estructura. «Las dos —dijo en apoyo de su teoría— están formadas por provincias.»

Las discrepancias entre ambos planteamientos fueron evidentes. Miguel Herrero reconocía a Cataluña y al País Vasco una personalidad singular, digna de recogerse en la Constitución, y se negaba a considerar que Extremadura y Cataluña, por ejemplo, precisaran el mismo tratamiento autonómico, al menos en cuanto al factor tiempo se refiere. «Clavero, sin embargo, se lanzó desde su ministerio al *revolucionarismo regional* y su actitud resultó decisiva para la posterior negociación constitucional», afirmó meses después un destacado diputado centrista, simpatizante con las tesis de Herrero.

Especiales consecuencias trajeron también temas como la constitucionalización de la abolición de la pena de muerte y el reconocimiento de la mayoría de edad a los dieciocho años. Los parlamentarios de UCD se declararon en su gran mayoría abolicionistas, pero estimaron, al mismo tiempo, que no debía incluirse en un artículo de la Constitución, sino en una ley posterior. Esta cuestión fue tratada en la reunión celebrada en el hotel Eurobuilding. Los partidarios de la no constitucionalización esgrimieron las dificultades técnicas y políticas que, a su juicio, podría acarrear, fundamentalmente en el campo de la justicia militar. Sometida la propuesta a votación, sólo tres diputados, entre ellos José Manuel Paredes Grosso, se pronunciaron a favor de que la Constitución incluyera inequívocamente la abolición de la pena de muerte. Éste fue, como veremos más tarde, uno de los temas que más ayudó a enrarecer el ambiente en el seno de la Comisión Constitucional del Congreso, cuando se iniciaron los debates públicos.

La constitucionalización de la mayoría de edad a los dieciocho años provocó también tensiones internas en UCD. Landelino Lavilla se mostró partidario de que se constitucionalizase sólo a efectos políticos y su propuesta fue aceptada por el consejo político de UCD. Sin embargo, esta difícil pirueta jurídica tuvo que abandonarse meses más tarde ante la airada y, a veces, irónica reacción de los demás grupos políticos, que destrozaron dialécticamente los insólitos argumentos con los que el partido gubernamental se defendió. Según UCD, la constitucionalización de la mayoría de edad a los dieciocho años sólo a efectos políticos evitaría que quedaran inmediatamente afectadas numerosas leyes, así como que, en medio de una grave situación de paro juvenil, miles de jóvenes comprendidos entre los dieciocho y los veintiún años quedaran repentinamente «desprotegidos», al desaparecer la obligación jurídica de sus padres a mantenerles.

En aquellas reuniones se decidió, asimismo, la estructuración jerárquica del equipo constitucional de UCD, tema en el que los parlamentarios centristas plantearon menores dificultades. Además de los tres ponentes —vigilados por Landelino Lavilla— se designaron coordinadores parciales encargados de preparar la defensa en la Comisión Constitucional del Congreso de los distintos títulos del anteproyecto. Los cuatro hombres *de refuerzo* elegidos fueron Óscar Alzaga, José

Luis Meilán, Rafael Arias Salgado y Santiago Rodríguez Miranda. Éste último, al que se le había encomendado el título relativo a Economía y Hacienda, renunció pronto por motivos familiares y Rafael Arias Salgado cedió igualmente la defensa del Título II cuando accedió al cargo de coordinador general de UCD. Óscar Alzaga y José Luis Meilán resultaron para UCD una valiosa incorporación y fueron adquiriendo, progresivamente, mayores competencias a lo largo de los debates.

En los días previos a la primera reunión de la ponencia constitucional, todos los partidos con representación parlamentaria celebraron reuniones internas. El Partido Comunista de España convocó una sesión maratoniana en la sede de su Comité Central, en la madrileña calle de Castelló, y allí acudió, con sus proyectos constitucionales bajo el brazo, Jordi Solé Tura, destacado miembro del Partido Socialista Unificado de Catalunya (PSUC). Solé Tura, profesor de la Universidad de Barcelona y experto constitucionalista, mereció la confianza del ejecutivo del PCE hasta el extremo de designarle como su representante en la ponencia. Nadie en el Partido Comunista podía medirle las fuerzas en cuanto a preparación jurídica. Pero existía, además, otra razón que aconsejó su elección. El PCE estaba interesado en que su representante fuera un comunista catalán. Quedaba acallado cualquier hipotético y futuro malestar de índole autonomista en el PSUC y se reconocía al partido catalán su auténtico peso en el grupo parlamentario del PCE en el Congreso. (De veinte diputados, ocho eran miembros del PSUC.)

Por su parte, Manuel Fraga se recluyó en su despacho particular para redactar su proyecto de Constitución. Fue, junto con Gregorio Peces-Barba, el único ponente que acudió el 22 de agosto de 1977 al palacio del Congreso con un borrador íntegro en su voluminosa cartera.

En Alianza Popular nadie pensó que la relevante personalidad de Fraga pudiera sustituirse por la de ningún otro de sus correligionarios. Todos confiaron en su enorme capacidad de trabajo. El líder de AP se limitó a mantener algunas conversaciones y consultas con sus compañeros de grupo, especialmente con Laureano López Rodó, y redactó un detallado proyecto de Constitución, fruto casi exclusivamente de su propia mente.

Miquel Roca Junyent, en Barcelona, celebró numerosas reuniones con el líder de su partido, Jordi Pujol, y con otros destacados miembros de Convergència Democrática de Catalunya. Se preocupó también de tantear «el espíritu constitucional» de los Socialistas de Cataluña, que no estaban presentes en la ponencia en cuanto tales, pero que participaron en las reuniones de trabajo de sus compañeros del PSOE y que aportaron numerosas ideas al borrador de Peces-Barba, especialmente en todo lo relacionado con las autonomías. Roca decidió no redactar ningún borrador propio y concentrar todos sus esfuerzos en ese título.

Ninguno de los siete ponentes pensó que su borrador o su proyecto podría resultar plenamente aceptado. Sabían que su papel en la ponencia constitucional tendría que ser, fundamentalmente, el de hábiles negociadores. Sus partidos políticos y el país entero confiaron en que su trabajo permitiría llegar a los debates públicos de la Comisión con un largo camino recorrido. Los meses posteriores desmintieron estas esperanzas.

LA SORPRENDENTE ACTITUD DE FRAGA

El 22 de agosto de 1977 se reunió por primera vez en el palacio del Congreso de los Diputados la ponencia constitucional. Los siete ponentes adoptaron, por unanimidad, el acuerdo de rodear sus trabajos del mayor secreto. Se negó la entrada a la prensa y los representantes de los partidos se comprometieron a mantener un silencio absoluto sobre la marcha de los debates. Se ofreció al país durante esta primera etapa la imagen de «siete hombres buenos» que parecían llegar siempre a acuerdos básicos y que se sonreían amistosamente en las ruedas de prensa que celebraban al término de cada sesión y en las que, por riguroso turno, comunicaban escuetamente el ritmo de los trabajos. Ante la opinión pública, los debates de la ponencia transcurrían apaciblemente y no se producía ningún enfrentamiento grave. «Humana e intelectualmente —dijo Herrero R. de Miñón— este trabajo resulta una experiencia apasionante». «Personas que no nos conocíamos hace unos meses hemos cimentado, poco a poco, un enorme respeto mutuo y una gran comprensión», añadió Manuel Fraga.

Sin embargo, la pesada puerta de la sala en la que se reunían ocultaba un panorama muy distinto. Era cierto, sí, que Manuel Fraga y Gregorio Peces-Barba habían llegado a un cordial entendimiento y que aderezaban sus intervenciones con mutuas alabanzas y piropos. Pero también lo era que había nacido una sorda antipatía y absoluta incomprensión entre Peces-Barba y Herrero R. de Miñón, quien se refería a su oponente socialista como «el diputado Peces». Miguel Herrero fue incapaz asimismo de superar su antipatía, correspondida, hacia el líder de AP.

Las situaciones más tirantes se resolvieron en muchas ocasiones gracias a la mediación de Miquel Roca, «el fenicio» o «el mercader», como le apodaron sus compañeros de ponencia, absortos y algo incómodos ante la enorme capacidad del ponente catalán para «vender su mercancía». «Acláreme *exactamente* lo que quiere decir», le interrumpió frecuentemente Manuel Fraga, que seguía difícilmente los pespuntes y piruetas de Roca.

Durante los primeros meses no existieron prácticamente contactos interpartidos al margen de la ponencia. Sólo existe constancia de una reunión que tuvo lugar en el Ministerio de Justicia y en la que estuvieron presentes Gregorio Peces-Barba y Alfonso Guerra. El objetivo primordial de la entrevista con Landelino Lavilla no fue, sin embargo, la discusión de ningún punto conflictivo del borrador constitucional, sino la de determinadas proposiciones de ley presentadas por el Grupo Socialista del Congreso.

La presencia de Alfonso Guerra se interpretó en UCD como una *escalada* de personalidad. Fue evidente para el partido gubernamental que el PSOE deseaba presentar en cualquier tipo de contacto o negociación un portavoz de categoría política semejante a la de su interlocutor, y que, siempre que UCD delegara en un ministro, los socialistas lo harían en su número dos. Este criterio fue seguido inflexiblemente a lo largo de la posterior negociación constitucional. Allí donde acudiera un ministro de Suárez, y, muy especialmente, el vicepresidente Fernando Abril, estaba, en representación del PSOE, Alfonso Guerra.

La primera lectura del borrador constitucional, que transcurrió entre el 22 de agosto y mediados de noviembre de 1977, fue el marco de un espectacular y sorprendente despliegue de las dotes políticas del secretario general de Alianza Popular. Un día tras otro, Manuel Fraga sorprendió a los ponentes de UCD situándose en posiciones cercanas a las defendidas por el socialista Peces-Barba y muy lejanas a las de Miguel Herrero R. de Miñón.

En el debate del artículo primero pudo apreciarse ya esta novedosa disposición de Fraga. El 25 de agosto, los representantes de UCD presentaron un texto para dicho artículo en el que se insertaba la definición del Estado como una *Monarquía parlamentaria.* El artículo fue objetado por los ponentes socialista y comunista, que contaron con el inesperado apoyo del de AP. Miquel Roca, que destapó ese mismo día el frasco de sus esencias negociadoras, propuso un texto transaccional que terminó convirtiéndose en definitivo. Constaba de tres apartados, en el último de los cuales se citaba a la Monarquía parlamentaria. Nuevamente los diputados socialista, comunista y aliancista expresaron sus reservas, alegando en un caso, su contenido y, en otro, su colocación excesivamente preferente.

El artículo —desaparecido más tarde— en el que se acordó establecer tajantemente la aconfesionalidad del Estado, despertó, por el contrario, los recelos de Fraga, si bien el líder de AP se limitó a pedir que se introdujera un párrafo en el que se reconociera «el hecho sociológico del catolicismo». El artículo relativo a la libertad religiosa, en el que no se mencionaba a la Iglesia católica, como se aprobó más tarde, contó con el voto unánime de los siete ponentes, al igual que los relativos a la objeción de conciencia y la educación. Este último artículo —objeto posteriormente de las más arduas negociaciones— fue planteado el ocho de septiembre, en ausencia de Peces-Barba, que se encontraba enfermo. Tanto UCD como AP acogieron sin muestras de desagrado el texto presentado por Miquel Roca y sólo adujeron algunas reservas ante la utilización del término *escuelas,* en lugar de *centros docentes.* Tampoco planteó ninguna reserva Manuel Fraga en lo relativo a la regulación de las causas de disolución del matrimonio.

OBJETIVO DE UCD: ACORRALAR AL PSOE

El jefe del equipo constitucional de UCD realizó, durante los primeros días de debate en la ponencia, un informe diario y muy circunstanciado para el ministro de Justicia. Pronto hubo de renunciar a este *parte de guerra,* agobiado por sus tareas más específicas. Landelino Lavilla recibió las quejas de su amigo, que carecía de todo tipo de ayuda, incluso, de una secretaria a la que dictar los informes y el material de trabajo que precisaba diariamente. Herrero R. de Miñón siguió manteniendo, de cualquier forma, una frecuente comunicación con el ministro, en cuya compañía acudió en alguna ocasión al palacio de la Moncloa para informar, personalmente, al presidente del Gobierno.

Herrero R. de Miñón, tras largas discusiones con Lavilla, se trazó una estrategia que pretendió mantener a lo largo de todos los debates constitucionales y que sólo se vio truncada con el repentino apartamiento de su mentor y el suyo propio, promediado ya el trabajo en la Comisión Constitucional del Congreso. Para Miguel Herrero, la Constitución 78 debía ser obra, fundamentalmente, de UCD, partido parcialmente vencedor en las elecciones legislativas. Ante las distintas opciones de alianza o acuerdo tácito con otros grupos, imprescindibles para obtener la mayoría de cuatro a tres en la ponencia, el joven experto defendió siempre la necesidad de llegar a un acuerdo lo más amplio posible con la Minoría Catalana, buscando al mismo tiempo una cierta actitud de *buena disposición* por parte del PCE. Desde su punto de vista, los mayores riesgos para UCD podrían derivarse de una alianza, si no buscada al menos aparente, con el grupo de Manuel Fraga y de un excesivo protagonismo socialista. Creía Herrero R. de Miñón que en determinados aspectos doctrinales, su grupo tendría, forzosamente, el apoyo de AP, que estaba ideológicamente imposibilitada para votar a favor de una opción socialista o comunista. Lo importante, pues, estribaba en atraerse a la Minoría Catalana y negociar la no beligerancia sistemática de los comunistas. De esta forma, el PSOE, acorralado a su izquierda y a su derecha, tendría que adoptar una actitud menos arrogante y ceder en determinados puntos a fin de intentar lograr un acuerdo con UCD en otros.

Los ponentes de UCD no se preocuparon excesivamente por la insistencia de Peces-Barba en defender *hasta el final* la enmienda republicana de su partido. Existía la creencia, difundida en conversaciones de pasillo, de que los socialistas mantendrían sólo una actitud testimonial y que la retirarían en cuanto fueran derrotados en la primera votación pública. Por este motivo se mostraron muy angustiados el día en que Peces-Barba comunicó oficialmente a sus compañeros de ponencia que las más altas instancias de su partido acababan de reafirmar su intención de mantener la enmienda republicana en cuantos trámites fuera preciso. Se dio la circunstancia de que en aquellos días el secretario general del PSOE, Felipe González, se encontraba de visita en la Unión Soviética. Hasta allí, y gracias a la ayuda del Ministerio de Asuntos Exteriores, buscó UCD la confirmación de la noticia. Felipe González, localizado en Leningrado, tranquilizó telefónicamente a sus ansiosos interlocutores: su partido era republicano y defendería en la Comisión Constitucional del Congreso esta postura, pero no tenía la intención de poner en tela de juicio toda la Constitución en virtud de ella. El PSOE —anunció— aceptará el resultado de la votación que se produzca en dicha comisión.

Los responsables de UCD no quedaron, sin embargo, muy satisfechos. No dudaron de que los socialistas no llevarían hasta sus últimas consecuencias su *vocación* republicana, pero consideraban un fracaso personal no poder convencer al PSOE de que retirara su enmienda, a ser posible antes de iniciar los debates de la Comisión o, al menos, inmediatamente después. Éste sería uno de los extremos para negociar cuando los socialistas se sintieran tan acorralados que solicitaran una tregua.

Otro de los temas que exigió muchas horas de debate en la ponencia fue la introducción en el texto de la Constitución del término *nacionalidades.*

El reconocimiento de la existencia de varias nacionalidades en España fue uno de los acuerdos suscritos por el órgano unitario de la oposición antifranquista, Coordinación Democrática, creado en los últimos meses de vida del anterior jefe de Estado. Todas las fuerzas de izquierda adquirieron entonces el compromiso de lograr su reconocimiento, compromiso que alcanzó también a dos de los partidos que después se integraron en UCD: el socialdemócrata y el liberal.

La fatídica palabra fue pronunciada por primera vez en la ponencia constitucional por Miquel Roca. El ponente comunista, Jordi Solé Tura, y el socialista, Peces-Barba, se sumaron inmediatamente a la propuesta, pese a que en el borrador del PSOE no se hablaba de *nacionalidades* sino de «pueblos de España». La sorpresa de estos tres diputados fue grande cuando comprobaron que los ponentes de UCD acogían el término comprensivamente y, tras algunos debates, votaban su inclusión en el artículo 2.

La actitud de los tres diputados de UCD no se correspondía, sin embargo, con la opinión más extendida en aquellos momentos dentro de su grupo parlamentario y, como se verá más adelante, tuvieron que replantear el problema semanas después. Pero en esta primera lectura, UCD aceptó que la palabra *nacionalidades* figurara en tres artículos distintos de la Constitución: en el mencionado artículo 2, en el 4 («Las restantes lenguas de España serán también oficiales en el ámbito de las *nacionalidades* y regiones...») y en el 136 («Para el ejercicio del derecho a la autonomía a que se refiere el artículo 2 de la Constitución, las diferentes *nacionalidades* y regiones que integran España...»). La única voz discordante fue la de Manuel Fraga, frontalmente opuesto a esta expresión. El líder de AP se reservó un voto particular en relación con los tres artículos reseñados.

Los representantes de UCD quisieron, por otra parte, dejar constancia en las actas de la interpretación que su partido otorgaba a dicho término y señalaron en varias ocasiones al «Estado regionalizado», sin que los restantes ponentes enfrentaran un criterio divergente. El 25 de octubre, y a propósito de la existencia o no de un mapa regional, el presidente de la sesión dijo que UCD consideraba que existía «consenso sobre la constitucionalización de un Estado regionalizado». Las actas no recogen ninguna objeción por parte de los restantes miembros de la ponencia.

LA FILTRACIÓN DEL PRIMER BORRADOR

Al terminar la primera lectura del borrador constitucional en la ponencia, los siete *próceres* seguían ofreciendo al país, resguardados bajo la espesa capa del *secretismo,* la imagen de un grupo de amigos bien avenidos. Parecía que los trabajos se desarrollaban fluidamente y sin grandes tensiones. Cuando todo hacía creer que la segunda etapa se desarrollaría en parecidos términos, un imprevisto vino a alterar sus propósitos. Una persona que no compartía los criterios sobre los que estaba elaborándose la Constitución, filtró a la revista *Cuadernos para el Diálogo* el texto íntegro del borrador [1]. La revista publicó el 22 de noviembre de 1977 los 39 primeros artículos y cedió a *El País* y *La Vanguardia* el texto completo. El principio de la confidencialidad había quedado roto.

La conmoción que provocó la aparición pública del proyecto de Constitución superó todos los límites previstos. Uno tras otro, los siete ponentes realizaron duras declaraciones y llegaron al extremo, en la reunión que celebraron en el hotel Suecia, nada más conocerse la difusión pública del borrador, de deliberar sobre la conveniencia de crear

[1] Ver apéndice.

una comisión de encuesta que descubriera al autor de la «traición». Afortunadamente, comprendieron a tiempo lo descabellado y desproporcionado de su idea.

Gregorio Peces-Barba, miembro de la Junta de Fundadores de *Cuadernos para el Diálogo* presentó su dimisión en esta revista, al tiempo que acusaba al director, Pedro Altares, otro socialista, de *irresponsabilidad.* La publicación del borrador provocó una auténtica oleada de reacciones en numerosos grupos de presión.

Al margen de las fulminantes declaraciones de la jerarquía de la Iglesia católica, cuyo papel en el desarrollo de las negociaciones constitucionales será objeto aquí de un tratamiento más pormenorizado, merecen destacarse las reacciones que se registraron en el seno de Alianza Popular.

Los correligionarios de Manuel Fraga, escasamente informados por su secretario general del desarrollo de las sesiones de la ponencia, quedaron anonadados y muy sorprendidos ante el proyecto de Constitución que se les presentaba: se incluía el término *nacionalidades,* no se nombraba a la Iglesia católica sino que, por el contrario, se establecía tajantemente la aconfesionalidad del Estado, se dejaba la puerta abierta al divorcio, no quedaba claramente establecida la libertad de enseñanza y la obligación de los poderes públicos de subvencionar los centros docentes privados... La irritación de algunos de los líderes de AP fue palpable. Manuel Fraga precisó de muchas entrevistas personales para explicar su estrategia en esta primera etapa: había querido demostrar a UCD que a Alianza Popular no se la podía tratar como un cero a la izquierda, porque su voto era decisivo y podía decantarse, en algunas ocasiones, en contra del partido gubernamental. Si UCD deseaba contar con su voto, tendría que negociar las contrapartidas.

Los estamentos más tradicionales de la derecha española se removieron incómodos. La publicación del borrador constitucional constituyó para ellos algo así como el pistoletazo inaugural de una carrera. Había que darse prisa para mostrar a UCD cuál era el criterio de los empresarios, de la banca, del poderoso sector de la enseñanza privada.

Una de las primeras *andanadas* la lanzó el senador por designación real, escritor y discípulo de José Ortega y Gasset, Julián Marías. Desde las páginas de *El País* y *La Vanguardia,* atacó durísimamente el borrador constitucional. En cinco artículos sucesivos, Marías pidió la supresión del término *nacionalidades,* empleado, a su juicio, «caprichosa e inaceptablemente» y defendió ardorosamente la atribución de mayores competencias políticas al Rey. «Se va a reducir la figura del Rey a una figura decorativa —escribió—, sin funciones efectivas y, por tanto, sin ningún interés. En otras palabras, habrá Monarquía, pero no valdrá la pena.»

Los artículos de Julián Marías cayeron como una bomba. Se dijo que el Rey los había leído y comentado. El presidente del Gobierno no tardó en llamar al combativo filósofo al palacio de la Moncloa para mantener con él una conversación pacificadora. Marías no reveló los términos de aquella entrevista pero optó por mantenerse en silencio a lo largo de todos los trabajos constitucionales, salvo en el pleno de la Cámara Alta, en el que volvió a expresar su disconformidad con el texto que se sometía a votación.

En UCD se afilaron también los cuchillos. En el mes de enero circuló dentro del grupo parlamentario un documento de treinta folios, sin firma pero de inequívoca procedencia liberal, en el que se hablaba de las *graves deficiencias* del proyecto de Constitución y se enumeraban sus defectos: escasas competencias para el Senado, excesivo control parlamentario sobre el poder ejecutivo, imprecisa definición de las autonomías... En el plano económico, los seguidores de Garrigues Walker consideraron que el borrador contenía «posiciones de excesivo intervencionismo del Estado, que le da un carácter híbrido respecto al socialismo». El documento pedía, finalmente, que el gobierno Suárez actuara *sin complejos* y, puesto que tenía mayoría, impusiera sus criterios.

El ataque más duro surgió del sector empresarial puro de la CEOE (Confederación Española de Organizaciones Empresariales), que celebró por aquellas fechas un acto de *afirmación empresarial* en el Palacio de los Deportes de Madrid. Bajo el lema «¡Reaccionemos!», los empresarios españoles, sin aludir a la Constitución, lanzaron su toque de atención.

A través de numerosos artículos y declaraciones en la prensa, los empresarios iniciaron una ofensiva destinada, fundamentalmente, a sembrar la confusión en cuanto al contenido en materia económica del anteproyecto de Constitución. El artículo que más les irritó fue el 128, en el que se decía: «los poderes públicos podrán intervenir, conforme a la Ley, en la dirección, coordinación y explotación de las empresas, cuando así lo exigieren los intereses generales».

La presión de la patronal tuvo éxito, al menos en lo que a dicho artículo se refiere. El texto sometido a referéndum suprimió cualquier mención a la intervención estatal en la «dirección, coordinación y explotación de las empresas». UCD, que mantuvo numerosos contactos con los representantes de la CEOE, promovió una enmienda en este sentido, pese a que el más conocido experto español en Derecho Constitucional, Manuel García Pelayo, que sería nombrado dos años y pico después presidente del Tribunal Constitucional, se apresuró a afirmar aquel mismo mes de enero: «Encuentro que el anteproyecto es demasiado tímido en el aspecto social. No puedo recordar ningún precepto que pueda considerarse como una lesión al neocapitalismo, es decir, a la modalidad capitalista de nuestro tiempo».

En otro aspecto, la publicación del primer borrador permitió denunciar el escaso cuidado estilístico con que se había redactado. El periodista Luis Carandell alertó, por ejemplo, sobre la redacción del artículo 4: «La bandera nacional es la de los colores rojo y gualda». Ojo, escribió Carandell, roja y gualda es también la *senyera* catalana o la bandera de Aragón.

LICINIO DE LA FUENTE Y SU ENMIENDA SOCIALISTA

El primer anteproyecto de Constitución fue publicado en el *Boletín Oficial de las Cortes* el 5 de enero de 1978. Inmediatamente empezaron a llover las enmiendas: más de 3.200. La idílica imagen ofrecida en la ponencia quedó hecha añicos, pese a lo cual los ponentes decidieron mantener el secreto que rodeaba sus trabajos. La sistematización de las enmiendas y los primeros escarceos se realizaron en el Parador Nacional de Gredos, donde se recluyeron los ponentes en un intento de alejarse de la prensa.

En el Parador de Gredos se pusieron pronto de manifiesto nuevas tensiones. Las enmiendas presentadas por los diputados de UCD tenían, en general, un marcado carácter regresivo en relación con el borrador publicado. Los socialistas creyeron que los responsables del grupo centrista las habían respaldado por una mera cuestión formal, sin que estuviera en su ánimo la intención de asumirlas como grupo. Pero en Gredos, Gregorio Peces-Barba y Jordi Solé Tura —que votaron casi siempre de forma conjunta— empezaron a inquietarse.

Los ponentes de UCD volvieron a la carga para lograr la constitucionalización del cierre patronal o *lock-out* en uno de los artículos del título sobre Economía y Hacienda. En el transcurso de la primera lectura, UCD sugirió dos textos: «La Ley regulará las condiciones y supuestos en que la empresa podrá cesar o suspender sus actividades» y «El empresario tiene derecho a cesar o suspender las actividades de su empresa, a fijar las condiciones de empleo con criterios de productividad y a adoptar medidas de conflicto colectivo, sin perjuicio de las limitaciones que pueda imponer la Ley». Los dos textos fueron acogidos con gran preocupación por los ponentes socialista y comunista, y Miguel Herrero R. de Miñón renunció entonces a ponerlos a votación, aunque hizo constar que «quedaban sobre la mesa». En una de las sesiones de trabajo en el Parador, volvió a plantearse el tema con gran entusiasmo, aunque sin atreverse aún a someterlo a votación.

La novedad más importante de esta etapa la constituyó, sin embargo, la aprobación, con el voto en contra de UCD, de una enmienda presentada por el diputado de AP Licinio de la Fuente. La enmienda, conocida como *«la 35 al 35»,* porque afectaba a dicho artículo y figuraba con ese mismo número en el libro de enmiendas, proponía que los poderes públicos quedaran obligados a facilitar el acceso de los trabajadores a la propiedad de los medios de producción.

Gregorio Peces-Barba y Jordi Solé Tura, que se quedaron boquiabiertos ante la propuesta, defendida ardorosamente por Manuel Fraga, unieron sus fuerzas, encantados, y apoyaron al líder de AP, que contó también con el voto de Miquel Roca. Solé Tura comentó que, probablemente, él no se hubiera atrevido jamás a presentar una enmienda semejante, porque hubiera sido acusado de pretender *socializar* la Constitución. Los ponentes de UCD se irritaron, pero sólo pudieron conseguir que, al menos, la enmienda de Licinio de la Fuente no se incorporara al artículo 35, que forma parte del Título «De los derechos fundamentales y libertades públicas», especialmente protegida de cara a su hipotética reforma. La enmienda fue trasladada al Título de «Economía y Hacienda».

UN PORTAZO PREMEDITADO

Los responsables de la estrategia constitucional de cada uno de los partidos se reafirmaron en sus respectivas posturas. Los socialistas celebraron una reunión de trabajo a puerta cerrada en el albergue de ICONA, en San Rafael (Segovia), facilitado por el vicepresidente Fernando Abril, previo pago —aseguraron los diputados del PSOE— de la factura girada por el Ministerio de Agricultura.

La directiva del PSOE confirmó a Gregorio Peces-Barba como coordinador general y éste, a su vez, designó un adjunto: Virgilio Zapatero, diputado por Cuenca, profesor de la facultad de Derecho de la Universidad Complutense, y como él, católico practicante.

En el albergue de ICONA se programaron minuciosamente los siguientes pasos y se distribuyeron los temas sobre los que habrían de intervenir los principales líderes del partido cuando se iniciaran los debates públicos en la Comisión. A Felipe González, por ejemplo, se le encomendó la explicación del voto favorable al mencionado artículo 4, sobre los colores de la bandera nacional, y la defensa de las enmiendas relativas a cuestiones sindicales. Enrique Múgica intervendría en el debate de todos los artículos en los que se mencionara a las Fuerzas Armadas.

El encargo más delicado era la defensa de la enmienda republicana que, según se decidió de forma definitiva, sería mantenida en la Comisión. Luis Gómez Llorente, vicepresidente del Congreso de los Diputados, recibió la encomienda, pero como la cuestión estaba rodeada de muy especiales problemas, se acordó que escribiera un borrador para someterlo al examen de la ejecutiva del partido en pleno. Retocado el texto inicial, Gómez Llorente se limitaría a leerlo en la Comisión, sin añadir nada de su particular cosecha. En contrapartida, se acordó también que Luis Gómez Llorente tuviera absoluta libertad para planear la defensa del artículo relativo a la libertad de enseñanza, materia en la que era un experto.

Peces-Barba debería intervenir en cuantas cuestiones reglamentarias se presentaran y supervisaría, igual que Zapatero, las intervenciones de sus compañeros. Las enmiendas relacionadas con temas autonómicos fueron encomendadas a los diputados del Partido de Socialistas de Cataluña y a parlamentarios vascos, como Txiki Benegas, o canarios como Luis Fajardo.

Por su parte, Miguel Herrero R. de Miñón no modificó ni un ápice su teoría negociadora: acorralar a los socialistas para después ofrecerles una salida honrosa a cambio de ciertas cesiones en materias dogmáticas. Su estrategia no contó nunca con un respaldo gubernamental previo. El ministro de Justicia, según palabras de un diputado de UCD, hizo gala de una *tremenda pasividad.*

Por iniciativa propia, el coordinador centrista siguió buscando una coalición estable con la Minoría Catalana y un mini-acuerdo con el PCE. El primer escollo con que tropezó fue el término *nacionalidades,* aprobado en el primer borrador.

Las presiones dentro del grupo parlamentario de UCD fueron en aumento y en el palacio de la Moncloa se rehusó adoptar ninguna postura tajante sobre la definitiva inclusión o no de dicha palabra. Herrero R. de Miñón, Pérez Llorca y Gabriel Cisneros deliberaron a solas. Sabían que cualquier acuerdo con la Minoría Catalana y el PCE *pasaba* por la plena aceptación por parte de UCD de ese término. Momentáneamente, los tres ponentes de UCD, después de consultar con Roca y Solé, así como con Peces-Barba, propusieron que, al menos, sólo figurara en un artículo de la Constitución, el segundo. En los otros dos artículos, sería sustituida por la fórmula *Comunidades Autónomas.* Pero las presiones internas continuaron y los ponentes de UCD no podían asirse a ninguna directriz clara emanada del Gobierno. Estimaron entonces que, para evitar las suspicacias de sus propios correligionarios, era necesario que la Constitución mencionara en alguno de sus primeros artículos a la *Patria.* No existió acuerdo con los restantes grupos y comenzó una dura negociación en la que, casi por primera vez, se hicieron oír las voces de Adolfo Suárez y Fernando Abril. La solución, todavía no plenamente ratificada por UCD, consistió en introducir en el mismo artículo en el que se hablaba de *nacionalidades* la siguiente frase: «indisoluble unidad de la Nación española, patria común e indivisible de todos los españoles». Esta redacción, gramaticalmente incorrecta a todas luces, no figuraba en el primer borrador y fue propuesta por el ponente socialista.

También en esta etapa se decidió por unanimidad conceder un mayor protagonismo constitucional a las Fuerzas Armadas. En el texto aprobado inicialmente, las competencias de éstas figuraban reguladas en el artículo 123. En la segunda lectura se le hizo dar un salto espectacular hasta situarse en el número octavo, dentro del Título preliminar. Esta privilegiada situación constituye una auténtica novedad jurídica, ya que en las Constituciones actualmente vigentes en los países de la Europa Occidental, la regulación de las funciones y competencias de los ejércitos figura enmarcada en el título que comprende a las restantes instituciones del Estado y no en el que se configuran los grandes principios de la soberanía o de la forma de gobierno.

Los socialistas y comunistas realizaron algunas objeciones, pero finalmente accedieron.

Apoyándose en estos acuerdos globales, todavía no ratificados plenamente por el Gobierno y UCD en cuanto a la inclusión del término *nacionalidades* se refería, los ponentes de UCD iniciaron la negociación con la Minoría Catalana. El representante del PSOE detectó inmediatamente la operación y se atrincheró aún más en sus posiciones. «*Antiqua,* señor presidente», gritaba una y otra vez Gregorio Peces-Barba para indicar que se oponía a las modificaciones que planteaba UCD con el apoyo tangible de AP o de la Minoría Catalana, según los casos[2]. El ambiente se caldeó y el ponente socialista *aguantó* hasta el día 7 de marzo.

Aquel día, ocupaba la presidencia de la ponencia, que rotaba en cada sesión, Manuel Fraga. Los diputados de UCD plantearon sucesivamente varias enmiendas de gran importancia. La primera de ellas suponía la modificación del artículo relativo a la enseñanza, tan querido por los socialistas, en el sentido de suprimir el control estatal sobre los centros docentes subvencionados con fondos públicos. La segunda introducía el *lock-out.* Las dos enmiendas prosperaron y no sólo gracias al apoyo de AP, lo que hubiera supuesto una mayoría mínima, sino por cinco votos contra dos. Gregorio Peces-Barba y Jordi Solé Tura se apoyaron mutuamente, pero Miquel Roca votó a favor de UCD. Cumplía así sus acuerdos tácitos con los centristas. Casi antes de que Miguel Herrero R. de Miñón tuviera tiempo de leer las enmiendas que presentaba al Título VIII, relativo a las autonomías, el diputado socialista anunció su retirada momentánea de la ponencia, a la espera de que la ejecutiva del PSOE respaldara su decisión personal.

Ésta fue la versión oficial que dio Peces-Barba, cuarenta y ocho horas después del «portazo», cuando la dirección de su partido, reunida con carácter de urgencia, había ratificado la actitud de su representante.

Lo que sucedió realmente fue que Peces-Barba eligió ese momen-

---

[2] *Antiqua, Gil-Antiqua* y *Nova* eran las tres denominaciones latinas dadas a los textos manejados en la ponencia. La segunda hacía referencia al documento de sugerencias proporcionado por Antonio Hernández Gil.

to para poner en práctica una decisión adoptada días antes. El ponente socialista se planteó la posibilidad de abandonar espectacularmente los trabajos constitucionales desde el mismo momento en que, solucionado provisionalmente el problema de las *nacionalidades,* se hizo patente el éxito de la estrategia de Miguel Herrero y la formación de un eje AP-UCD-Minoría Catalana.

Gregorio Peces-Barba informó ampliamente de la situación a la ejecutiva de su partido, pero su posible retirada de la ponencia la comentó, exclusivamente, con el secretario general del PSOE, Felipe González, y con Alfonso Guerra, de forma privada. Se trataba de aprovechar la presentación por parte de UCD de una enmienda que afectara a un tema de raíz popular para dar un *sonoro portazo.* Tal vez debido a esta conversación previa, en la reunión que mantuvo la ejecutiva del PSOE para estudiar la decisión «unilateral» de su ponente, Felipe González se abstuvo de intervernir hasta el final y sólo cuando todos los miembros del secretariado reafirmaron su apoyo a Peces-Barba, expresó su opinión personal: respaldar al ponente socialista y mantenerle al margen de los debates constitucionales hasta que se iniciaran los trabajos de la Comisión correspondiente del Congreso de los Diputados.

El *portazo* socialista provocó acerbas críticas por parte de la prensa madrileña, en parte explicables ante la poco verosímil justificación que aducía el PSOE. Los argumentos del ponente socialista —dos enmiendas centristas que habían prosperado cinco a dos— hacían muy quebradiza su línea de defensa. Además, Peces-Barba afirmó que otro de los motivos había sido la nueva regulación del Título de las autonomías propuesta por Miguel Herrero, mientras que los restantes ponentes negaron tajantemente que este tema se hubiera tratado antes de que el diputado socialista abandonara la sala. Era, por otra parte, poco creíble que Peces-Barba se hubiera sentido maś afectado por esta cuestión que el ponente catalán, Miquel Roca.

La retirada del PSOE, pese a que preocupó a los responsables de UCD, no les movió a cambiar sus planes. Antes al contrario —insistió su coordinador— era el momento de afianzar el pacto con la Minoría Catalana. La teoría fue compartida por Adolfo Suárez, dispuesto ahora a avalar personalmente la fórmula de las *nacionalidades,* una vez que los catalanes y los comunistas habían aceptado la mención a la *Nación española* y a la *indisoluble unidad* de ésta.

El 16 de marzo de 1978, el presidente del Gobierno invitó a comer en la Moncloa al líder de Convergència Democrática de Catalunya, Jordi Pujol, y a su ponente constitucional, Miquel Roca. Objetivo de la comida, en la que el líder de CDC llegó a firmar un documento: sellar el pacto. El Gobierno se comprometía a no objetar, a lo largo de todo el proceso constituyente, el término *nacionalidades* y la Minoría Catalana a prestar su apoyo a UCD en aquellos temas que no afectaran a cuestiones «de conciencia» —tales como la abolición de la pena de muerte.

Simultáneamente a este almuerzo en el comedor de la Moncloa, José Pedro Pérez Llorca y Miguel Herrero R. de Miñón celebraron otro en el Nuevo Club con el ponente comunista, Jordi Solé Tura. Objetivo: informar sobre el acuerdo con los catalanes e intentar asegurarse la no beligerancia del PCE en el contencioso UCD-PSOE que iba a plantearse inevitablemente.

Todo había salido, poco más o menos, según lo previsto y los diputados centristas se felicitaron, aunque les empezó a invadir cierta preocupación ante las futuras reacciones del Partido Socialista. En Castellana 3, donde se había instalado el vicepresidente del Gobierno, Fernando Abril, y donde mantenía frecuentes conversaciones con Rafael Arias Salgado, empezó a pensarse también que, tal vez, la cuerda estaba tensándose demasiado. El Rey, según se difundió en los medios políticos, había hecho un aparte con Felipe González durante la cena ofrecida al gobernador general de Canadá, Jules Leger, de visita oficial en España. Se ignoraba de qué habían hablado, pero se sabía que don Juan Carlos había mostrado interés por conocer los auténticos motivos de la *espantá* socialista y había señalado, expresamente, su deseo de que el PSOE no quedara al margen del proceso constituyente.

La última etapa de la elaboración del anteproyecto constitucional coincidió con una larga crisis interna en Unión de Centro Democrático. La crisis ministerial que causó, en febrero de 1978, la salida del gabinete del profesor Enrique Fuentes Quintana, el mini reajuste consiguiente y los primeros indicios de que Suárez pensaba convocar el congreso constituyente de su partido antes de que tuviera lugar el referéndum constitucional, hicieron que se agitaran las aguas y que cada sector ideológico tomara posiciones para una futura carrera hacia la ocupación del aparato de UCD. La imagen política de Adolfo Suárez se encontraba, tal vez, en uno de sus momentos más bajos. Joaquín Garrigues Walker, ministro de Obras Públicas y líder del sector liberal, no tenía empacho en decir en los pasillos del Congreso: «La mayoría de mis compañeros de gabinete son nacionalsindicalistas»; y otro diputado apostillaba: «Suelo advertir a quienes acuden a la sede del partido, en la calle Cedaceros, que tengan cuidado. Desde la misma puerta se oye como silban los cuchillos.»

Francotiradores como José Ramón Lasuén, después expulsado de UCD, ayudaron a enrarecer el ambiente con públicas críticas a la gestión del presidente Suárez, y la batalla abierta por el PSOE —abierta y perdida— para una rápida convocatoria de elecciones municipales, volvió a dificultar la apacible marcha de los trabajos parlamentarios no constitucionales.

Se extendieron también en UCD los rumores sobre el nombramiento de un secretario de coordinación (algo así como un secretario general vergonzante) y pronto se supo que existían dos candidatos: Landelino Lavilla y Rafael Arias Salgado. Las posturas, a uno y otro lado, se enconaron, pese a que los dos protagonistas más directos intentaron por todos los medios *quitar hierro* al enfrentamiento.

FERNANDO ABRIL ENTRA EN ESCENA

En esta situación se iniciaron los debates de la Comisión Constitucional del Congreso, el día 5 de mayo de 1978. El informe de la ponencia fue finalmente firmado por Gregorio Peces-Barba en representación del PSOE. No en balde había participado durante casi siete meses en sus trabajos. Pero para que el ponente socialista accediera a firmar el documento, fue precisa la intervención de Fernando Abril. He aquí un valioso precedente del cambio de actitud que, poco a poco, experimentó el Gobierno y un indicador, también, de la actitud personal del propio vicepresidente.

Fernando Abril, tal vez un poco asombrado por la *tremenda pasividad* de su colega Lavilla, quien se encontraba acuciado por graves problemas en su departamento (había estallado en toda su virulencia la *guerra de las cárceles*) y por las luchas políticas en el seno de UCD, decidió ponerse en contacto, directamente, con Gregorio Peces-Barba. En una entrevista celebrada en el despacho del abogado socialista, en la calle del Conde de Xiquena, donde después se gestaron muchas de las *cenas del consenso,* los tres ponentes de UCD plantearon a su compañero la necesidad de que el proyecto de Constitución llevara al pie su rúbrica. El vicepresidente del Gobierno estimaba, por su parte, que era posible aplazar tres días el acto oficial de la firma, a fin de que los socialistas tuvieran tiempo para recapacitar. El ofrecimiento fue respaldado por José Pedro Pérez Llorca, a quien se dirigían ya las miradas de Fernando Abril como posible *segundo* para los tiempos que se avecinaban, en sustitución de Miguel Herrero R. de Miñón.

La oferta gubernamental, sin embargo, no pudo llevarse a la práctica, porque tanto Manuel Fraga como Miquel Roca se negaron en redondo a acceder a ello, según manifestaron en la Junta de Portavoces en que se trató la cuestión. Casi sobre la marcha, el diputado socialista, como un gesto de buena voluntad, accedió a firmar el texto, pero exigió que se le autorizara a leer ante las cámaras de televisión un breve escrito en el que explicaba que dicha rúbrica no suponía la aceptación por parte del PSOE del anteproyecto de Constitución, sino el mero reconocimiento del trabajo efectuado por su ponente.

Peces-Barba, para afianzar aún más esta imagen, renunció a sentarse junto al resto de los ponentes en el primer banco de la sala en que se reunió la Comisión Constitucional y se dirigió el primer día, ostensiblemente, hacia los sillones ocupados por sus compañeros de partido. Así se iniciaron los debates.

EL APARTAMIENTO DE LANDELINO LAVILLA Y MIGUEL HERRERO

La apertura de la confrontación pública en la Comisión, estuvo rodeada de cierta expectación. Los ocho grupos parlamentarios tenían constancia de las diferencias que les separaban y todo el mundo esperaba conocer en qué sentido se agrupaban, desde las primeras controversias, los 36 votos de los *comisionados*. De ellos, 17 correspondían a UCD, 13 tenían color socialista, dos pertenecían a los comunistas y otros dos a Alianza Popular, y uno pertenecía a cada una de las minorías, catalana y vasca.

Nadie contaba con mayoría absoluta. Para lograrla, UCD, el grupo más numeroso, necesitaba un par de votos. ¿Quién se los prestaría?

Conscientes de esa expectación, todos los grandes grupos accedieron a planear cuidadosamente los detalles de la primera sesión a puerta abierta. El acuerdo básico consistió en que los portavoces coincidieran y rivalizaran en el apoyo a la tarea constituyente y procuraran limar la envoltura ideológica de sus discursos. Se trataba de no ofrecer ante el país una imagen crispada, y en esto todos estuvieron de acuerdo.

Cada grupo designó al orador que había de representarle. En UCD se libró una pequeña batalla entre Herrero R. de Miñón y Pérez Llorca, que intentó aprovechar la ocasión para recobrar protagonismo. El pulso lo ganó Miguel Herrero, que mantenía todavía una posición fuerte dentro del grupo y estaba respaldado por su mentor, Lavilla. El discurso de Herrero, beligerante con respecto al PSOE, no gustó mucho ni en Castellana 3 ni en la Moncloa, deseosos como estaban Abril y Suárez de no atizar innecesariamente la incómoda posición socialista.

La sesión se desarrolló, pese a todo, en un clima distendido. Fraga habló de la necesidad de un clima de *confianza* y exhortó a todos a «aceptar sin vetos ni reservas, esa parte inevitable de todo acuerdo parlamentario, que es el respeto a la regla de la mayoría». La exhortación olió a cuerno quemado a los representantes de la izquierda. UCD, por el contrario, respiró aliviada porque temía que el líder de AP cargara las tintas sobre la regulación autonómica del Estado y provocara una situación tensa.

Tampoco gustó mucho a la izquierda la primera intervención en el debate, en nombre del Gobierno, del ministro de Justicia, a cuyo sector democratacristiano se atribuían las posiciones más derechistas de UCD en materia constitucional. Su discurso —que el propio ministro reconoció conservador en los pasillos del Congreso— era especialmente contrario a los criterios de los partidos catalán y vasco, ya que cargó el término *nacionalidades* de significación *histórica y cul-*

tural y sólo recalcando el marco de la «fecunda y superior unidad de España» admitió su dimensión política.

El ministro de Justicia se mostró extremadamente cauteloso respecto a la regulación constitucional de los derechos y libertades, que estimó demasiado detallista, y advirtió contra los peligros de formulaciones meramente retóricas o utópicas, cargadas de buenos deseos «sin el respaldo, por imposible, de garantías eficaces». «La Constitución es una norma —dijo— y, como tal, su primera aspiración es ser cumplida; no ser un programa o una bella ilusión.»

Otro eje del discurso del ministro Lavilla fue el acento en la responsabilidad y la solidaridad, como reverso de la libertad, y la llamada de atención «contra el riesgo de sacrificar, por exacerbación, quizá circunstancial, de la libertad, las posibilidades de ejercicio de la autoridad y de funcionamiento de la Administración Pública».

Las únicas voces que se alzaron contra el anteproyecto de Constitución fueron las de Heribert Barrera, en nombre de Esquerra Republicana de Catalunya, y Francisco Letamendía, de Euskadiko Eskerra. En una intervención posterior, José Pedro Pérez Llorca no dejó pasar la oportunidad de registrar la libertad con que se habían expresado los distintos diputados, «libertad que en los anales de este viejo caserón no tiene precedentes» y que «implica —dijo— una enorme legitimación del resultado del proceso; creemos que esa libertad va a legitimar también a la Institución que ha presidido este proyecto».

No dejó tampoco Pérez Llorca sin una réplica fría la parte quizá más tensa y apasionante de la intervención de Letamendía, que concluyó con los versos del *Che* Guevara que Paredes Manot, *Txiki,* había leído pocas horas antes de ser ejecutado, en septiembre de 1975, «cuando el dictador acababa de confirmar, entre otras, su condena a muerte: *"Mañana, cuando yo muera / no me vengáis a llorar / nunca estaré bajo tierra, / soy viento de libertad"*». El diputado de la izquierda *abertzale* había dicho: «Cuando un pueblo tiene hijos que están dispuestos a dar su vida por él, ningún obstáculo del mundo puede impedir su definitiva libertad.» Y el representante de UCD contestó: «... en ningún momento la disponibilidad de entregar la vida constituye una legitimación de determinados ideales, mucho menos cuando va acompañada de la disponibilidad a quitar la vida...». «Queremos una Constitución —añadió— que haga imposible que nadie esté ya dispuesto en el futuro español a morir o a matar por motivos políticos.»

Pero si en la discusión del Título preliminar los grandes partidos procuraron no poner de manifiesto sus divergencias, el Título I, «De los derechos y deberes fundamentales», se configuró inmediatamente como una batalla UCD-PSOE en la que cada partido luchaba casa por casa y piso por piso. Con las manos completamente libres —había pasado el artículo relativo a la Monarquía y al PSOE le constaba que el Rey apreciaba los esfuerzos que habían hecho los socialistas por dejar su persona al margen del debate—, el Título primero era para el Partido Socialista Obrero Español la piedra de toque de toda la Constitución. Si esos 48 artículos eran aprobados con una redacción inaceptable desde el punto de vista de los principios, su actitud ante la Constitución habría de ser, forzosamente, negativa.

La izquierda, en general, contaba con una baza a su favor. Mientras que los diputados socialistas y comunistas actuaban con plena unidad de acción dentro de sus respectivos grupos, UCD y AP tuvieron que *soportar* un número elevado de enmendantes «por libre» que alargaban los debates sin ningún resultado práctico y ensombrecían su imagen pública con propuestas que la mayoría de las veces resultaban disparatadas.

Dentro de AP, los más frecuentes defensores de enmiendas individuales fueron los ex ministros Licinio de la Fuente y Gonzalo Fernández de la Mora. El enmendante más contumaz de los pertenecientes al grupo de UCD, fue el ex vicesecretario general del Movimiento, José Miguel Ortí Bordás, quien parecía haber hecho prácticamente una nueva Constitución y que no contaba, ni siquiera, con los votos de sus correligionarios.

Pese a estos *pequeños* inconvenientes, UCD siguió adelante con sus previsiones. Los diputados socialistas comprobaron en los primeros días que la estrategia del partido gubernamental no había cambiado sino que, por el contrario se había fortalecido y se dispusieron a forzar al máximo las contradicciones que pudieran existir en UCD y a no dejar pasar un solo artículo sin lanzar todas sus baterías. De estar acorralado, el PSOE pasó a una ofensiva radical.

La actitud socialista no asustó a Herrero R. de Miñón que prosiguió, pacientemente, sus propios planes. Bien con el apoyo de la Minoría Catalana, que optaba por abstenerse en algunos temas comprometidos, bien con el de Alianza Popular, los artículos del Título primero fueron cayendo, uno tras otro, de su lado.

Los debates se complicaron según se acercaban los artículos más polémicos y con mayor trascendencia popular. El tema de la mayoría de edad a los dieciocho años provocó la defección de la Minoría Catalana, incapaz de comprender la obcecación centrista. El artículo fue aprobado por 19 votos contra 17, es decir UCD-AP contra los restantes grupos parlamentarios, al igual que el relativo a la abolición de la pena de muerte. Empezaba a suceder lo que el Gobierno no quería: la formación de un bloque con Alianza Popular y el riesgo consiguiente de que se hablara de una Constitución *de derechas*.

En el artículo relativo a la libertad religiosa, las cosas corrieron más a favor de Miguel Herrero. Los socialistas se quedaron completamente solos y el artículo, el número 16, fue aprobado con el voto a favor, incluso, del secretario general del Partido Comunista de España, Santiago Carrillo, que acudió expresamento a la Comisión para estar presente en ese momento concreto.

Pero en el artículo 15 Herrero R. de Miñón cometió un error que después le fue ampliamente reprochado por su propio grupo parlamentario. El artículo trataba del derecho a la vida; y la izquierda en bloque, así como los partidos nacionalistas, deseaban que se constitucionalizara la abolición de la pena de muerte, a lo que se oponía UCD y AP, aduciendo las benditas razones técnicas. En conversaciones privadas, los diputados centristas explicaron al PSOE las causas de su negativa: la abolición afectaría a leyes castrenses y sería muy mal acogida por el Ejército. En el último momento, el portavoz socialista hizo llegar a Miguel Herrero un papel con una nueva propuesta que obviaba, a su juicio, todos los inconvenientes de índole militar: se aboliría la pena de muerte, excepto para los delitos cometidos por militares en caso de guerra.

El coordinador de UCD, sin solicitar un aplazamiento para consultar con sus compañeros y escudado en una interpretación inflexible del acuerdo adoptado por su grupo en la reunión celebrada meses antes en el hotel Eurobuilding, rechazó la propuesta. Herrero impuso la no constitucionalización; constitucionalización que resultaba fundamental desde el punto de vista de las fuerzas progresistas en un país de una historia tan sangrienta como el nuestro; y sacó adelante su tesis con el apoyo exclusivamente de Alianza Popular.

Nuevamente, UCD ofreció ante la opinión pública la imagen de un partido volcado a la derecha. La irritación de Adolfo Suárez cuando fue informado de lo sucedido, llegó a los oídos de los parlamentarios centristas. El presidente no se había opuesto a la constitucionalización de la abolición de la pena de muerte y sólo exigía que se encontrara una fórmula para salvar las barreras castrenses. La oportunidad se había desaprovechado por decisión personal de uno solo de los ponentes de su partido.

Los diputados socialistas, al comprobar que se habían quedado solos en la votación del artículo en el que se mencionaba a la Iglesia católica, decidieron, en continuo contacto con Felipe González y Alfonso Guerra, ensayar, una vez más, la táctica del *portazo*. En esta ocasión no se trataría del abandono de los trabajos constitucionales sino de provocar una crisis y amenazar públicamente con reconsiderar el *espíritu de consenso*.

La ocasión llegó ese mismo día, 17 de mayo, a última hora de la tarde. Jesús Sancho Rof, subsecretario del Ministerio del Interior, presentó, repentinamente, una enmienda *in voce* al artículo 17, por la que se pretendía dejar la puerta abierta a la suspensión de ciertos derechos fundamentales, es decir, a la declaración de un estado de excepción encubierto. Defendió Sancho Rof que la Constitución debía dejar establecida la posibilidad de dictar excepcionales medidas antiterroristas. Anunció también que propondría la modificación del artículo en el que se establece la inviolabilidad del domicilio y de la correspondencia.

La enmienda de Sancho Rof no había sido debatida previamente en el seno de UCD y sorprendió a todos los diputados centristas. Jordi Solé Tura y Miquel Roca tampoco tenían la menor noticia al respecto, e interpretaron que el partido gubernamental quería modificar *por sorpresa* uno de los artículos pactados sin grandes dificultades en la ponencia. Pronto pudo observarse que los ponentes de UCD estaban tan desorientados como Roca o Solé. Pérez Llorca se negó a defender la enmienda de su compañero, alegando la irregular forma en que había sido presentada y sólo Miguel Herrero recogió el guante para improvisar una defensa basada en el recuerdo de la Ley de Azaña para la protección de la República.

Los socialistas saltaron como un resorte. Se había presentado la ocasión para dar el *campanillazo* y no la desaprovecharon. Gregorio Peces-Barba, que inició su intervención expresando su tristeza como ciudadano, como abogado y como estudioso de los derechos humanos, terminó advirtiendo que la aprobación de la enmienda *in voce* de UCD situaría a su grupo «en una posición muy difícil de cara a la valoración positiva del contexto general de la Constitución».

El propio Felipe González, avisado urgentemente, intervino en el debate para exigir que UCD retirara o mantuviera definitivamente su enmienda en ese momento, ante el habilidoso intento de Miguel Herrero de diferir el debate para otro día sin retirar formalmente la enmienda. Miquel Roca, que advirtió lo delicado de la situación, hizo una inteligente invitación a UCD para que reflexionara.

Ante la avalancha de irritación suscitada en la oposición, y de forma destacada en el segundo partido del abanico parlamentario, el PSOE, Sancho Rof retiró «la literalidad» de la enmienda, aunque anticipó que UCD volvería a la carga para intentar encontrar la fórmula constitucional que permitiera establecer medidas para la prevención del terrorismo. La improvisación con la que UCD había actuado quedó de manifiesto en los comentarios que los diputados centristas realizaron en los pasillos del Congreso. Óscar Alzaga reconoció que la enmienda había salido del Ministerio del Interior «hace tres horas», dijo, y que no se había podido prepararla bien.

La bola de nieve estaba en marcha. Felipe González amenazó con que su partido podía redactar trescientas enmiendas *in voce* para los artículos siguientes y declaró muy seriamente: «El consenso ha quedado roto.» Según el secretario general del PSOE, la ejecutiva se vería en la necesidad de replantearse toda su actitud ante el proceso constituyente. «Nos veremos obligados a incluir la reforma constitucional en nuestro programa electoral.» Alfonso Guerra fue aún más duro:

«Ésta va a ser la Constitución más reaccionaria de Europa. Es obra, exclusivamente, de UCD y AP. No existe consenso.»

Comunistas y catalanes intentaron desdramatizar la situación, pero no ocultaron su irritación. Carrillo consideró públicamente que el partido gubernamental estaba poniendo en peligro todo el espíritu de colaboración interpartidos de cara a la Constitución.

Lo que precipitó la situación de ruptura no fue tanto el estricto contenido de la enmienda de Jesús Sancho Rof como el cúmulo de circunstancias que se habían producido aquella tarde y el firme propósito socialista de quebrar la estrategia de UCD. La propuesta de UCD consistía en añadir en el párrafo segundo del artículo 17, en el que se establecía que la detención preventiva no podría durar más de 72 horas, las siguientes palabras: «salvo que una Ley determine otra cosa a fin de garantizar la seguridad pública y los derechos y libertades reconocidos en la Constitución».

El espíritu de la enmienda fue posteriormente asumido por todos los grupos parlamentarios, excepto por el Partido Nacionalista Vasco, cuando ya se había realizado la *operación consenso.* El actual artículo 55 recoge el espíritu de excepcionalidad, si bien introduce mayores garantías jurídicas. Dice así: «Una Ley orgánica podrá determinar la forma y los casos en los que, de forma individual y con la necesaria intervención judicial y el adecuado control parlamentario, los derechos y libertades reconocidos en los artículos 17, apartado 2 (*"La detención preventiva no podrá durar en todo caso más de setenta y dos horas"*) y 18, apartados 2 y 3 *("el domicilio es inviolable" y "se garantiza el secreto de las comunicaciones")* pueden ser suspendidos para personas determinadas, en relación con las investigaciones correspondientes a la actuación de bandas armadas o elementos terroristas.»

La reacción socialista causó honda preocupación en el Gobierno. La cuerda —se decían algunos ministros— se ha tensado en exceso y está a punto de romperse. El Consejo ejecutivo de UCD se reunió el 20 de mayo, con asistencia del presidente Suárez, los ministros parlamentarios y los ponentes. José Pedro Pérez Llorca, en su condición de portavoz del grupo parlamentario, hizo un informe, calificado de *muy frío* por uno de sus oyentes, sobre la situación. Explicó la reacción socialista y cómo la enmienda presentada inopinadamente por Sancho Rof contaba con la aprobación del titular de la cartera, Rodolfo Martín Villa, pero no con la del ministro de Justicia, Landelino Lavilla. «El presidente —recordaba meses después un ministro de su Gabinete— parecía muy malhumorado.» Suárez pidió a los tres ponentes una valoración del momento. La prensa sólo reflejó que el Comité ejecutivo de UCD se había reunido para «hacer una amplia valoración de los debates constitucionales» y que «el señor Pérez Llorca se mostraba muy satisfecho del desarrollo de los trabajos». Por el contrario, Pérez Llorca no se encontraba especialmente satisfecho y evitó hacer ningún juicio de valor. Toda su intervención se limitó a reflejar lo ocurrido y el estado de ánimo de los socialistas, sin pronunciarse a favor o en contra de un cambio de estrategia por parte de UCD.

Al día siguiente, Rafael Arias Salgado, que ya había sido nombrado coordinador general de Unión de Centro Democrático, se limitó a afirmar que el Comité ejecutivo de UCD «no haría nada que pudiera poner en peligro el consenso en los debates de la Constitución y tratará, por encima de todo, de mantenerlo». Arias Salgado, partidario de un giro de 180 grados en el desarrollo de las negociaciones, conocía la opinión de Fernando Abril, muy próxima a la suya, y sabía que Adolfo Suárez se había replanteado ya la cuestión.

El momento político volvía a ser delicado para el presidente del Gobierno: las semanas anteriores fueron escenario de una ofensiva derechista. Alfonso Osorio, ex asesor presidencial, desplegó toda su capacidad de intriga y maniobra, y se rumoreó que el sector democratacristiano de Unión de Centro se encontraba muy incómodo. Se acusaba al Gobierno Suárez de no tomar la iniciativa en ningún plano político. Desde el punto de vista de Suárez, era el peor momento para plantear una hipotética ruptura constitucional.

El mismo domingo 21 de mayo de 1978 por la mañana, los tres ponentes de UCD, junto con Rafael Arias Salgado, acudieron a Castellana 3, convocados por Fernando Abril. El vicepresidente del Gobierno se mostró inflexible: hay que dar un impulso a la negociación, atraerse de nuevo a los socialistas y acabar cuanto antes el proceso constituyente. Abril calificó de *fantasmas* las preocupaciones de índole ideológica de Miguel Herrero R. de Miñón. Herrero admitió que era el momento adecuado para negociar con los socialistas, ya que UCD se encontraba «en una posición de fuerza», pero presentó un pliego de negociación muy cicatero a juicio del vicepresidente.

Según el ponente centrista había que *cobrar muy caro* a los socialistas la posibilidad de *salvar la cara.* Es decir, se les podía ofrecer la retirada de determinadas enmiendas o la modificación, incluso, de algunos artículos ya aprobados, pero siempre que el PSOE hiciera, rigurosamente, una cesión paralela.

Como puntos concretos de una posible negociación, Miguel Herrero planteó los siguientes: UCD ofrecía la retirada de la enmienda para la constitucionalización del *lock-out* a cambio de que los socialistas aceptasen adjetivar el derecho a la huelga (huelga *profesional*); si el PSOE exigía la retirada de una enmienda en la que se hablaba de la *estabilidad familiar,* UCD, debería exigir que desapareciera de la Constitución toda referencia a la disolubilidad del matrimonio, de forma que la futura regulación de divorcio dependiera exclusivamente de una ley, sin apoyatura constitucional. Si se aceptaba la abolición de la pena de muerte y se dejaba que los socialistas «se apuntaran el tanto», era imprescindible que desapareciera la enmienda de Licinio de la Fuente ya citada. «Esta enmienda —dijo Herrero R. de Miñón— es socialismo puro.»

Fernando Abril expuso su opinión, bastante alejada de la del ponente. La lista de cesiones de Herrero —afirmó el vicepresidente— no se basa en ninguna negociación previa con los socialistas. El Gobierno tiene mejores canales de información que sus parlamentarios y, por último, la Constitución no podía negociarse considerando los artículos dos a dos sino de una forma más global.

Pocas horas después, los tres ponentes, Fernando Abril, Rafael Arias Salgado y Landelino Lavilla se reunieron en la Moncloa con el presidente Suárez, que les había convocado telefónicamente el sábado anterior. «Fue una reunión extraña —relata uno de los asistentes—, Suárez no habló con claridad. Nadie dijo que Abril fuera a tomar las riendas ni se especificaron los caminos que iban a seguirse para acercarse a los socialistas. Lo único que quedó claro es que había que negociar rápidamente con el PSOE.» Nuestro interlocutor reconoce, sin embargo, que cuando salió del palacio de la Moncloa tenía absoluta conciencia del cambio que se había producido y que se sentó en su casa a esperar la llamada telefónica que sabía que se iba a producir.

Otro de los asistentes a aquella reunión la describió así: «Suárez se mostró desde el principio de acuerdo con las tesis de Abril. Le respaldó plenamente. No se dijo textualmente que el vicepresidente quedaba encargado de ponerse en contacto con los socialistas, pero hasta un ciego se daba cuenta de que, a partir de ese momento, las bridas las llevaba Fernando Abril. Landelino Lavilla estuvo, según su costumbre, absolutamente pasivo y no opuso la menor resistencia, al menos allí, delante de todos.»

Fernando Abril y Miguel Herrero R. de Miñón se entendían con dificultad; sus tesis eran diametralmente opuestas. Por ello, cuando el vicepresidente se decidió a tomar la iniciativa y a promover los contactos con el PSOE, volvió sus ojos hacia José Pedro Pérez Llorca. Necesitaba un experto jurista que apuntalara técnicamente los acuerdos a los que pretendía llegar y nadie mejor para ello que el portavoz del grupo parlamentario.

Al día siguiente, José Pedro Pérez Llorca recibió una llamada telefónica de Abril: «Me ha llamado Guerra. Cenaremos con él esta noche en el restaurante José Luis. Irá acompañado por Gregorio Peces-Barba y Enrique Múgica. Quiero que me acompañes y que vengan también los otros dos ponentes, Miguel Herrero y Gabriel Cisneros. He avisado también a Rafael Arias Salgado.»

Lo que no se dijo es que antes de acudir a la cena con los socialistas, Fernando Abril se entrevistó, en el máximo secreto, con Santiago

Carrillo, Jordi Solé Tura y Miquel Roca. Asistieron también a la entrevista Pérez Llorca y Arias Salgado. Abril les anunció el cambio de estrategia de UCD y solicitó su apoyo para la nueva etapa que se iniciaba.

Por su parte, Miguel Herrero R. de Miñón, avisado por Pérez Llorca de la cena con los socialistas, se negó a asistir. «Mi postura está ya clara —le dijo a su compañero de ponencia—. Mi presencia en el restaurante sería la de una mera comparsa.» El que hasta ese momento había sido coordinador general de UCD para todas las cuestiones constitucionales, se marginó prácticamente de todas las negociaciones y conversaciones. Herrero había tenido la Constitución «en sus manos»... pero sus pronósticos no se cumplieron y su estrategia no dio los resultados apetecidos en la Moncloa.

En sustitución de Herrero R. de Miñón, Pérez Llorca propuso al vicepresidente Abril avisar al diputado Óscar Alzaga, un hombre también joven, con buena formación jurídica y que provenía del sector democratacristiano. Abril rehusó. No había mantenido hasta entonces grandes relaciones con Alzaga, quien se incorporó al Congreso cuando ya estaba constituido. Al dimitir de su escaño Juan Manuel Fanjul, nombrado fiscal del Reino, Óscar Alzaga, primer *suplente* en la lista de espera de UCD para Madrid, ocupó el puesto. Por otra parte, su actitud durante la campaña electoral fue polémica, ya que se negó a participar en mítines y todavía se le contemplaba con cierta prevención desde las esferas gubernativas.

Aquella misma noche, tanto Pérez Llorca como Herrero de Miñón debían haber asistido a una cena en el restaurante El Escuadrón con el ministro de Educación, Íñigo Cavero, y con dos catedráticos de la Universidad Pontificia de Salamanca, considerados como expertos de la Iglesia católica española en materia de educación: uno de ellos era Olegario González de Cardedal. La cena, a la que también se invitó al vicario de Madrid, padre José María Martín Patino, fue casi desconvocada ante la urgencia de la llamada de Abril, pero se celebró finalmente con la presencia de Cavero, Alzaga y Eugenio Nasarre, por parte de UCD. Pocos días antes los tres ponentes centristas habían almorzado en el mismo restaurante con el padre Martín Patino. El objetivo de todas estas reuniones fue la definitiva redacción que UCD iba a proponer para el artículo relativo a la enseñanza.

Volviendo a las negociaciones con el PSOE, la cena en José Luis se celebró, pues, con la asistencia por parte de UCD de Fernando Abril, José Pedro Pérez Llorca, Gabriel Cisneros y Rafael Arias Salgado, mientras que por parte del PSOE acudieron Alfonso Guerra, Gregorio Peces-Barba y Enrique Múgica.

Abril y Guerra plantearon desde el primer momento la situación de una forma muy pragmática. Para el PSOE cualquier ofrecimiento de negociación pasaba por la reconsideración de la postura de UCD respecto al artículo que regulaba la enseñanza, cuyo debate iba a iniciarse al día siguiente en la Comisión Constitucional del Congreso. UCD creyó intuir que en el seno del PSOE se habían planteado algunas diferencias de criterios respecto al margen de cesiones que podían efectuarse en ese artículo, pero sospechaba también que había triunfado la postura más radical y que los negociadores socialistas tenían un margen de maniobra muy escaso, si querían evitar reacciones internas en su partido.

Los parlamentarios centristas se impusieron una gran flexibilidad para no echar a rodar la negociación desde los primeros minutos y plantearon la necesidad de considerar varios artículos al mismo tiempo a fin de tener un margen de *tira y afloja* más amplio. Se decidió considerar globalmente como objeto de la negociación los artículos comprendidos entre los números 25 y 50 del anteproyecto. Quedaron así englobados los relativos a la enseñanza y al matrimonio, pero también el que reconoce la libertad de empresa en el marco de una economía de mercado y los primeros artículos del Título II, «De la Corona». UCD planteó también la introducción del espíritu de la enmienda de Sancho Rof.

Desde las diez de la noche hasta las tres de la madrugada, en un comedor reservado, Fernando Abril y Alfonso Guerra se lanzaron a la nueva redacción de 25 artículos constitucionales. Los socialistas trataron de retrotraerse, en lo posible, al texto de la ponencia, mientras que UCD puso todo su empeño en matizar ese retorno. Enrique Múgica, que asistió a la cena, teóricamente, en su condición de secretario del PSOE para las relaciones políticas y, en la práctica, porque era el único miembro de la ejecutiva socialista que había mantenido algún contacto anterior con el vicepresidente del Gobierno, intervino en muy escasas ocasiones, al igual que Rafael Arias Salgado. La voz cantante la llevaron Fernando Abril y Alfonso Guerra, asesorados en los aspectos técnicos por Peces-Barba, Pérez Llorca y Cisneros.

Abril, recuerda uno de los asistentes, tiene cierto parecido con Guerra, sobre todo en el *teatro* con el que ambos rodean sus negociaciones. Uno y otro amenazaron con levantarse de la mesa, se negaron en rotundo a cosas a las que cedieron diez minutos después y lanzaron irritadamente papeles al suelo. En el fondo, ambos se comportaron como dos negociadores duros. El PSOE retiró su enmienda sobre la no constitucionalización del sistema económico capitalista, aceptó una regulación matizada de la suspensión de los derechos fundamentales para presuntos casos de terrorismo y, aunque logró que se respetara el artículo relativo a la iniciativa económica pública, hubo de conformarse con que se trasladara desde el Título I, donde estaría especialmente protegido, hasta el de «Economía y Hacienda».

UCD, por su parte, aceptó reconsiderar el tema de la enseñanza y buscar un nuevo acuerdo, así como aguar el artículo relativo al cierre patronal y no adjetivar el derecho a la huelga.

Cuando los aburridos camareros de José Luis vieron con alivio que sus importantes clientes se disponían a salir, el acuerdo era ya completo. Además, tanto Abril como Guerra estaban dispuestos a seguir negociando de forma similar y a reunirse en fechas inmediatas para replantear los restantes artículos del texto constitucional.

FEDERICO SILVA SE IRRITA

A la mañana siguiente, Fernando Abril recibió en Castellana 3 a Jordi Solé Tura y a Miquel Roca para darles cuenta de los acuerdos alcanzados con los socialistas. Tanto el ponente comunista como el nacionalista catalán se sumaron inmediatamente a la nueva redacción de los artículos pactados y solicitaron que, a partir de ese momento, las negociaciones UCD-PSOE se ampliaran para darles cabida. No era otro el propósito del vicepresidente del Gobierno para quien seguían siendo válidos los supuestos que aconsejaron la presencia de ambos diputados en la ponencia: Miquel Roca estaba próximo ideológicamente a los centristas y Jordi Solé era un buen punto de referencia para los negociadores socialistas, si se volcaban excesivamente hacia la izquierda. Abril les anunció que las negociaciones al margen de la Comisión se reanudarían cuanto antes, a fin de acelerar los debates y llegar a un acuerdo sobre la Constitución en su totalidad.

Minutos antes de que se iniciara la Junta de Portavoces del Congreso, previa a los trabajos de la Comisión, los diputados implicados en el pacto establecieron contacto con los representantes de AP y PNV. La reacción de unos y otros fue distinta. El diputado aliancista Antonio Carro —Manuel Fraga se encontraba de viaje en los Estados Unidos—, acompañado por Laureano López Rodó, propuso sumarse al consenso parcialmente; no estaban de acuerdo, fundamentalmente, con la redacción dada al artículo relativo al matrimonio. Marcos Vizcaya, del PNV, tras consultar urgentemente con los jefes de su grupo, anunció su retirada momentánea de la comisión. Los peneuvistas estaban irritados no tanto por su ausencia en la *cena del consenso* como por la indelicadeza que había cometido UCD al informar a la Minoría Catalana y prescindir de la Vasca. Su enfado, y así lo interpretaron los demás miembros de la Comisión, no significaba un rechazo global del método de negociación, sino un simple toque de atención.

El portavoz del PNV regresó a la Comisión al día siguiente. Con su retirada momentánea, evitó también —con gran satisfacción de la izquierda— un debate sobre el artículo 55 relativo a las medidas antiterroristas. Después del escándalo provocado el día 17 de ese mismo mes a propósito de la enmienda del subsecretario del Interior, Jesús

Sancho Rof, ni los socialistas ni los comunistas deseaban que se abriera un debate en profundidad sobre este tema.

No ignoraban los diputados del PNV, por otra parte, que el método de negociación elegido podría ayudarles muy pronto, cuando se debatiera la reintegración foral, su máxima aspiración y principal objetivo de su presencia en las Cortes. Una negociación secreta constituiría una buena ayuda y ya existían los precedentes necesarios.

Las tensiones más intensas en el seno de la Junta de Portavoces no se derivaron, sin embargo, de la ausencia del PNV, sino de las reacciones internas que provocó en UCD la redacción pactada la noche anterior para el artículo que regulaba la enseñanza.

Miguel Herrero R. de Miñón y Óscar Alzaga se lanzaron a una fuerte ofensiva. Este artículo —insistieron los dos jóvenes políticos democratacristianos— acarreará innumerables problemas en el futuro, porque no garantiza de forma taxativa la libertad de enseñanza. Su combativa actitud fue interpretada como un reflejo del sentimiento de la jerarquía de la Iglesia, con la que ambos mantenían estrechas relaciones, y empezó a cundir la inquietud entre los negociadores centristas. Para completar el cuadro, el ministro de Educación, Íñigo Cavero, urgentemente avisado, respaldó, al igual que José Pedro Pérez Llorca, la preocupación de los diputados.

Los socialistas, informados minuto a minuto de lo que estaba sucediendo en UCD, aceptaron un nuevo acuerdo. Pérez Llorca planteó a Gómez Llorente una nueva redacción del apartado primero del artículo en cuestión: «Todos tienen derecho a la educación. *Se reconoce la libertad de enseñanza.*» El PSOE ofreció así una vía de salida a Fernando Abril, acorralado por sus propios compañeros de partido. La apostilla ayudó a enfriar los ánimos y permitió finalizar la reunión de la Junta de Portavoces, que duró hasta las cinco de la tarde, sin interrupción para almorzar.

Paralelamente, el vicepresidente del Gobierno se reunió nuevamente con Santiago Carrillo. El secretario general del PCE selló definitivamente su pacto constitucional y se mostró partidario de colaborar al máximo para lograr el feliz término del proceso constituyente.

Cuando, pasadas las cinco de la tarde, volvió a reunirse la Comisión Constitucional, se apreció un notable cambio en la actitud de Alianza Popular, que había ido enconándose por momentos. Federico Silva, informado aquella mañana por Peces-Barba en el palacio del Congreso del desarrollo de la cena, tomó las riendas del grupo e intentó convencer, a lo largo de toda la tarde, a sus compañeros para que se retiraran de la Comisión. Tanto Laureano López Rodó como Antonio Carro se mostraron tibios ante esta propuesta, pero, al filo de las diez de la noche, y sin que hubieran podido localizar telefónicamente a Manuel Fraga, decidieron secundar a Silva. Tuvieron tiempo, sin embargo, de votar en contra del problemático artículo sobre la enseñanza, como relatamos con más detalle al ocuparnos de este tema específico.

La postura de AP no alteró demasiado los ánimos de los grupos comprometidos en el acuerdo. Se acordó que Peces-Barba, que seguía manteniendo una buena relación personal con Fraga, se pusiera en contacto con él en cuanto regresara de los Estados Unidos para darle una explicación y pedirle que Alianza Popular volviera a la Comisión. En la mente de sus antiguos compañeros de ponencia no anidó el temor de que Manuel Fraga mantuviera la decisión de Federico Silva. «Fraga no puede quedarse al margen de los debates constitucionales, sería su suicidio político», explicó un miembro de la ponencia.

Efectivamente, el secretario general de AP no se mostró muy satisfecho ante lo ocurrido, pero respaldó públicamente, desde Nueva York, a sus compañeros. A su regreso a Madrid mantuvo una larga entrevista en su despacho con Peces-Barba y algunos contactos telefónicos con los ponentes centristas. Tanto unos como otros le sugirieron la posibilidad de que se celebraran nuevas reuniones *secretas* y le invitaron a sumarse a ellas. Manuel Fraga anunció que, si bien regresaría con todo su grupo a la Comisión, se negaba a participar en ninguna reunión que no fuera la Junta de Portavoces o que no estuviera presidida por Emilio Attard, el titular de la misma.

En medios socialistas se estimó que Fraga había rehusado no tanto por convencimientos personales como por la presión a la que se encontraba sometido por parte de Silva y Fernández de la Mora.

La decisión del líder de AP de automarginarse de las conversaciones fue acogida con alborozo por socialistas y comunistas, que temían que su presencia coartara la flexible postura que acababa de adoptar UCD. En el partido gubernamental se dejó escapar también un suspiro de alivio. La primera negociación provocó cierta irritación en el grupo parlamentario centrista y un diputado, el canario César Llorens, presentó ese mismo día una carta de dimisión como miembro de la Comisión Constitucional, en la que decía no estar de acuerdo «ni con los textos aprobados ni con los procedimientos seguidos». La presencia de Manuel Fraga en las negociaciones que se avecinaban podría favorecer la aparición de nuevas disensiones internas en UCD si, como cabría esperar, el ex ministro de la Gobernación agudizaba las contradicciones de los parlamentarios centristas y les arrastraba hacia sus trincheras.

Con un cierto alivio, pues, socialistas y centristas se comprometieron, como cuestión de cortesía, a mantener informado a Manuel Fraga del desarrollo de los acontecimientos.

El primer día de debates *consensuados* constituyó, pese a todo, un notable éxito. En una sola sesión se aprobaron 25 artículos correspondientes a la zona más polémica de la Constitución, cuando se habían necesitado diez días para los 24 primeros.

«Hemos salvado el escollo más importante de la Constitución», dijo José Pedro Pérez Llorca. «Todos hemos ganado», le apoyó Gregorio Peces-Barba, «Vamos a llegar a una Constitución sin vencedores ni vencidos», apostilló Jordi Solé Tura. Pero en el partido gubernamental nació cierta inquietud. El problema surgido en torno al artículo relativo a la enseñanza no se había resuelto completamente. Íñigo Cavero asistió como espectador a la sesión de la Comisión y *recibió,* en una peregrinación constante para «evacuar consultas» a Pérez Llorca, Soler Valero, Alzaga, Meilán, López Rodó, Blas Camacho y Arias Salgado. El ministro de Educación no se sintió plenamente satisfecho («No me gusta que se *reconozca* la libertad de enseñanza, prefiero que se *garantice*», dijo) y pronto se vislumbró la capacidad de movilización que desplegaría la extrema derecha en relación con este tema. Al término de aquella agotadora sesión, unas 200 personas esperaron a los diputados constituyentes a la puerta del palacio del Congreso para gritarles: «Suárez, atiende, la familia no se vende.»

EL CONSENSO, EN PELIGRO

El giro experimentado por los debates constitucionales recibió cierto refrendo desde la más alta magistratura del país. El Rey recibió del 28 al 30 de mayo a los líderes de los partidos implicados en el consenso, incluido Rafael Arias Salgado, como secretario de coordinación de UCD. Al palacio de la Zarzuela acudieron Felipe González, Manuel Fraga y Santiago Carrillo, quienes le expusieron sus correspondientes posiciones y sus previsiones respecto a los debates futuros. «El Rey —dijeron fuentes oficiosas— se mostró muy interesado por el logro del consenso.»

Fernando Abril, por su parte, intentó hacer volver las aguas a su cauce dentro de UCD. Mantuvo una reunión con los diputados centristas miembros de la Comisión Constitucional para explicarles las circunstancias que habían rodeado la negociación y hacerles comprender la imposibilidad de informarles previamente sobre los acuerdos pactados. Adolfo Suárez se reunió a su vez con el Comité ejecutivo de UCD con idéntico fin y obtuvo el pleno respaldo de su Gabinete.

Con los ánimos serenados, se hicieron los preparativos para reanudar las negociaciones. UCD y PSOE acordaron ampliar la mesa con todos los grupos parlamentarios, a excepción de Alianza Popular, autoexcluida, y del Grupo Mixto. Los representantes del PNV se sumaron gustosamente y se reintegraron sin recelos a las tareas constituyentes.

El lunes 29 de mayo de 1978, se celebró la primera reunión de esta etapa. Acudieron al hotel Palace, próximo al palacio del Congreso, los tres ponentes de UCD (Miguel Herrero aceptó, aunque sin gran convencimiento); Alfonso Guerra y Gregorio Peces-Barba, del PSOE; Miquel Roca, de la Minoría Catalana; Jordi Solé Tura y Emerit Bono, del Grupo Comunista; Eduardo Martín Toval, de Socialistes de Catalunya, y Marcos Vizcaya y Pedro Sodupe, del PNV. Sin dificultad lograron un acuerdo para los artículos comprendidos entre el 51 y el 62, pero tropezaron con los números 63 y 64 (actualmente 68 y 69) en los que se regula la composición y forma de elección del Congreso y del Senado.

El artículo 63 provocó grandes debates en el seno de la ponencia ya que, a juicio de la izquierda, la redacción impuesta por UCD y AP permitía que el partido gubernamental modificara la Ley Electoral e introdujera criterios correctores de la proporcionalidad.

El 30 de mayo se intentó nuevamente llegar a un acuerdo y se ensayó un nuevo sistema de negociación: todos los miembros de la Comisión participaron en una sesión informal, a puerta cerrada, bajo la presidencia de Emilio Attard. Tras una larga discusión, se acordó *saltar* por encima de estos dos artículos confictivos, a fin de no entorpecer la ágil marcha de los trabajos y dar tiempo a UCD, que ofrecía muestras de voluntad negociadora, a recapacitar.

La reunión, ya con asistencia de la prensa, llegó hasta el debate del artículo 83 antes de levantarse la sesión, a última hora de la mañana. Se propuso reiniciarla a las cuatro y media de la tarde para volver a plantear el artículo 63. Sin embargo, los *comisionados* de UCD regresaron sin modificar un ápice su postura inicial; el artículo tenía que aprobarse tal y como había sido redactado en la ponencia.

Este fue, sin duda, el momento en que la *operación consenso* corrió un mayor riesgo. Los partidos no debatían etéreas cuestiones de principio sino que, con los pies muy pegados al suelo, defendían algo muy directo e inmediato: sus respectivas aspiraciones de poder.

El artículo en litigio afirmaba que el Congreso se formaba por un diputado por cada 75.000 habitantes o fracción superior a 40.000 «a distribuir con arreglo a la población en los términos que establezca la Ley Electoral». Los socialistas, apoyados por el PCE, el PNV, la Minoría Catalana y el Grupo Mixto, pensaban que, de acuerdo con este texto, el Gobierno podía remitir a las Cortes una Ley Electoral en la que no se estableciera proporcionalidad entre el número de escaños y el número de habitantes de cada circunscripción.

Se ventilaba una cuestión fundamental para el PSOE, como partido con expectativas de poder, y la reacción socialista fue muy dura. Los votos de la izquierda proceden generalmente, como es sabido, de las zonas más industrializadas y pobladas. Por eso, resulta vital para cualquier partido de izquierdas que la distribución de los escaños se realice de forma proporcional con el número de habitantes, es decir, que Madrid o Barcelona, por ejemplo, tengan asignados un número de escaños proporcionalmente superior al de Soria, de acuerdo con el número de habitantes. La izquierda quiso también evitar el peligro que le supone la remodelación de las circunscripciones electorales. Es bien sabido que en algunos países europeos los partidos obreros encuentran un enorme inconveniente por culpa de leyes electorales que permiten que una zona de presumible voto de izquierda sea englobada en otra de presumible voto de derechas. Vendría a ser algo así como si, en lugar de considerar toda la provincia de Madrid como un único distrito electoral, se formara uno con el barrio obrero de Vallecas y un barrio residencial con mayor número de habitantes.

UCD y AP, por una parte, y los demás grupos por la otra, se enfrentaban con intereses políticos *de partido* y el acuerdo se presintió muy difícil. Los socialistas afirmaron, crispadamente, que, de aprobarse dicho artículo sin modificaciones, considerarían roto cualquier compromiso y, para demostrar la seriedad con que hablaban, votaron en contra o se abstuvieron en todos los artículos relativos a la Corona que se debatieron aquella tarde en la Comisión. Al mismo tiempo hicieron llegar al Rey un escrito en el que explicaban detalladamente su postura.

Los portavoces del partido gubernamental atacaron por su parte al PSOE, acusándole de pretender constitucionalizar el sistema D'Hont, es decir, el reparto proporcional de los escaños de una circunscripción entre las distintas listas según el número de votos obtenidos.

Durante algunas horas, la confusión se adueñó de los pasillos del Congreso. Proliferaron las mutuas acusaciones y desmentidos y nadie acertó a explicar con claridad lo que pretendía. No es cierto —afirmaban los portavoces de UCD— que el Gobierno quiera modificar la Ley Electoral. Lo que sucede es que los socialistas desean que figure en la Constitución española lo que no figura en ninguna del mundo: el sistema electoral. Los diputados del PSOE, por su parte, explicaron ambiguamente la diferencia que existía entre constitucionalizar un sistema electoral, cosa que ellos no proponían, y el reconocimiento de que debe existir proporción entre el número de escaños y el número de habitantes de una circunscripción.

Las espadas continuaron durante varios días en alto. El presidente Suárez se reunió en el palacio de la Moncloa con los portavoces de su partido para estudiar conjuntamente la situación. Los socialistas les hicieron llegar un ofrecimiento: a cambio de constitucionalizar la proporción entre escaños y habitantes, podía establecerse un número fluctuante de diputados, de trescientos cincuenta a cuatrocientos según la Ley, lo que permitía introducir, veladamente, un criterio corrector. La propuesta fue acogida con atención en la Moncloa y los representantes socialistas acudieron el 1 de junio a la Junta de Portavoces con el firme convencimiento de que UCD aceptaría su redacción. El ponente de la Minoría Catalana, en contacto con el partido gubernamental, se lo aseguró pocas horas antes. Pero, al iniciarse la Junta, se comprobó que UCD se limitaba a anunciar que aceptaría la propuesta socialista si era respaldada unánimemente por los demás grupos parlamentarios. La unanimidad era imposible porque Manuel Fraga, que había defendido el sistema mayoritario, se negaba en rotundo a aceptar ninguna modificación del texto inicial.

La tensión alcanzó nuevamente muchos grados. Varios meses después, uno de los protagonistas de las negociaciones confesaría: «Lo más lamentable es que se trató de una confusión originada por nuestra propia incapacidad de explicar nítidamente lo que queríamos. Un *quid pro quo.* Los socialistas temieron que UCD tuviera tentaciones mayoritarias y UCD sospechó que el PSOE realizaba extrañas maquinaciones.»

La semana terminó sin que el equívoco se hubiera disipado y con un pronunciado mal sabor de boca: el domingo 4 de junio varios miles de extremistas de derechas se manifestaron por las calles de Madrid, protagonizando un violento «homenaje a la bandera». Pocos días antes, el 27 de mayo, el presidente Suárez, que acompañaba al Rey en los actos oficiales de homenaje a la enseña nacional celebrados en el palacio de Oriente, escuchó abundantes insultos proferidos, en algunos casos, por personas que habían entrado en el patio de armas del palacio provistas de una invitación.

LAS TRES SEMANAS LOCAS, DE DESPACHO EN DESPACHO

El punto muerto fue salvado, una vez más, mediante una reunión secreta en el domicilio de José Pedro Pérez Llorca. El lunes, 5 de junio, y en medio de unos improvisados *pinchos* y bocadillos que sustituyeron al almuerzo, Fernando Abril y Alfonso Guerra volvieron a hacer las paces. UCD aceptó la constitucionalización de la proporcionalidad entre número de habitantes y escaños, y de la provincia como distrito electoral; y el PSOE cedió en lo relativo al número de diputados (serían de 300 a 400 y no de 350 a 400 como habían propuesto) y en el número de senadores por provincia (cuatro y no tres).

El *impasse* había sido superado. Fernando Abril y Alfonso Guerra podían acudir ya a la reunión convocada para aquella tarde en el despacho de Peces-Barba con un ramo de olivo que presentar a los negociadores de los demás partidos.

Comenzó aquí la *trashumancia* por los domicilios particulares y despachos privados de los diputados pactantes. Los asistentes fueron casi siempre los mismos, excepción hecha de Miguel Herrero R. de Miñón, que el mismo día 5 de junio anunció su definitiva retirada por considerar que Abril interpretaba *muy subjetivamente* las instrucciones recibidas en la Moncloa. Su ausencia fue cubierta con la inmediata incorporación de Óscar Alzaga y José Luis Meilán, nuevos *fichajes* del equipo negociador centrista.

El calendario de reuniones no se interrumpió. Al día siguiente, y de nuevo en el despacho de Peces-Barba, los negociadores debatieron hasta las cuatro de la madrugada sobre la reserva negativa de Ley, a la que renunció finalmente UCD, y, muy especialmente, de las relaciones entre el Gobierno y las Cortes y de las competencias del Senado, excesivamente protagonista, a juicio de socialistas y comunistas. Entre otros puntos, se decidió suprimir el velado derecho de veto de la Cámara Alta sobre un proyecto de Ley ya aprobado por el Congreso. No sería necesario que ese proyecto de Ley, devuelto a la Cámara Baja, obtuviera mayoría absoluta, sino que bastaría su aprobación por mayoría simple de los diputados.

Dado que el Título VIII, sobre las Comunidades Autónomas, revestía especiales dificultades, se acordó la formación de una miniponencia integrada por Miquel Roca, Eduardo Martín Toval, Marcos Vizcaya, Jordi Solé Tura y José Luis Meilán. La mini-ponencia se reunió al día siguiente 7 de junio, en el despacho de Meilán, en la calle García Morato, número 15, actualmente Santa Engracia. Los restantes negociadores se tomaron un breve descanso hasta el viernes, día 9, en que todos juntos, incluido Fernando Abril, celebraron otra sesión de trabajo en el despacho del ponente socialista.

Hasta ese momento, el sigilo en torno a las reuniones fue escrupulosamente mantenido. Los negociadores negaron una y otra vez que estuvieran reuniéndose al margen de la Comisión, y, para evitar posibles filtraciones, facilitaron una información muy sucinta a sus propios compañeros de grupo.

El secreto que rodeaba las negociaciones fue finalmente descubierto el día 9. Un periodista de *El País* recibió el *chivatazo:* «Están reunidos en el despacho de la calle del Conde de Xiquena.» Los negociadores, que detectaron a través de los visillos la *guardia* montada por los reporteros, decidieron continuar, al menos parcialmente, con el engaño y a las dos de la madrugada *evacuaron* el despacho su titular, Peces-Barba, Alfonso Guerra, José Pedro Pérez Llorca, Gabriel Cisneros, José Luis Meilán y Fernando Abril. Se pretendió hacer creer que se trataba de una reunión bilateral PSOE-UCD y por ello permanecieron escondidos en el despacho, con las luces apagadas, Xabier Arzallus, Marcos Vizcaya, Jordi Solé Tura y Eduardo Martín Toval.

Meses después, varios de los protagonistas de aquel *juego al escondite* intentaron explicar su actitud: «El destinatario del engaño era Manuel Fraga. No nos convenía que tuviera constancia de las reuniones multilaterales que se estaban celebrando. Él sabía que existían negociaciones —nosotros mismos le proporcionábamos información muy a menudo— pero creía que se trataba de entrevistas bilaterales:

socialistas-UCD, Minoría Catalana-Comunistas y cosas así. Temíamos que si un periódico publicaba la verdad, lanzara comunicados públicos que caldearan el ambiente, incluso entre nuestro propio electorado.» De hecho, recuerda uno de nuestros interlocutores, la publicación de la noticia, dio pie a que se les acusara de redactar la Constitución *en un bar y a base de trapicheos.*

La explicación más verídica nos la proporcionó uno de los negociadores de UCD, casi medio año más tarde: «Xabier Arzallus no había hecho público aún en el País Vasco su participación en las conversaciones. Precisamente, al día siguiente de aquella reunión tenía que informar al Euskadi Buru Batzar, el máximo órgano directivo del PNV, y no quería que les llegara primero la noticia por un periódico. Así que decidió no salir hasta que os fuerais y acordamos hacer creer que se trataba de un encuentro UCD-PSOE. Perdió por este motivo el último avión para Bilbao y estaba muy nervioso porque no sabía cómo llegar antes de las diez de la mañana a su tierra. Abril llamó por teléfono a presidencia del Gobierno y ordenó que se preparara un coche con chófer para que fuera a recoger al diputado del PNV en cuanto los periodistas, despistados, dejaran la guardia.»

Los portavoces de los seis grupos artífices del pacto se apresuraron a dar extensas explicaciones. Insistieron públicamente en el carácter positivo del procedimiento adoptado, que respondía al convencimiento general de la conveniencia de lograr un acuerdo parlamentario sobre aspectos esenciales de la Constitución, no sujeto al juego peligroso de las mayorías aritméticas, sino, por el contrario, abierto a todos. De modo particular, Eduardo Martín Toval se opuso a las acusaciones de haber utilizado *cuchicheos* para llegar a un acuerdo fuera del Parlamento, que encubrían —dijo— «cierta idea de corporativismo y organicismo parlamentario». En puridad democrática —añadió—, no puede oponerse «el más mínimo reparo a que unos partidos, unas opciones políticas, unos grupos parlamentarios democráticamente designados por el pueblo, lleguen a acuerdos que sinteticen sus posiciones en una nueva y única de equilibrio. Es, creo que hay que decirlo, una de las formas más constructivas de la democracia parlamentaria, particularmente si son previamente conocidas y suficientemente publicadas para todos las posiciones de partida de cada cual y, en suma y finalmente, la que resulta como síntesis.» Una explicación un tanto farragosa que oculta una preocupación creciente ante las reacciones que la fórmula elegida pudiera provocar en las bases de su propio partido.

La presencia, finalmente confirmada, de Fernando Abril en las negociaciones fue acogida por la prensa como una muestra muy importante del deseo del Gobierno de acelerar los debates y lograr una Constitución que fuera respaldada por los partidos parlamentarios con mayor número de escaños. Las de Xabier Arzallus y Marcos Vizcaya puso en la pista a todo el país sobre uno de los temas que más repercusión iba a concitar: la recuperación foral, plenamente exigida por el PNV como requisito indispensable para su aceptación de la Constitución. Precisamente, este tema fue tratado en la reunión del día 9 sin que fuera posible lograr un acuerdo.

La reivindicación vasca quedó pendiente en las sucesivas reuniones: las celebradas el lunes 12 de junio en el despacho de José Pedro Pérez Llorca (Castellana, 8), y en el de Óscar Alzaga (Marqués de Cubas, 6) y la que tuvo lugar el martes y 13 en ese mismo despacho. La definitiva ruptura entre UCD y el PNV en esta etapa se produjo —cuando el debate del proyecto de Constitución finalizaba en la Comisión—, en las oficinas de una empresa sita en el barrio del Niño Jesús y que fueron amablemente cedidas por el diputado centrista Blas Camacho, vinculado económicamente a dicha firma comercial. Las grandes oscilaciones que sufrieron las negociaciones constitucionales entre el Partido Nacionalista Vasco y Unión de Centro Democrático, son merecedoras de un tratamiento más detallado y a ellas nos referiremos de nuevo más adelante.

En términos generales, las «tres semanas locas» de negociación arrojaron, a juicio de sus protagonistas, un balance positivo. «Descubrimos a dos *estrellas* —nos dijo uno de los miembros del equipo de UCD—, Fernando Abril y Alfonso Guerra, sucesivamente enfadados, amigados, indiferentes según el interés del artículo que se debatiera.» En el equipo negociador del PSOE sólo hubo un jefe: Alfonso Guerra, si bien la presencia y asesoramiento de Gregorio Peces-Barba resultó siempre imprescindible. El ponente socialista sirvió también de intermediario cuando las tensiones se acrecentaban. El equipo de negociadores se dividía entonces en dos bandos que deliberaban por separado en habitaciones contiguas; UCD y PSOE se reunían en una de ellas, mientras que la Minoría Catalana, Socialistas de Cataluña, PNV y comunistas se refugiaban en otra sala cercana.

Una vez más resultó inapreciable la intuición mediadora de Miquel Roca, elegido «rey de los fenicios» por sus compañeros, pese a que se reveló también como un intransigente interlocutor en todo lo que afectaba a la regulación de las autonomías. Roca se preocupó mucho por lo que denominaba la *actitud testimonialista* del PNV, partido que, junto con Convergència Democrática de Catalunya, se reclama defensor de tesis nacionalistas. El ponente catalán buscó afanosamente el acuerdo, especialmente con Eduardo Martín Toval y Jordi Solé Tura —acuerdo que se logró plenamente en la reunión mantenida en el despacho de Meilán—, porque consideraba de la máxima importancia que los tres partidos catalanes ofrecieran en su tierra una imagen cohesionada en todo lo que afectara a la Constitución. «Lo peor que le hubiera podido pasar a Roca —señala uno de sus compañeros de *fatigas*— es que el PSUC o el PSC no hubieran quedado satisfechos del desarrollo de las negociaciones.»

Jordi Solé, por su parte, no dio muchos motivos de preocupación a su paisano: defendió con entusiasmo las tesis autonomistas y se alineó, casi siempre, con sus otros paisanos en el plano ideológico, los socialistas, en las cuestiones con proyección social o popular.

Finalmente, en el grupo de UCD existió también una sola batuta directora, la de Fernando Abril. Pero esta etapa negociadora *proyectó* nuevamente a José Pedro Pérez Llorca, que recuperó protagonismo como *segundo director*. Landelino Lavilla, que fue reclamado por la Moncloa para que se reincorporara a los trabajos constitucionales, especialmente en cuanto afectara al Título sobre el Poder Judicial, rehusó repetidamente y Miguel Herrero R. de Miñón fracasó de nuevo cuando intentó recuperar su puesto con ocasión de las negociaciones con el PNV. Las tesis de Miguel Herrero, en ésta como en las ocasiones anteriores, no coincidieron con las de Abril y quedó definitivamente relegado.

El *consenso* provocó a veces situaciones divertidas. Los grupos que suscribieron el pacto constitucional establecieron también un *reparto de papeles* con el propósito, sin duda, de evitar la impresión de una nueva *mayoría mecánica*. Las votaciones favorables a la propuesta se conjugaron con abstenciones a la misma. Igualmente el rechazo de las enmiendas aliancistas o del PNV correspondió, en unas ocasiones, a un grupo y, en otras, al contrario, según la especialidad del tema, mientras que los demás debían *interpretar* la abstención. Los principales protagonistas de este juego escénico fueron, naturalmente, en razón al volumen de sus votos, UCD y PSOE. Ocasiones hubo en que la falta de memoria de algunos diputados de ambos grupos sobre el papel que les correspondía, estuvo a punto de producir resultados abracadabrantes. Más de una vez, la indecisión para levantarse a votar en el sentido pactado suscitó el urgente recordatorio, por señas, de los diputados del otro grupo.

LA SOMBRA DE PAVÍA

De las 1.133 enmiendas que habían llegado hasta la Comisión Constitucional del Congreso, sólo 187 fueron mantenidas para el pleno de la Camara que había de aprobar el texto íntegro de la Constitución. El pleno se desarrolló sin especiales incidencias. Los socialistas renunciaron a su enmienda republicana y UCD aceptó la constitucionalización de la abolición de la pena de muerte y la mayoría de edad a los dieciocho años, entre otros temas que habían quedado *desconsensuados* en la Comisión. El pleno consumió 12 sesiones, la mitad exacta que en el trámite anterior y no modificó la alineación de fuerzas en torno al consenso, aunque al final del debate, y como fruto de las infructuosas y azarosas negociaciones del Gobierno con el PNV, los ocho diputados de este grupo se ausentaron del hemiciclo y no participaron en la votación global sobre el texto constitucional. En ella sólo se produjeron dos votos negativos (Silva y Letamendía) y 14 abstenciones (resto de los diputados de AP presentes y los representantes de Esquerra Republicana de Catalunya, Heribert Barrera y Joaquín Arana), frente a los 258 votos favorables del resto de la Cámara. En definitiva, dos grupos parlamentarios quedaron descolgados, obviamente por razones distintas, del consenso constitucional obtenido en el Congreso: AP y PNV.

La fórmula consensual adoptada para la elaboración de la Constitución desaconsejó a la mayoría de los grupos parlamentarios intervenir en el debate general sobre el texto aprobado en la Comisión. Sólo Fraga y Carrillo se negaron a desaprovechar la oportunidad de exponer sus puntos de vista. El primero, para expresar críticas —centradas especialmente en la nueva organización territorial del Estado y en la constitucionalización del término *nacionalidades*— y el segundo, para cantar las bondades del consenso y solicitar de sus principales artífices, UCD y PSOE, la reforma de los criterios electorales adoptados, único punto importante de disidencia de los comunistas. (El PCE propuso que el Congreso contara con un número de diputados mucho mayor del aprobado.)

El consenso, cuidadosamente preservado, incluso con el silencio de los portavoces de la mayoría de los grupos en el debate general, se puso ligeramente en peligro de forma inopinada porque el diputado centrista José Manuel Couceiro —que después fue excluido de las candidaturas de UCD para las elecciones del 1 de marzo de 1979— accionó el procedimiento electrónico de votación de su compañero Juan Rovira Tarazona, ausente del hemiciclo, y provocó un empate en la enmienda defendida por Socialistes de Catalunya tendente a la potenciación de las lenguas vernáculas en las Comunidades Autónomas. El presidente de la Cámara, comprobada fehacientemente la irregularidad, ordenó una nueva votación en la que la mayor concurrencia de diputados de UCD deshizo el empate. La enmienda resultó rechazada sin mayores consecuencias, si bien algunos parlamentarios de UCD mostraron gran indignación por el hecho de que hubiera sido la secretaria de Santiago Carrillo, desde la tribuna de público, quien advirtiera a sus camaradas del engaño que se estaba produciendo en un escaño ucedista.

El inicio del debate en el pleno del Congreso, el 21 de junio de 1978, coincidió, casi, con el segundo aniversario de la designación de Adolfo Suárez para la presidencia del Gobierno: el 3 de julio de 1976. Sus compañeros de gabinete le ofrecieron una copa para celebrarlo. Las caras sonrientes de aquel día se tornaron lívidas cuando finalizaban dichos debates: un general y un teniente coronel fueron asesinados, pocas horas antes de que la Cámara Baja votara, con toda solemnidad, el proyecto de Constitución.

La «sombra de Pavía», el general que en 1874 subió a caballo las escaleras de la Asamblea Nacional para disolver las Cortes, rondó por la imaginación de muchos diputados. Las fuerzas políticas conjuraron su miedo con una sesión extraordinaria en la que intervinieron todos los *jefes de fila* y que constituyó una defensa global de la Constitución frente a los ataques de ETA.

Enrique Tierno, por el Grupo Mixto, aseguró que la Cámara no podía permitirse debilidades cuando estaba en juego la democracia. José Ángel Cuerda, por el PNV, expresó la condena sin reservas ni matices «ante un nuevo crimen contra la paz y la democracia». Miquel Roca, por la Minoría Catalana, exhortó a concluir la obra constituyente para hacer posible la democracia, «pese a quien pese». Eduardo Martín Toval, por Socialistes de Catalunya, vinculó el atentado con «la actitud antidemocrática de sectores minoritarios extremistas, contra los que es preciso continuar en la construcción de la democracia». Manuel Fraga, por Alianza Popular, sin dejar de exponer su peculiar posición sobre el orden público, expresó al Rey el apoyo más incondicional. Santiago Carrillo, por el Grupo Comunista, manifestó que el atentado lo era contra la Constitución, pero que iba a lograr el efecto contrario al propuesto, porque el Ejército y el Congreso de los Diputados se sentían más hermanados en el proceso de construir un Estado. Felipe González, por el PSOE, aseguró que la fecha del atentado no era casual y que la Cámara, en la que estaba abrumadoramente representada la voluntad de los españoles, tenía que responder con energía a quienes querían acabar «con la libertad y la democracia». José Pedro Pérez Llorca, por UCD, habló de la ofensiva contra los Ejércitos, que no iban a caer en fáciles tentaciones ni provocaciones, «contrarias a su sentido de la lealtad, la disciplina y la entrega».

El discurso esperado con más expectación fue el de Adolfo Suárez, que acudió al Congreso en compañía del ministro de Defensa, teniente general Gutiérrez Mellado, quien, por primera vez, vestía para sentarse en el banco azul el uniforme militar. «De ninguna manera —dijo el presidente del Gobierno— las fuerzas terroristas van a impedir que el pueblo español ejerza plena y definitivamente su soberanía.» La mayor sensación de alivio la produjo, sin embargo, su declaración formal sobre la decisión del Gobierno de no tolerar, bajo ningún concepto, reacciones extremistas.

Disipada la «sombra de Pavía», los diputados pudieron, al fin, comentar relajados las incidencias y batallas que habían tenido lugar en los últimos meses, tras los bastidores del Congreso. Probablemente, una de las más duras fue la presentada por la jerarquía de la Iglesia, triunfadora en todos los frentes en los que desplegó sus baterías.

Contra lo que pueda parecer, la batalla más importante no se presentó, por ejemplo, ante la apertura de una puerta al divorcio, relegado, por otra parte, a una futura ley. Lo que realmente hizo poner en marcha la poderosa maquinaria de la Iglesia fueron los artículos relativos a la aconfesionalidad del Estado —y más concretamente la negativa inicial a reconocer a la Iglesia católica como una Institución con la que el Estado está obligado a contar— y a la regulación de la libertad de enseñanza.

LA OFENSIVA DE LOS OBISPOS

La primera reacción oficial de la jerarquía de la Iglesia católica se produjo escasamente cuarenta y ocho horas después de filtrado el borrador a la prensa. Monseñor Elías Yanes, arzobispo de Zaragoza, en la conferencia que pronunció en el club Siglo XXI el día 25 de noviembre de 1977 afirmó: «No tendría sentido que en la Constitución se mencionaran expresamente los partidos políticos, los sindicatos o cualquier otro tipo de asociación e institución y que, en cambio, se desconociera a la Iglesia católica.» Se había planteado ya el primer punto con el que los obispos españoles iban a estar en desacuerdo: la no *constitucionalización* de la Iglesia católica pese a ser una institución que, a su juicio, el Estado no puede desconocer y con la que debe mantener relaciones de cooperación.

La filtración del texto constitucional descabaló las previsiones de la jerarquía eclesiástica. Su propósito inicial fue hacer pública una declaración sobre el proceso constituyente en general, sin que se interpretara que constituía una reacción frente a un texto ya elaborado. El presidente de la Asamblea Permanente de la Conferencia Episcopal, el cardenal arzobispo de Madrid, monseñor Vicente Enrique y Tarancón, insinuó en la rueda de prensa ofrecida el sábado 26 de noviembre, al término de la XXVII Asamblea del Episcopado, que los obispos habían preferido, incluso, no conocer el borrador y que, desde luego, el texto publicado no había servido como material de trabajo.

Sin embargo, un examen atento de la declaración del Episcopado demostraba un previo conocimiento y estudio detallado del contenido del borrador o, en todo caso, una intuición prodigiosa. En la declaración se salía al paso, uno a uno, de todos los aspectos conflictivos que contenía dicho borrador. La ignorancia del texto íntegro del mismo no supondría, por otra parte, el desconocimiento de parte de él y, concretamente, de los artículos 3 y 17 en los que se regulaba la libertad religiosa y de los que podrían afectar al divorcio, al aborto, y, fundamentalmente, a la libertad de enseñanza. Los ponentes constitucionales se habían comprometido, y habían comprometido a sus partidos, en el mantenimiento del principio de confidencialidad, lo que no significaba, en modo alguno —afirmaban— la imposibilidad de recabar consejo o asesoramiento técnico. De hecho, algunos de ellos recabaron también el asesoramiento de ciertos obispos o vicarios a los que les unía especial amistad y confianza, y a los que hicieron llegar el contenido de los artículos que afectaban a la Institución eclesiástica.

Con una redacción extremadamente cuidada, el Episcopado expuso sus condiciones para considerar aceptable la Constitución: defensa de la vida humana, derecho de los padres a elegir el tipo de educación de los hijos —derecho garantizado en sus aspectos económicos, jurídicos y sociales—, estabilidad de la familia y reconocimiento de la Iglesia católica.

«A un orden justo —se afirmaba en la declaración de la Conferencia Episcopal— le corresponde garantizar la defensa de la vida humana, contra todo ataque que pueda amenazarla, aunque venga disfrazado de amor compasivo, de ideales políticos o de fría ciencia.» Quedaba claro que la jerarquía de la Iglesia se oponía a cualquier intento de legalización del aborto. Menos tajante fue, sin embargo, la oposición al divorcio: «La estabilidad del matrimonio y el desarrollo integral de la familia, abierta a la sociedad, tienen derecho a ser tutelado por la Ley.» La fórmula *estabilidad familiar* dejaba abierta la puerta a una «civilizada ley de divorcio» según palabras del padre José Luis Martín Descalzo, cuyas relaciones afables con un amplio sector del episcopado eran bien conocidas.

El acento más fuerte lo puso la Conferencia Episcopal, como hemos dicho, en dos puntos: la libertad de enseñanza y el reconocimiento de la Iglesia católica. «La justicia social —se decía— reclama que el ordenamiento jurídico garantice el acceso de todos los ciudadanos a los bienes de la cultura, sin discriminaciones de ninguna clase, ni para alumnos, *ni para centros docentes.* El Estado tiene el derecho y el deber de garantizar eficazmente la libertad de enseñanza, de ordenar el sistema educativo y de vigilar los niveles de calidad de todos los centros, con respeto a su identidad peculiar, mediante la *vigencia efectiva* del derecho de los padres —creyentes o no— a *elegir el tipo de educación que ha de darse a sus hijos.* En todo caso, ha de quedar garantizada en todos los centros de enseñanza de la educación de las nuevas generaciones en conformidad con las convicciones morales y religiosas de los padres y de los alumnos.» No se podía ser más explícito: todos los centros docentes (privados y estatales) debían tener las mismas ayudas, el Estado debía garantizar el derecho de los padres a enviar a sus hijos al colegio que desearan y debía hacerlo de forma efectiva, es decir, facilitando los medios económicos para ello. Debía garantizarse también que se impartiera enseñanza religiosa en todos los centros, privados y estatales, de acuerdo con la creencia de los padres.

Casi tan diáfanamente se planteó el segundo punto: «La Constitución en ciernes se propone afirmar, según parece, la plena vigencia de la libertad religiosa, renunciando a la fórmula del Estado confesional. El Episcopado español hizo pública hace cuatro años su posición sobre la confesionalidad del Estado, dejando su decisión a la sociedad civil y al Estado que la encarna, y reclamando para la Iglesia la plena libertad en el ejercicio de su misión. Observamos, sin embargo, que no basta afirmar la no confesionalidad del Estado para instaurar en nuestra Patria la paz religiosa y las relaciones respetuosas y constructivas entre el Estado y las Iglesias. Si prevalecen en el texto constitucional formulaciones equívocas y de acento negativo que pudieran dar pie a interpretaciones "laicistas", no se daría respuesta suficiente a la realidad religiosa de los españoles, con el peso indudable del catolicismo y la presencia en nuestra sociedad de otras iglesias y confesiones religiosas. Pensamos que un pleno reconocimiento de las diversas iglesias debería abrir la puerta a un tratamiento sobrio y constructivo de la significación de la Iglesia católica en España en términos de independencia recíproca en relación con el Estado, de respeto de competencias y de posibilidad de mantener acuerdos sobre materias de interés común que exigen una línea estable de actuación.» Es decir, la jerarquía de la Iglesia católica admitía la no confesionalidad del Estado, pero reclamaba el reconocimiento del peso indudable del catolicismo y un tratamiento constructivo de la significación de la Iglesia católica, así como el establecimiento de relaciones de cooperación.

La declaración del Episcopado —que obtuvo nueve votos en contra de obispos que, como Guerra Campos, Barrachina, Temiño y Peralta la consideraban excesivamente progresista, una abstención y 43 votos a favor— provocó innumerables reacciones tanto en sectores eclesiásticos como laicos. El ponente comunista, Jordi Solé Tura, se apresuró a manifestar que el principio de no confesionalidad del Estado era inamovible. El obispo auxiliar de Bilbao, monseñor Uriarte, ante la lluvia de protestas que caían desde los sectores más progresistas de su diócesis, señaló que el episcopado español no pretendía presionar, sino ayudar a que los políticos acertasen, y el jesuíta José María Díez Alegría expresó su profunda disconformidad con el comunicado.

El presidente Adolfo Suárez concertó una entrevista, que tuvo lugar diez días más tarde, con el cardenal Enrique y Tarancón y el tema se trató en una reunión del consejo político de UCD. Los centristas decidieron presentar inmediatamente ante la ponencia una nueva redacción, a fin de que se incluyese una mención expresa a la Iglesia católica. Manuel Fraga, en Zaragoza, anunció que su grupo mantendría un voto particular en el mismo sentido. Lo cierto es que en la primera lectura del borrador, el artículo 3, que establecía tajantemente la no confesionalidad del Estado y la garantía de la libertad religiosa, había sido aprobado por mayoría: AP, PSOE, PCE, Minoría Catalana contra UCD. El acta de aquella sesión dice textualmente: «Se reanudó la discusión sobre las relaciones Iglesia-Estado contenidas en el artículo 3 del texto presentado por UCD, centrándose el debate sobre la no confesionalidad del Estado. Se presentaron varias propuestas, el presidente resumió la situación del debate centrado en la no confesionalidad del Estado y la libertad religiosa. Por mayoría se adoptó un texto con carácter provisional (''El Estado Español no es confesional. Garantiza la libertad religiosa en los términos del artículo 17'') y por los representantes de UCD se anunció la presentación a la ponencia de una fórmula para esta materia en la que se eludían los términos de confesionalidad y laicidad. También se solicitó por el representante de Alianza Popular un párrafo que reconociera el hecho sociológico del catolicismo.» Es decir, UCD propuso en aquel momento que se suprimiera la tajante declaración de aconfesionalidad a fin de no dar la apariencia de un Estado rabiosamente laico; para AP, la Constitución debía recoger la existencia del catolicismo como un hecho sociológico.

En cuanto al artículo 17 («Se garantiza la libertad religiosa y de cultos, así como la de profesión filosófica o ideológica con la única limitación de orden público protegido por las leyes. Nadie podrá ser compelido a declarar sobre sus creencias religiosas»), el acta se limita a consignar: «Debatiendo el tema de la libertad religiosa se aprobó un texto compuesto de dos apartados, que se adjunta.» Fue aprobado, pues, por unanimidad.

Pero cuando el 3 de diciembre de 1977 los ponentes de UCD se reunieron con los diputados y senadores miembros de la respectivas comisiones constitucionales, UCD tenía ya el firme propósito de introducir una mención expresa a la Iglesia católica.

A fin de evitar esta mención, a la que se oponían los socialistas por considerarla una declaración vergonzante de confesionalidad, se barajaron varias fórmulas. Una de ellas decía: «El Estado tendrá en cuenta las creencias mayoritarias. Ninguna confesión religiosa será estatal.» El cardenal Enrique y Tarancón, en una carta cristiana a su diócesis, había insistido: «La Iglesia sabe que es en realidad insoslayable en nuestra patria y pide sencillamente que el Estado acepte su colaboración.» Intuía ya el presidente de la Conferencia Episcopal española las reacciones contrarias que iban a producirse en el seno de la propia Iglesia y advertía: «Unos ven un abandono de la línea tradicional y se dejan llevar, sin darse cuenta, por nostalgias de posturas y posiciones desfasadas.» El sector moderado del episcopado, encabezado por el arzobispo de Madrid, se dispuso a dar su particular batalla interna: los mayores riesgos no se abrirían hacia su izquierda, sino hacia su derecha. Una derecha incapaz de comprender que para la Iglesia, como institución, los dos puntos vitales son, precisamente, aquellos en los que la jerarquía no estuvo nunca dispuesta a transigir: enseñanza y reconocimiento. Si obtenían esos dos puntos habrían vencido en toda regla. Y, lúcidamente, el sector moderado de la jerarquía eclesiástica continuó ejerciendo presión en esa dirección. No aceptó tampoco la fórmula que hablaba de «creencias religiosas». Monseñor Yanes se expresó claramente al respecto: «Estoy descontento ante la actitud recelosa y vergonzante del anteproyecto de Constitución en relación con el reconocimiento de las convicciones católicas de gran parte de la población española.» Le preocupó, fundamentalmente, que se pretendiera interpretar a las creencias religiosas al margen de la Iglesia como Institución y exigió que no quedara al libre arbitrio del Estado la relación con esa Institución. «¿Tendrá en cuenta?, ¿qué quiere decir eso?», exclamó.

Cuando a finales de diciembre, la ponencia constitucional volvió a replantearse la cuestión, decidió, unánimemente, suprimir el artículo tercero del borrador, aquel que establecía la aconfesionalidad. En compensación, en el artículo 17 se añadió: «Ninguna confesión tendrá carácter estatal. Los poderes públicos tendrán en cuenta las creencias religiosas de los españoles y mantendrán las consiguientes relaciones de cooperación». Los socialistas se mostraron dispuestos a transigir con esta fórmula, pero no con la nueva propuesta de UCD. Miguel Herrero R. de Miñón quiso, además, que se dijera que «los poderes públicos mantendrán las consiguientes relaciones de cooperación *con la Iglesia católica* y las demás confesiones» y que se añadiera un párrafo de este tenor: «No se permitirán ofensas públicas a los sentimientos religiosos o morales.»

El 17 de marzo de 1978 se planteó, por última vez, el artículo relativo a la libertad religiosa. UCD propuso la redacción definitiva: 1) «Se garantiza la libertad ideológica, religiosa y de culto de los individuos y comunidades sin más limitación, en sus manifestaciones, que la necesaria para el mantenimiento del orden público protegido por la ley. 2) Nadie podrá ser obligado a declarar sobre su ideología, religión o creencias, y 3) Ninguna confesión tendrá carácter estatal. Los poderes públicos tendrán en cuenta las creencias religiosas de la sociedad española y mantendrán las consiguientes relaciones de cooperación con la Iglesia católica y las demás confesiones.»

Este mismo texto fue aprobado en la Comisión Constitucional del Congreso con el apoyo de todos los grupos parlamentarios, salvo el PSOE, y Socialistes de Catalunya. En el pleno de la Cámara, una enmienda socialista que proponía la supresión de la mención a la Iglesia católica, fue derrotada por 17 contra 126 votos. La reacción de las restantes confesiones religiosas no católicas no se hizo esperar. El vicepresidente de la Comisión Evangélica, Juan Antonio Monroy, acusó a los comunistas. «Los carrillistas —dijo— son los culpables de que en España puedan subsistir roces por cuestiones religiosas. Ellos fueron los únicos que no votaron de acuerdo con sus convicciones y su conciencia. Socialistas, UCD y AP sí lo hicieron.»

Monseñor Elías Yanes declaró pocos días después: «Estoy más satisfecho, pero pienso que la Constitución es aún corregible en los aspectos relacionados con la enseñanza y el matrimonio.»

Se perfilaba el segundo frente de la batalla: la libertad religiosa y la obligación del Estado a garantizar el derecho preferente de los padres a elegir el tipo de educación de sus hijos. Las presiones eclesiásticas se vieron satisfechas en la última etapa de la ponencia constitucional. UCD asumió una nueva redacción del artículo relativo a la enseñanza, redacción que prosperó con el apoyo de la Minoría Catalana y AP y el voto en contra de socialistas y comunistas y que fue uno de los motivos alegados por Gregorio Peces-Barba para abandonar la ponencia. Pero esta redacción fue después sacrificada por Fernando Abril en aras de la *operación consenso*. En la cena celebrada en José Luis se acordó regresar al espíritu del primitivo texto del 5 de enero de 1978, con algunas modificaciones. Aquel texto había sido propuesto, como ya hemos indicado, por Miquel Roca, y se limitaba a seis apartados en los que, escuetamente, se reconocía el derecho a la educación, la garantía, en condiciones de igualdad, de ese acceso, la gratuidad y la obligatoriedad de la enseñanza básica y la libertad de creación de escuelas. Los poderes públicos —se decía finalmente— *podrán ayudar* eficazmente a las escuelas que reúnan los requisitos establecidos en la ley.

En la redacción lograda por consenso se concedieron mayores garantías a la libertad de enseñanza (se garantiza el derecho de los padres a que sus hijos reciban formación religiosa y moral, los poderes públicos *ayudarán* a los centros docentes...) pero se suprimieron otras que la Iglesia defendía y que se habían aprobado en la última etapa de la ponencia. Así se suprimió el reconocimiento de la libertad de *dirección y gestión* de los centros docentes y se introdujo un apartado según el cual los profesores, padres y, en su caso, alumnos, intervendrán en el control y gestión de todos los centros sostenidos por la Administración con fondos públicos.

La jerarquía eclesiástica se alarmó nuevamente y buscó afanosamente la fórmula que permitiera, sin proponer la ruptura de un consenso tan trabajosamente logrado, introducir nuevamente mayores garantías. El cardenal Enrique y Tarancón dio con ella y la difundió en la conferencia que pronunció el 29 de junio de 1978, en el club Siglo XXI. El artículo sobre la enseñanza debía interpretarse «en el marco de los tratados y convenios internacionales sobre la materia». En esta dirección se orientaron todos los esfuerzos de muchos parlamentarios de UCD, especialmente de los senadores Ángel Martínez Fuertes (padre agustino, líder de los empresarios de la enseñanza privada) y Emilio Casals (destacado miembro del Opus Dei). El tema sería dilucidado en el Senado y hacia allí se concentraron las miradas de la Iglesia.

EL SENADO SE DIVIERTE

La fase de los debates constitucionales en el Senado, iniciada en pleno mes de agosto de 1978, fue aguardada con prevención por los protagonistas del consenso logrado en el Congreso. La presencia mayoritaria de UCD y PSOE en esta Cámara permitía, por lo demás, abrigar esperanzas sobre la continuidad de los elementos esenciales del pacto, al tiempo que planteaba serias dudas a los grupos minoritarios sobre las posibilidades de que algunas de sus aspiraciones quedaran satisfechas. Tanto las reservas más fundamentales del PNV como las más accidentales del grupo de Alianza Popular —este último sin grupo afín en el Senado, aunque con algunos senadores próximos o políticamente coincidentes— contaban en la Cámara Alta, con un muro, quizá más difícil de abatir que el del Congreso.

Junto a esto, grupos de senadores sin equivalente parlamentario en la Cámara Baja y de extracción política heterogénea, pugnaron, a través de las numerosas enmiendas formuladas, por introducir modificaciones en el texto aprobado por los diputados. Tal es el caso de Socialistas y Progresistas Independientes. A ellos debe sumarse la presencia en el Senado de 41 miembros designados por el Rey, la mayoría de los cuales eran ajenos a la disciplina de partido —y don Juan Carlos, por lo que parece, no les impuso ninguna— y casi todos expertos en una u otra disciplina jurídica, literaria, militar o económica. Los deseos de unos y otros de colaborar y *perfeccionar* el texto surgido del consenso entre los grandes partidos, inquietó desde el primer momento a UCD y PSOE, que no se atrevían a imponer por la fuerza de los votos una Constitucion de la que quedaran excluidas las aportaciones de sectores de la sociedad española, influyentes, si no en el electorado, sí al menos en ciertas parcelas privilegiadas de esta sociedad.

Los portavoces de los dos partidos mayoritarios se apresuraron a anunciar que se incluiría el mayor número posible de concesiones técnicas a estos senadores, siempre que no afectaran a las líneas básicas del texto ya aprobado. La Comisión Constitucional quedó integrada de la siguiente forma: doce votos de UCD, cinco del PSOE, dos de la Entesa dels Catalans y dos de Progresistas y Socialistas Independientes, uno de Senadores Vascos, otro de la Agrupación Independiente, otro del Grupo Independiente y otro del Grupo Mixto —estos tres últimos grupos integrados, en su mayoría, por senadores reales y representados, casi siempre, por Carlos Ollero, Luis Sánchez Agesta y Antonio Pedrol, respectivamente—.

Las dificultades más importantes no surgieron, sin embargo, de los grupos minoritarios sino, una vez más, de las precarias relaciones entre UCD y PSOE. Aun antes de que se reuniera por primera vez la Comisión Constitucional, se supo que el grupo parlamentario de UCD volcaría todos sus esfuerzos a satisfacer los deseos expuestos por la Iglesia católica y la patronal de los centros docentes privados, que inició una campaña de presión a través de editoriales en el periódico *Ya,* de la Editorial Católica, y a través de las 50.000 cartas que otros tantos padres de familia católicos remitieron al Senado, exigiendo mayores garantías.

Los socialistas —en el Senado sólo existía un senador miembro del Partido Comunista de España— se atrincheraron en sus posiciones, pero pronto vieron perdida la batalla.

El propósito inicial del sector católico-opusdeísta del grupo parlamentario de UCD, fue modificar el contenido —tan trabajosamente logrado en el Congreso— del artículo 27. Los socialistas, por boca de Alfonso Guerra, volvieron a acusar al partido gubernamental de no respetar lo pactado. El acuerdo —afirmó el número dos del PSOE— se ha sucrito entre *partidos,* no entre grupos parlamentarios de una u otra Cámara. Los senadores de UCD están obligados a respetar los pactos suscritos por los diputados de su mismo partido.

Algunos senadores de UCD compartieron este criterio y se negaron en rotundo a facilitar la modificación del mencionado artículo, piedra angular del consenso. Luis González Seara, socialdemócrata, expresó públicamente en los pasillos del Senado, su disconformidad personal con el padre Ángel Martínez Fuertes, senador por León y hombre de viscosa personalidad política, que encabezaba el sector partidario de imponerse a los socialistas por la fuerza de los votos. Fue necesaria la presencia de José Pedro Pérez Llorca, urgentemente avisado por su partido a su Cádiz natal, en donde disfrutaba de unas merecidas vacaciones, para encontrar la solución aceptable para unos y otros: UCD no propondría la modificación del artículo 27, pero introduciría un apartado nuevo en el artículo 10 por el que las normas relativas a los derechos fundamentales se interpretaran de conformidad con la Declaración Universal de Derechos Humanos y los tratados similares a las mismas materias ratificados por España. Se aseguraba así el derecho de los padres a elegir el *tipo de educación* para sus hijos, reconocido en uno de esos tratados internacionales.

En las primeras sesiones de los debates de la Comisión, UCD modificó, además del artículo 10, el primero y el noveno. El enfado de los socialistas subió de tono, y su portavoz, Francisco Ramos, «a la vista de las sustanciales alteraciones que está sufriendo el texto constitucional que el PSOE creía firmemente consensuado en el Congreso», anunció el 23 de agosto de 1978 la decisión de su partido de revisar su posición sobre la Constitución. Una extraña palabra nació en los pasillos del antiguo palacio del Consejo Nacional del Movimiento: *reconsenso*. UCD y PSOE tenían que *reconsensuar,* librar una pequeña y desagradable batalla que ponía en entredicho, de nuevo, la idílica imagen de confraternidad interpartidista con que acabaron los trabajos constitucionales del Congreso.

Fernando Abril y Alfonso Guerra, asesorados por José Pedro Pérez Llorca y Gregorio Peces-Barba, tomaron nuevamente la batuta. En el Senado, los dos partidos mayoritarios se bastaban y sobraban y, de mutuo acuerdo, no ampliaron la mesa de negociación. A finales de agosto se reunieron en Castellana 3, Fernando Abril, Pérez Llorca, Antonio Jiménez Blanco (portavoz en el Senado) y José Luis López Henares, de UCD, y Alfonso Guerra, Peces-Barba y Francisco Ramos, del PSOE. La comida fue extraordinariamente fructífera. Los socialistas se resignaron ante la firme voluntad del partido gubernamental de no volverse atrás en lo relacionado con el artículo 10, pero consiguieron que anulara las modificaciones introducidas en el primero y el noveno, así como la retirada de una enmienda que pretendía constitucionalizar la facultad real de nombrar un determinado número de senadores en cada legislatura. UCD aceptó también suprimir las matizaciones que había propuesto introducir respecto a los Tribunales Superiores de Justicia de las Comunidades Autónomas. Los centristas, por su parte, se aseguraron el voto favorable del PSOE a la disolución por separado de las Cámaras y a la concesión del voto de confianza por mayoría simple de los diputados, y no mayoría absoluta como establecía el texto del Congreso.

Se logró también una nueva redacción para el artículo relativo al voto de investidura: si el candidato propuesto por el Rey para la presidencia del Gobierno no obtuviera en la primera votación la mayoría absoluta del Congreso, «se someterá la misma propuesta a nueva votación, cuarenta y ocho horas después de la anterior y la confianza se entenderá otorgada si obtuviera mayoría simple». El texto anterior no especificaba el plazo de cuarenta y ocho horas ni la exigencia de que el Rey planteara la *misma propuesta,* es decir, el mismo candidato.

En el capítulo de las autonomías, se decidió que el proyecto de Estatuto tuviera que aprobarse *por cada una de las provincias* que resultaran afectadas por el mismo.

En la reunión se planificaron las enmiendas que debían prosperar en la Comisión, las que debían llegar hasta el pleno del Senado y las que serían solucionadas por la Comisión Mixta de las dos Cámaras.

Las negociaciones UCD-PSOE fueron inmediatamente conocidas por el PCE y la Minoría Catalana. Jordi Solé Tura se presentó en el Senado para hacer patente su preocupación y ambos denunciaron, el 7 de septiembre, los acuerdos bilaterales que se adoptaban en la Cámara Alta y que modificaban lo ya pactado en el Congreso. El pacto constituyente había nacido en la Cámara Baja, con el apoyo de seis grupos parlamentarios, y no podía alterarse sobre la base del criterio de sólo dos de ellos. Los comunistas fueron tranquilizados por Peces-Barba: el PSOE no estaba interesado en conceder ningún protagonismo al PCE en esta etapa, pero respetaría íntegramente, en sus líneas fundamentales, los acuerdos de junio. El PCE, falto de apoyo socialista y de peso propio en el Senado, no logró hacer prosperar sus enmiendas sobre la composición del Congreso y sobre la configuración de la Cámara Alta como Cámara de las Nacionalidades y tuvo que conformarse con la pequeña representación de las Comunidades Autónomas en el Senado que defendió el PSOE.

Las relaciones UCD-PSOE en el Senado no sufrieron a partir de ese momento grandes oscilaciones, aunque en los últimos días del debate en la Comisión el partido gubernamental introdujo algunas modificaciones no pactadas que enfriaron la *entente cordiale,* hasta el extremo de que los socialistass optaron por apoyar al Partido Nacionalista Vasco en sus reivindicaciones forales, en una decisión malhumorada y precipitada de la que luego hubieron de arrepentirse.

El protagonismo negociador corrió a cargo de las mismas *estrellas:* Fernando Abril y Alfonso Guerra. La presencia, obligada, de los respectivos portavoces en el Senado, Jiménez Blanco y Ramos, no ofreció resultados positivos, ya que existía entre ambos una soterrada antipatía personal. Antipatía, por otra parte, compartida por Alfonso Guerra, quien se mostró siempre muy irritado con Jiménez Blanco.

La última etapa constitucional en el Senado coincidió con una nueva ofensiva política de la derecha pura contra el Gobierno de Adolfo Suárez. El senador de designación real, Torcuato Fernández-Miranda —que abandonó el grupo parlamentario gubernamental al iniciarse los debates en la comisión—, concedió unas declaraciones al diario *Abc* en las que expresaba sus temores sobre la Constitución y arremetía contra el presidente del Gobierno. La polémica con el *diabólico* Fernández-Miranda —conocedor como nadie de los entresijos del tránsito de la dictadura a la democracia, incluido el irresistible ascenso de Adolfo Suárez—, fue obviada por las habilidades ucedistas en la interpretación y uso del reglamento de la Cámara, que permitieron separar al duque de Fernández-Miranda de la Comisión Constitucional y su ausencia, asimismo, en los debates del pleno y en la votación final. Quien fue maestro, en los tiempos orgánicos, de habilidades parecidas, el autor de la célebre «trampa saducea», cayó en una preparada por sus discípulos más aventajados.

El aspecto más preocupante para UCD de la campaña de la derecha, fue la ofensiva de Manuel Fraga en favor de un «gobierno neutral» que ocupara el vacío de poder que se produciría al día siguiente de promulgarse la Constitución de acuerdo con su particular interpretación de la Norma. Alianza Popular había profundizado sus relaciones con Acción Ciudadana Liberal, el partido creado por José María de Areilza, conde de Motrico, incapaz de olvidar cómo un día que creyó tener en su mano el nombramiento de presidente de Gobierno, vio, sin embargo, que el motorista de la Zarzuela pasaba de largo por su puerta, camino de la casa de Adolfo Suárez; un hombre éste por culpa del cual el conde de Barcelona estuvo durante más de un mes sin hablar con su hijo, el Rey de España.

Adolfo Suárez, su partido y el Gobierno, se preocuparon seriamente con la operación Fraga-Areilza y, especialmente, con su campaña a favor de un gobierno «sin partido» como único camino postconstitucional. Simultáneamente, los socialistas iniciaron su propia ofensiva para exigir la convocatoria de elecciones generales tras el referéndum. Aprobada la Constitución, decían, el presidente del Gobierno queda automáticamente cesado y el Rey debía iniciar el proceso de consultas para proponer un nuevo candidato. En todo caso, el presidente del Gobierno, antes de cesar, podía solicitar la disolución de las Cámaras y convocar elecciones legislativas.

Desde el punto de vista de UCD, el mayor riesgo de estos planteamientos estribaba en el *automatismo* del cese de Suárez, porque podía presentarse como la gran ocasión para el «gobierno neutral» de Fraga y Areilza. En todos los medios políticos se iniciaron las cábalas y deliberaciones. Alfonso Guerra, por ejemplo, elaboró un informe de 90 folios para la ejecutiva de su partido, explicando las distintas opciones postconstitucionales y los intereses que respaldaban cada una de ellas. Dentro del PSOE se decantaron las posturas de quienes aceptaban una hipotética *gran coalición* sin elecciones previas y de los que las exigían.

En este estado de ánimo se llegó al pleno del Senado. Al margen de la problemática específica del *caso vasco,* el pleno de esta Cámara fue escenario de solemnes posturas testimoniales y velados ataques al presidente del Gobierno y al pacto UCD-PSOE, sobre todo en materia de enseñanza. El senador real Alfonso Osorio, ministro de la Presidencia en el primer Gobierno de la Monarquía y hombre al que se atribuye gran protagonismo en el trasvase de poderes de Carlos Arias a Adolfo Suárez, aseguró que el artículo 27 ofrecía «una acusada tendencia al colectivismo, por no decir al anarquismo» y denunció el giro dado en esta materia por la UCD actual desde «la Unión de Centro Democrático del 15 de junio de 1977, de su programa electoral, del Centro que yo voté...».

La anticipación que UCD y PSOE hicieron de su posición final sobre este artículo dio ocasión al escritor y senador por designación real Julián Marías a recoger el ambiente de indignación existente entre las minorías ajenas al consenso y expresarlo con particular brillantez, que suscitó un fuerte aplauso en un sector reducido de la Cámara. El socialista Manuel García Navarro había recordado que el consenso había comenzado con el tema de la enseñanza y anunció el voto favorable de su grupo al artículo 27. El padre Martínez Fuertes también anticipó que su grupo votaría a favor del texto consensuado.

Estas declaraciones se produjeron al comienzo del debate sobre el artículo en cuestión, antes de que se defendieran la mayoría de las enmiendas del mismo. Cuando llegó su turno al senador Marías —cuya propuesta consistía en introducir la posibilidad referida a las personas físicas y jurídicas, no sólo de *crear* centros docentes, sino también de *dirigirlos*—, denunció las palabras de ambos portavoces como contrarias a la esencia del parlamentarismo, cuya finalidad es —dijo— «convencer, persuadir con argumentos y razones a otras personas para modificar su opinión, para ganarla». Sin embargo, tras el anuncio de UCD y PSOE, «digamos lo que digamos, sean cualesquiera nuestras razones, tengamos razón o no, es absolutamente igual, porque van a votar contra nosotros, contra nuestros votos particulares en todo caso». Un aplauso animó al senador a completar su oración: «...Naturalmente, si esta declaración la hubieran hecho estos senadores después de que hubiéramos hablado, me parecería aceptable, pero es que han tenido la inocencia, la ingenuidad, que tal vez podría calificarse de otra manera, de decirlo antes de que hablemos alguno de nosotros, con lo cual han invalidado la función de la Cámara y, repito, la función de la democracia parlamentaria de toda la Historia.»

El consenso siguió, pese a todo, su inexorable marcha hacia el final del debate, apartando del camino la constancia enmendante de Lluís Maria Xirinacs, Juan María Bandrés, Rosend Audet y Ramón Bajo, e incorporando una palabra de acá, una coma de allá, de grupos como la Entesa dels Catalans o Progresistas y Socialistas Independientes. Los senadores reales fueron despedidos, con todo respeto, hasta nunca jamás. Finalizaron, asimismo, las intervenciones, que sólo pueden calificarse amablemente de pintorescas, de senadores como el aguerrido Fidel Carazo, quien preguntó dramáticamente si la exclusión de Dios de la Constitución era también fruto del consenso.

En su intervención final, los portavoces de todos los grupos hablaron de la Constitución del consenso y de la concordia. El propio Miguel Unzueta, del PNV, le dio *la bienvenida.* Justino Azcárate la calificó de Constitución «de todos y para todos» y manifestó su deseo de no participar por tercera vez en la elaboración de una Constitución (intervino también en la de 1931); Juan de Arespacochaga le deseó «larga vida»; Josep Benet llevó a la Cámara la vieja reivindicación catalana, en lo esencial cumplida, de «libertad, amnistía y Estatuto de Autonomía»; Manuel Villar Arregui elogió el consenso y se congratuló de la feliz superación de la etapa anterior y del camino abierto «a la paz, que es obra de la justicia, y a la esperanza»: Francisco Ramos destacó la culminación de la ruptura democrática, y Antonio Jimenez Blanco subrayó el final de las dos Españas.

El ministro de Justicia y senador real, Landelino Lavilla, recibió el imperioso encargo del Gobierno de cerrar el paso de la Constitución por el Senado con un discurso que viniera a desmentir los rumores sobre el permanente descontento del sector democratacristiano. Lavilla, que los disipó con su mera presencia, señaló que el hecho de que nadie pudiera decir que esta es su mejor Constitución «es la mejor prueba de que nos hemos aproximado a una buena Constitución para todos».

Se avecinaba el último trámite constitucional: la Comisión Mixta Congreso-Senado. UCD y PSOE estuvieron de acuerdo en un punto previo, no se celebrarían comidas, ni cenas, ni reuniones al margen de la propia Comisión y se guardarían escrupulosamente todas las formalidades parlamentarias. Establecido ese punto, los dos partidos mayoritarios se enzarzaron en una discusión sobre los componentes de la Comisión.

ACUERDO EN LA CUMBRE: SUÁREZ Y FELIPE, CONTRA LOS «SALVADORES»

La Comisión Mixta se componía, según lo establecido en la Ley para la Reforma Política, de once miembros: cuatro diputados, cuatro senadores, los presidentes de las dos Cámaras y el presidente de las Cortes. La elección de los cuatro senadores se efectuó inmediatamente después de finalizar el pleno de la Cámara y no se plantearon grandes dudas: sería una representación bipartidista, UCD-PSOE. En el grupo del partido gubernamental se impuso rápidamente Fernando Abril, senador por designación real, con un argumento muy simple: si no estaba presente en la Comisión, se retrasarían los debates ya que, al fin y al cabo, los otros portavoces de UCD necesitarían abandonar precipitadamente la mesa de negociaciones para consultar con el *jefe de equipo* ante cualquier dificultad. La segunda plaza fue ocupada por el portavoz de los senadores centristas, Jiménez Blanco. Por parte del PSOE la elección fue también fácil: el portavoz del grupo, Francisco Ramos, y el catedrático de Derecho del Trabajo José Vida.

Las dificultades surgieron en relación con los cuatro diputados que representaban a la Cámara Baja. Puesto que Fernando Abril ya había sido elegido, los socialistas deseaban *colocar* a Alfonso Guerra, su interlocutor *natural*. Se planteó la posibilidad de que la representación del Congreso fuera también bipartidista: Guerra y Peces-Barba, por el PSOE, y Pérez Llorca y Alzaga, por UCD. Se imponía, sin embargo, la presencia de las minorías (AP, Catalanes y PCE). El Grupo Centrista, a juicio del PSOE, tenía la obligación moral de ceder una de sus plazas, bien a Manuel Fraga, bien a Jordi Solé Tura; y, en este sentido, presionaron, aunque, en público, defendieron la presencia de Socialistes de Catalunya, grupo que contaba con más diputados que la Minoría Catalana o Alianza Popular.

En las primeras conversaciones UCD-PSOE se había dicho que Guerra y Abril estarían presentes inexcusablemente en la Comisión, así como Pérez Llorca y Peces-Barba. Sin embargo, UCD cambió de actitud a raíz —según una competente fuente informativa del PSOE— de la conferencia que pronunció Alfonso Guerra en el club Siglo XXI, el 5 de octubre. El número dos del PSOE defendió que tal y como estaba redactada la Constitución, el presidente Suárez quedaría automáticamente cesado tras el referéndum. La conferencia, según la misma fuente, fue grabada en cinta magnetofónica y escuchada por Fernando Abril en Castellana 3. En aquellos momentos, la principal preocupación del Gobierno y de UCD residía, precisamente, en que se propagara dicha interpretación del artículo 99, propiciada también por AP. «Por eso —insistieron los socialistas—, UCD quiso colocarnos ante la disyuntiva de tener que elegir entre Guerra y Peces-Barba y propaló en la prensa rumores según los cuales la representación del Congreso estaría formada por cuatro ponentes: Pérez Llorca, Fraga, Miquel Roca o Jordi Solé Tura y Peces-Barba.»

La reacción del PSOE fue violenta: si sólo podía estar en la Comisión Mixta un diputado socialista, ese sería Alfonso Guerra. En la Junta de Portavoces del Congreso que se celebró para tratar este tema, se puso de manifiesto el *juego* de los dos grandes partidos: UCD no estaba interesada en la presencia ni de Manuel Fraga ni de Alfonso Guerra, mientras que los socialistas utilizaron todas sus artes para introducir a Peces-Barba y Miquel Roca. Pero los centristas querían introducir también a Jordi Solé Tura, el ponente comunista, con quien habían mantenido ya conversaciones y quien podría darles apoyo en el caso de que prosperaran *interpretaciones torcidas* respecto a los pasos que habría que dar una vez superado el referéndum.

El PSOE tuvo que ceder y sacrificar a Gregorio Peces-Barba; él y Fraga fueron los únicos ponentes que no estuvieron presentes en la Comisión Mixta (Pérez Llorca representaba, de algún modo, a sus dos compañeros, Miguel Herrero R. de Miñón y Gabriel Cisneros).

A fin de evitar que este tema se enconara peligrosamente en los debates de la Comisión, se celebró en el palacio de la Moncloa una entrevista entre Adolfo Suárez y Felipe González. Aunque las entrevistas entre estos dos líderes eran «muy extrañas», según explicó un destacado miembro de UCD, y los estados mayores de los dos partidos «no se enteran nunca muy bien de lo que se discute en ellas», está claro que en aquella ocasión el presidente Suárez expuso a su oponente socialista los peligros que, desde la derecha, podía desencadenar una obcecación del PSOE en relación con el automatismo del cese del presidente del Gobierno.

Adolfo Suárez y Felipe González llegaron a un acuerdo en líneas generales para salvar el problema desde el punto de vista de los intereses de ambos: el presidente quedaría obligado a someterse al voto de investidura o a convocar elecciones generales, pero dispondría de un plazo para ello. No existiría automatismo ni vacío de poder alguno.

La primera redacción de lo que después sería la disposición transitoria octava fue elaborada por Alfonso Guerra y Gregorio Peces-Barba, a solicitud de Felipe González, en el transcurso de la conferencia que pronunció en el mes de octubre de 1978, en Madrid, el socialista italiano Norberto Bobbio.

Cuando el 16 de octubre se reunió por primera vez, a puerta cerrada, la Comisión Mixta, UCD planteó de forma algo críptica la cuestión: no convenía que la Constitución eludiera el tratamiento específico de la situación en que quedaba el presidente del Gobierno ni que nadie pudiera hablar de *vacíos de poder*. Un *comisionado* de UCD recuerda que la cuestión se planteó de una forma tan ambigua que el letrado de las Cortes, Fernando Garrido Falla, creyendo hacerles un favor, e ignorante de las conversaciones previas, intervino repetidamente para señalar que, desde un punto de vista estrictamente jurídico, no era preciso incluir ninguna disposición transitoria a este respecto. Pérez Llorca hubo de llamarle discretamente la atención y explicarle en líneas generales el acuerdo de que se partía.

Las dificultades se plantearon en cuanto socialistas y centristas se pusieron, pluma en mano, a redactar el texto concreto. Fernando Abril y Alfonso Guerra se miraban con frialdad, ya que el diputado socialista creía que el vicepresidente del Gobierno había pretendido dejarle fuera de la Comisión. Tanto Jordi Solé Tura como Miquel Roca rehusaron adoptar una actitud beligerante a favor de las tesis socialistas y los presidentes de ambas Cámaras apoyaron discretamente las de su partido, UCD. El presidente de las Cortes, Antonio Hernández Gil, que en los días anteriores al inicio de los trabajos de la Comisión Mixta había afianzado sus relaciones personales con el presidente del Gobierno, algo frías hasta entonces, hizo gala en este tema, como prácticamente en todos cuantos se plantearon, de una exquisita neutralidad.

Tras un larguísimo *tira y afloja* y varias redacciones que fueron a la papelera, se aprobó, a gusto de todos, el texto de la disposición transitoria octava. Su apartado 2, objeto de las tensiones más fuertes, dice así: «A los efectos establecidos en el artículo 99 la promulgación de la Constitución se considerará como supuesto constitucional en el que procede su aplicación. A tal efecto, a partir de la citada promulgación se abrirá un período de treinta días para la aplicación de lo dispuesto en dicho artículo. Durante este período, el actual presidente del Gobierno, que asumirá las funciones y competencias que para dicho cargo le reconoce la Constitución, podrá optar por utilizar la facultad que le reconoce el artículo 115 o dar paso, mediante la dimisión, a la aplicación de lo establecido en el artículo 99, quedando en este último caso en la situación prevista en el apartado 2 del artículo 101.»

Es decir, el presidente del Gobierno no quedaba automáticamente cesado ni *desconstitucionalizado* (UCD quedaba satisfecha), pero, en el plazo de treinta días, debería elegir entre presentarse al voto de investidura o convocar elecciones generales (los socialistas quedaban satisfechos). Pérez Llorca se apresuró a presentar esta redacción como un triunfo de UCD y Alfonso Guerra arremetió contra esta interpretación porque aseguraba que se trataba de un triunfo socialista. La realidad es que, redacciones aparte, el texto era fruto del pacto entre sus dos jefes de fila respectivos: Adolfo Suárez y Felipe González, ambos igualmente preocupados por el posible advenimiento de un «salvador» para llenar un supuesto vacío de poder.

Previamente, la Comisión, en un ambiente más relajado, había enderezado algunos temas que habían quedado «desconsensuados» en la tarea de la Comisión Constitucional del Senado y en el pleno de la Cámara. Los once «hombres buenos» examinaron en aquel trámite 155 diferencias entre los textos del Congreso y del Senado. Quedaron modificados 108 artículos, aunque sólo un pequeño número de aquellas correcciones tenían trascendencia política. A las doce menos cuarto de la noche del miércoles, 25 de octubre de 1978, la Comisión Mixta dio por finalizados sus trabajos. El 31 de octubre, el Congreso y el Senado, en dos sesiones solemnes, ratificaron el texto definitivo de la nueva Constitución española. Antonio Fontán, presidente del Senado, calificó a algunas de las anteriores: progresista, la de 1837; moderada, la de 1845; democrática, la de 1869; liberal, la de 1876 y republicana, la de 1931. La Constitución de 1978 no podía, a su juicio, ser calificada ideológicamente; era «la Constitución del consenso».

EL PAPEL DEL REY

Todo el proceso constituyente fue seguido con gran atención desde el palacio de la Zarzuela. Ya hemos hablado del breve aparte que don Juan Carlos mantuvo con Felipe González en la cena ofrecida al gobernador general del Canadá, a las pocas horas de producirse el *portazo* de Gregorio Peces-Barba en la ponencia constitucional y a las entrevistas sucesivas que mantuvo con todos los líderes de los partidos parlamentarios, cuando se logró el definitivo consenso.

Para cualquier observador atento, la actitud de don Juan Carlos a lo largo de los quince meses de *parto constitucional* fue la de un discreto apoyo para todo cuanto supusiera la incorporación del mayor número posible de fuerzas políticas al proceso constituyente. El Rey fue un decidido partidario de la idea de redactar una Constitución asumible por todos los partidos parlamentarios con expectativas de poder y se sintió especialmente preocupado en las ocasiones en que la *línea de consenso* hizo agua.

En una cena celebrada con algunos periodistas el mismo día en que la Comisión Constitucional del Congreso aprobó el artículo relativo a la Monarquía parlamentaria, don Juan Carlos se mostró abiertamente satisfecho por la forma en que se habían desarrollado los debates e, incluso, por el hecho de que algún diputado hubiera defendido la forma republicana de gobierno. El Rey rehusó hacer comentarios concretos, pero fuentes cercanas a la Zarzuela estimaron entonces que la Institución Monárquica se sentía más incardinada en la Constitución después de que los representantes democráticos de la nación hubieran sopesado las ventajas e inconvenientes del gobierno monárquico o republicano y se hubieran pronunciado muy mayoritariamente a favor de la Monarquía. El Rey, se dijo, hubiera sido partidario de convocar un referéndum sobre la forma de gobierno, pero resultaba políticamente imposible, porque la celebración de ese referéndum, aunque nadie dudaba de que hubiera arrojado una importante mayoría favorable a la Corona, sería un peligroso precedente y abriría la puerta a que cada cinco años pudiera convocarse uno nuevo. El propio conde de Barcelona lo estimaba así y en la Zarzuela se consideró que el papel del referéndum lo cubriría con ventaja la libre discusión sobre ambas opciones en las dos Cámaras.

Desde la Zarzuela se dejó pronto muy claro que tanto los artículos de Julián Marías sobre mayores competencias políticas para el Jefe de Estado, como las intervenciones que en este mismo sentido se produjeron en el Congreso y en el Senado, protagonizadas por destacados representantes de la derecha más clásica, eran atribuibles exclusivamente a la mente de sus autores y no reflejaban nada más que los deseos de quienes firmaban esos artículos o defendían públicamente esas tesis. Para afianzar aún más la imagen de neutralidad del Rey, el presidente de las Cortes, Antonio Hernández Gil, a quien se dirigían todos los ojos cuando se planteaba alguna cuestión relacionada con la Monarquía, ya que era público su acceso directo a la Zarzuela, guardó en todo momento la mayor opacidad.

Según los testimonios que recogimos en fuentes próximas al palacio de la Zarzuela, el Rey estuvo informado minuto a minuto de todos los debates constitucionales, incluso de los que se produjeron en la ponencia del Congreso, y mantuvo siempre un discreto silencio. Fue factible apreciar, sin embargo, su satisfacción cuando se modificó, en el mes de diciembre de 1977, el artículo 99 en el sentido de que el presidente del Gobierno sería propuesto al Congreso por el Rey y no directamente por la Cámara Baja, como figuraba en el primer borrador. La primera redacción convertía al Rey de España, junto con el de Suecia, en el único monarca europeo sin derecho a intervenir reglamentariamente en este delicado tema. La reforma, introducida por la misma ponencia constitucional, fue acogida con alegría en la Zarzuela.

Don Juan Carlos se mostró también interesado por el contenido de los artículos en los que se regula la sucesión a la jefatura del Estado. Como representante de la Monarquía española, era lógico que deseara que se respetaran en lo posible las características tradicionales de la Casa Real y que, una vez que su padre, el conde de Barcelona, le había cedido los derechos históricos, se le reconociera como el legítimo heredero de la dinastía histórica, tal y como figura en el artículo 57. Tradicional era también la preferencia del varón a la mujer en la línea de sucesión al trono y la capacidad del Rey de excluir de la sucesión a quienes contrajeran matrimonio contra su expresa prohibición. Todos estos extremos fueron rigurosamente respetados por todos los partidos políticos parlamentarios, aunque la discriminación de la mujer en la sucesión de la Corona fue objeto de un debate en el Congreso, protagonizado por las diputadas miembros de partidos de izquierda.

En un plano más político, don Juan Carlos de Borbón mostró cierta inquietud frente al término *nacionalidades* y se interesó por todo cuanto atañía al País Vasco, que constituía una de sus principales fuentes de preocupación.

El interés del Rey por los artículos de la Constitución en los que se hablaba de las relaciones con Iberoamérica y el patrimonio artístico quedó patente, esta vez, a través del interés personal desplegado por el presidente de las Cortes. Antonio Hernández Gil insinuó a los portavoces de los partidos la conveniencia de que en lugar de hablar en el artículo 11 de que el Estado «podrá negociar tratados de doble nacionalidad con los países de cultura *ibérica*», se hablara específicamente de los *países iberoamericanos,* como finalmente se aprobó.

En relación con el patrimonio artístico nacional, prosperó en el Senado una enmienda de Fernando Chueca, senador de UCD, en el sentido de que se considerara como un ente unitario, una especie de Patrimonio de la Corona. La enmienda fue aprobada con la oposición de los socialistas. Cuando el tema llegó a la Comisión Mixta, los socialistas se reafirmaron en su deseo de que se suprimiera todo el párrafo y se hablara sólo de la obligación de los poderes públicos de garantizar la conservación del patrimonio histórico, artístico y cultural de los pueblos de España. El presidente de las Cortes, a quien se volvieron los ojos de UCD, no expresó ninguna oposición a esta propuesta del PSOE, pero aquella misma tarde señaló a Pérez Llorca la conveniencia de que se incluyera un apartado en el artículo 132, en el sentido de que una futura ley regulará el Patrimonio del Estado y el Patrimonio Nacional, su administración, defensa y conservación.

El portavoz de UCD hizo suya la propuesta y la hizo llegar a los restantes miembros de la Comisión, con la advertencia, velada, de que se trataba de una enmienda sugerida por Hernández Gil. Todos estuvieron de acuerdo en darle entrada en el texto de la Constitución.

Alfonso Guerra explicaría después a los periodistas que para que los socialistas aceptaran otra configuración del Patrimonio Nacional hubiera sido preciso establecer una disposición transitoria que garantizara el cese de Fernando Fuertes de Villavicencio, que había ocupado ese cargo durante la dictadura franquista y que seguía ocupándolo en ese momento.

2. LOS PARTIDOS, A CARA DESCUBIERTA

LA REPÚBLICA, ARMA ARROJADIZA

El dilema Monarquía-República fue decidido por los parlamentarios constituyentes obviamente en favor de la primera, habida cuenta del contexto en el que se realizaba el proceso. Desde la primera redacción conocida de la ponencia constitucional, la fórmula adoptada y que ha quedado consagrada en la Constitución dice así: «La forma política del Estado español es la Monarquía parlamentaria.» El acuerdo general sobre este tema —basado en el predominio del poder del Parlamento, a cambio del solemne reconocimiento de la legitimidad monárquica—, no encontró escollos de consideración, si bien a lo largo de la elaboración de la Constitución, como era de prever, contó con la oposición de varios diputados y senadores sinceramente republicanos, de entre los que merece destacar, por la coherencia y brillantez de sus planteamientos, a Heribert Barrera. La izquierda tradicionalmente republicana se dividió entre quienes, como los comunistas, aceptaron con pragmatismo, desde el principio, la Monarquía, y quienes, como los socialistas, exhibieron durante una parte del proceso constituyente una actitud testimonial favorable a la forma republicana, para terminar aceptando *democráticamente* la Monarquía.

La inserción de la Monarquía, personificada en don Juan Carlos de Borbón y Borbón por decisión personal del dictador Franco, en la Constitución democrática, no fue objeto de un «debate real» en el Parlamento entre las principales fuerzas políticas, que aprovecharon, en cambio, las posiciones de los adversarios en torno a esta cuestión como arma arrojadiza en la pugna política inter-partidos. Por lo demás, la prácticamente unánime aceptación de la Monarquía no impidió que, desde la derecha, se pretendiera, sin éxito, configurar una Corona dotada del máximo poder, mientras que prevaleció, en términos generales el planteamiento de los grupos de izquierda y nacionalistas, respaldados y avalados por Unión de Centro Democrático, para establecer una Monarquía democrática cuya existencia fuera compartida con el principio que antecede a la constitucionalización de la Monarquía: el de que «la soberanía nacional reside en el pueblo español, del que emanan los poderes del Estado» (el anteproyecto de la ponencia decía «*todos* los poderes del Estado»).

Desde el primer día de los debates parlamentarios en la Comisión Constitucional del Congreso, la posición pragmática del Grupo Comunista se manifestó en una extensa defensa de la Monarquía hecha por Santiago Carrillo, frente a lo que calificó de actitudes demagógicas, inconcebibles, por su falta de realismo, en un partido —se refería obviamente al PSOE— «que se propone transformar la sociedad». Gregorio Peces-Barba contestó, por el PSOE, a estos ataques, señalando que el voto particular socialista sobre la forma de Estado había que encuadrarlo dentro de la función legitimadora que realiza la Constitución, así como que la introducción de este debate, junto a la aceptación democrática de los resultados del mismo, era un *servicio* que prestaban los socialistas a la comunidad.

Por su parte, Heribert Barrera, en nombre de Esquerra Republicana de Catalunya, manifestó que la monarquía había sido introducida «de refilón» y que la única posibilidad de legitimarla sería la consulta popular previa y exclusiva sobre ella, para que quedara definitivamente borrado «el pecado original de los orígenes franquistas del nuevo régimen». Por UCD, José Pedro Pérez Llorca contestó que no era ésa la única forma de legitimación de la Institución, sobre la que con anterioridad hizo una defensa más erudita su compañero de partido, Miguel Herrero Rodríguez de Miñón. Peces-Barba, refiriéndose, sin duda, a la intervención de Santiago Carrillo en favor de la Monarquia, afirmó que ésta *padece,* más que se beneficia, de ciertas justificaciones oportunistas e innecesarias.

A la hora de la decisión, mediante los votos, los socialistas se quedaron solos en la defensa de su voto particular republicano y se abstuvieron en la votación del texto sometido a la Comisión. Previamente, Luis Gómez Llorente fue el encargado de explicar la posición republicana del PSOE, desde un punto de vista teórico e histórico, así como el planteamiento ético con que abordaba ahora el tema, que en todo caso contribuía a dotar de credibilidad democrática a una Constitución en la que no había temas intocables, sino que todo lo discutible, entre otras muchas cosas, la Monarquía, se sometía a discusión.

Más tarde, cuando la Comisión abordó el Título que regula la Corona —artículos 56 a 65—, sus primeros preceptos fueron aprobados sin la oposición socialista, hasta que, como consecuencia de la ruptura del consenso UCD-PSOE en las negociaciones que se desarrollaban paralelamente a los debates, comenzó a registrarse el voto en contra de los diputados socialistas como protesta a la falta de acuerdo sobre una cuestión distinta a la votada: el procedimiento de elección de las Cámaras. Esta actitud dió ocasión a Fraga para atacar la incoherencia socialista respecto a la Monarquía, que Peces-Barba replicó poniendo en relación ambos temas en el marco de una Monarquía parlamentaria.

Mientras tanto, las propuestas más importantes de Alianza Popular encaminadas a dotar al Rey de mayores poderes, fueron rechazadas. No prosperó, entre otros el intento de Laureano López Rodó de atribuir al Rey poderes especiales para casos de «emergencia», ni la propuesta, patrocinada por el mismo diputado, de crear un Consejo de la Corona. Frente a las pretensiones del antiguo ministro tecnócrata, los demás grupos mantuvieron, con los argumentos y con los votos, la conveniencia de diseñar una Monarquía democrática y parlamentaria muy lejana de la «dictadura coronada» que parecía proponer López Rodó.

En el Pleno del Congreso se plantearon prácticamente los mismos temas. Lo más sobresaliente fue el anuncio que hizo el PSOE, tras abstenerse sobre la constitucionalización de la Monarquía, de que votaría favorablemente al título que regula la Corona, aceptando así el resultado de la votación: 196 votos afirmativos, 115 abstenciones y nueve votos en contra. Los votos negativos correspondieron a cuatro diputados del PSOE (Manuel Lucio Díaz-Marta, Francisco López Baeza, Antonio Piazuelo y Benito Rodrigo), uno del Partido Socialista de Aragón, integrado en el Grupo Mixto (Emilio Gastón) y otro del Grupo de Socialistes de Catalunya (Josep Vidal Riembeau) —en total, seis socialistas—, y a tres diputados nacionalistas, dos de ellos catalanes (Heribert Barrera y Joaquín Arana, ambos de Esquerra Republicana de Catalunya) y uno vasco: Francisco Letamendía.

Santiago Carrillo no desaprovechó la oportunidad del anuncio socialista de *deponer* su actitud parlamentaria antimonárquica para felicitarse de que los compañeros del PSOE compartieran, al fin, la posición «responsable» mantenida por los comunistas desde el primer momento.

Y a partir de ahí, el Pleno del Congreso, que escuchó del señor Barrera discursos brillantes en defensa de sus convicciones republicanas y propuestas desinteresadas —viniendo, como venían, de un republicano— para perfeccionar la regulación de la Corona, y alejarla, «lo más posible, del poder personal», mantuvo esencialmente el texto aprobado en la Comisión. Ni siquiera la discriminación de la mujer en el orden sucesorio fue corregida por el Pleno, como tampoco lo sería después por el Senado. Pero en lo que el señor Barrera puso especial énfasis —sin éxito, claro— fue en que la Constitución estableciera que, una vez extinguidas las líneas llamadas a la sucesión, las Cortes Generales propusieran «una fórmula para proveer la Jefatura del Estado, la cual deberá ser sometida a referéndum popular», en lugar de lo que el texto aprobado prevé: «... las Cortes Generales proveerán a la sucesión en la Corona en la forma que más convenga a los intereses de España». (Los socialistas y el resto de la oposición votó en bloque favorablemente a este texto, que sólo registró tres votos en contra y diez abstenciones.)

Por último, tampoco prosperó la propuesta del señor Barrera de que fuera suprimido el apartado cuarto del artículo 57, en el que se establece la exclusión en la sucesión a la Corona «por sí y sus descendientes» de aquellas personas que, teniendo derecho a la sucesión en el trono «contrajeren matrimonio contra la expresa prohibición del Rey y de las Cortes Generales». Heribert Barrera hizo notar que este precepto no figuraba en el inicial texto de la ponencia (había sido introducido por sendas enmiendas de UCD y AP) y que, en todo caso, estaba en contradicción con el derecho a contraer matrimonio establecido por la propia Constitución. Acusó al texto de tener un *tufillo anacrónico* que «recuerda la vieja Monarquía ligada a una concepción aristocrática de la sociedad y del Estado» y viene a mantener «las viejas distinciones entre la aristocracia de sangre y las personas del estado llano», que son —dijo— «incompatibles con los principios democráticos...». Nadie respondió en el Pleno del Congreso a estas argumentaciones y, en el momento de la votación, todos los grandes partidos se pronunciaron favorablemente al texto contradicho por el señor Barrera (247 votos a favor, cinco en contra y 16 abstenciones). El consenso funcionaba.

También funcionó, es cierto, para oponerse a las enmiendas defendidas por Laureano López Rodó, entre ellas las que intentó atribuir al Monarca la consideración de «representante supremo de la Nación española», en un discurso lleno de halagos para la Corona y la institución monárquica. «¿Es que el Rey de España va a ser menos —preguntó don Laureano, con un vigor y una energía desusados en él— que el señor Petrini [*sic*], que acaba de ascender a la Presidencia de la República italiana?» «Los diputados de Alianza Popular no seremos quienes privemos al Rey de la representación de la Nación española.» Y no lo fueron, porque se opusieron a sus 12 votos favorables, los 128 de los restantes grupos, excepto UCD, que prefirió abstenerse en este tema. Gregorio Peces-Barba, en nombre del PSOE, consideró sintomático que López Rodó desconociera el nombre del señor Pertini —había dicho «Petrini»— y calificó todas las enmiendas formuladas por este diputado sobre la Corona, de «enmiendas nostálgicas, enmiendas que tienen una concepción superada de la Monarquía: la idea de la Monarquía absoluta, donde el Monarca es el detentador de la soberanía».

En el Senado, de nuevo el consenso abatió prácticamente todas las enmiendas formuladas por la izquierda y por la derecha. Entre las escasas que prosperaron —y cuyo valor consistía en acentuar aspectos ya recogidos—, figura la propuesta del ucedista Duque de Maura, senador Ramiro Pérez-Maura, según la cual el Rey asume la «más» alta representación del Estado, y la formulada *in voce* por el senador liberal Joaquín Satrústegui, vinculado desde antiguo a don Juan de Borbón. Por la enmienda del señor Satrústegui, la Constitución consagra la cesión de derechos realizada por el padre de don Juan Carlos, de quien se predica lo siguiente: «...legítimo heredero de la dinastía histórica».

Por lo demás, fracasaron los intentos del senador, por designación real, Carlos Ollero para sustituir el adjetivo de la Monarquía parlamentaria por el de *constitucional*.

La bandera republicana del diputado Barrera fue izada en el Senado por el también catalán Rosend Audet, quien se mostró contrario al privilegio hereditario que la Monarquía lleva dentro de sí. Asimismo, Juan María Bandrés y Lluís Maria Xirinacs pidieron un referéndum sobre la Monarquía, una vez rechazada la propuesta de este último de constitucionalizar la «República confederal».

Por la derecha, la bandera de López Rodó fue asumida por el almirante Marcial Gamboa, quien fracasó en su intento de atribuir al Rey, *por sí mismo,* «en circunstancias excepcionales o por motivos de especial gravedad para los intereses nacionales», la facultad de disolver las Cortes. En la votación de esta enmienda en la Comisión Constitucional del Senado, se produjeron siete abstenciones, algunas de las cuales son calificables como de «cortesía» hacia la persona del almirante. Entre ellas figuró la del presidente de la Comisión, José Federico de Carvajal (que «rompió» la disciplina de su Grupo, el socialista) y la del vicepresidente, el ucedista Ricardo de la Cierva, quien manifestó privadamente que las tres abstenciones de su grupo estaban «controladas».

En el Pleno del Senado, el almirante Gamboa propuso que el Rey pudiera devolver a las Cortes proyectos de ley para su reconsideración. En la misma línea, otro senador por designación real, Alfonso Osorio, defendió en la Comisión y en el Pleno que el Rey pudiera devolver a las Cortes proyectos de ley antes de su sanción o que pudiera someter a referéndum leyes no promulgadas. El ejemplo que el señor Osorio utilizó fue el de una posible ley sobre el aborto.

La mayoría de los senadores votaron en contra de la enmienda. La forma de gobierno aceptada por los grandes partidos era la Monarquía, pero en el consenso sobre este tema era imprescindible que tal Monarquía tuviera como eje de la vida política el Parlamento. Así lo expresó el portavoz socialista, Francisco Ramos, quien estimó que la decisión del PSOE de ser compatible con la Monarquía se circunscribía a la Monarquía parlamentaria.

UNA PALABRA MALDITA: NACIONALIDADES

El tema decididamente más discutido de la Constitución, y que forma parte del pacto constituyente entre las más importantes fuerzas políticas parlamentarias fue la inclusión de la palabra «nacionalidades», término revelador del nuevo modo de abordar la estructura del Estado. Con ser importante y trascendente la regulación constitucional del derecho a las autonomías, la mera mención de uno de los sujetos de ese derecho —junto a las regiones, las «nacionalidades»— significó un revulsivo de mayor calado político, por cuanto concitó, por una parte, una de las claves del consenso de algunas fuerzas parlamentarias (de modo especial, la Minoría Catalana), y, por otra, la oposición de los sectores de la derecha y concretamente, dentro de la órbita parlamentaria, de Alianza Popular.

La incorporación de la palabra «nacionalidades» fue decidida por la ponencia —tras una larga negociación, ya relatada— y a lo largo de los debates parlamentarios suscitó la más importante controversia sobre el contenido de la Constitución. De la importancia del término, es buena prueba la necesidad que tuvieron los constituyentes de arroparlo y compensarlo, a fin de hacerlo digerible a los llamados *poderes fácticos,* es decir, a las Fuerzas Armadas, en muchos de cuyos sectores más derechistas ha sido esgrimido como prueba de la voluntad constitucional «disgregadora de la Patria».

La evolución sufrida por la «envoltura» que rodea a la palabra en el artículo segundo de la Constitución, muestra cómo en un primer momento el término se incluyó con normalidad, posteriormente se le aplicaron en la ponencia palabras edulcorantes y suavizantes y, en último término, se midió mejor la cantidad de agua que era necesario echarle al vino con objeto de «no pasarse».

La Comisión de Asuntos Constitucionales y Libertades Públicas del Congreso, tras extensos debates, tocó de nuevo «la rosa» y ya, la dejó definitivamente así, con los dos únicos votos en contra de Alianza Popular: «La Constitución se fundamenta en la indisoluble unidad de la nación española, patria común e indivisible de todos los españoles, y reconoce y *garantiza* el derecho a la autonomía de las nacionalidades y regiones que la integran y la solidaridad entre todas ellas.» Este último texto aun resultando todavía retórico y excesivamente preocupado por «tranquilizar» a la derecha, contiene la importante innovación de introducir por primera vez, junto al reconocimiento, la *garantía* constitucional del derecho a la autonomía de las nacionalidades y regiones.

Los debates sobre la palabra «nacionalidades» —término que la Constitución no vuelve a repetir, como ya quedó dicho, a lo largo del texto constitucional— fueron muy extensos, si bien con intensidad decreciente cada vez que el tema fue planteándose en los sucesivos trámites parlamentarios.

En la Comisión Constitucional del Congreso, la máxima oposición a su inclusión estuvo representada por Manuel Fraga, quien en el debate general sobre el texto constitucional ya dejó claro el «hecho indiscutible de que nación y nacionalidad es lo mismo». Al discutir el artículo segundo, fue Licinio de la Fuente el encargado por AP para oponerse a la constitucionalización de las «nacionalidades», que implica, según dijo, un riesgo de desintegración nacional y la punta de lanza que irá introduciéndose en la estructura unitaria de España. Los demás grupos, aunque en su mayoría defendieron enmiendas encaminadas a que se pusiera menos énfasis en los aspectos que tendían a compensar la presencia de la palabra *fatídica,* aceptaron tanto el término «nacionalidades» como la referencia —que la oposición deseaba escueta— a la «unidad de España». A título individual, el diputado de UCD José Miguel Ortí se opuso al término de las «nacionalidades» y pidió un referéndum previo sobre el tema, al tiempo que defendía una enmienda coincidente con la referencia que hacía el artículo primero de la Constitución de la II República —coincidencia notable viniendo de un antiguo vicesecretario general del Movimiento que recurría al texto republicano por más conforme con sus ideas que el nuevo texto constitucional— a la «autonomía de los municipios y las regiones».

Por lo que respecta a los grupos, el portavoz del PNV, Xabier Arzallus —que se abstuvo en la votación del artículo— se opuso al término «unidad de España», que prefería sustituir por el de *unión,* en el recuerdo de que los años pasados, en los que tanto se habló de la unidad, habían sido los que más habían desunido.

En definitiva, el protagonismo de la decisión de incluir el término «nacionalidades» en la Constitución española hay que atribuírselo justamente a la Unión de Centro Democrático, que realizaba con ello una importante contribución al consenso contitucional, de coste político difícilmente evaluable, pero alto, en cuanto a la parte derechista de su electorado. Merece, por tanto, especial atención la explicación ofrecida por Rafael Arias Salgado sobre las razones del partido gubernamental en relación con tan importante decisión: resolver el problema real de la perdurable y manifiesta diversidad interna de España; encauzar la presión anticentrista extendida por todo el país; afrontar la crisis palpable del Estado centrista autoritario propio del régimen dictatorial de los cuarenta años anteriores, y lograr una Constitución aceptable y aceptada por una abrumadora mayoría de españoles, incluidos los del País Vasco y Cataluña.

En el Pleno del Congreso, Alianza Popular elevó el tono de su oposición a las «nacionalidades» al asumir la posición de este grupo Federico Silva Muñoz —que terminaría votando *no* a la Constitución en el Pleno final y, más tarde, separándose con su partido de la Federación de Alianza Popular, entre otras por esta causa—, quien hizo una apocalíptica advertencia sobre los peligros de secesión que albergaba en su seno la palabra. Los restantes grupos parlamentarios rechazaron vigorosamente tales presagios. Los diputados de Alianza Popular votaron en contra. En la explicación del voto, Gregorio Peces-Barba acusó a Silva de hablar de «separatismos», pero no de «separadores». Enrique Tierno recordó que en la clandestinidad hubo un compromiso de unidad vinculado al término «nacionalidades».

En el Senado, en donde Alianza Popular no existía como grupo parlamentario, la oposición al reconocimiento de las «nacionalidades» fue menos intensa y más dispersa y desorganizada. En la Comisión

Constitucional no se produjo ningún voto en contra y sólo las abstenciones del representante del grupo de Senadores Vascos, uno de los dos de Progresistas y Socialistas Independientes (Lorenzo Martín-Retortillo) y el representante del Grupo Mixto, a la sazón en aquella fecha, 19 agosto de 1978, Torcuato Fernández-Miranda, quien, durante el debate invitó repetidamente a UCD a entrar en polémica sobre el término.

El antiguo ministro secretario general del Movimiento y después presidente de las Cortes de la reforma, conocía, sin duda, la debilidad de las convicciones ucedistas en torno a la palabra y la falta de apoyos que suscitaba en altos sectores de poder real. La falta de respuesta a las incitaciones de Fernández-Miranda al «diálogo» suscitaron por parte de Juan de Arespacochaga —también senador de designación real— una acusación a UCD y al PSOE de *falta de educación.*

Cuando llegó el momento de exponer las respectivas posiciones, el socialista Ramón Sáinz de Varanda dijo que las palabras pueden convertirse en «trampas saduceas», aludiendo a una expresión que se hizo famosa en vida de Franco, cuando Torcuato Fernández-Miranda enredaba en polémica sin fin a los sectores «aperturistas» que le reclamaban lo que *no podía* dar —porque Franco se negaba—: «asociaciones políticas» (entonces, primeros años setenta, no se podía decir «partidos», aunque algún procurador en Cortes un tanto atípico como Eduardo Tarragona, se negaba a emplear el eufemismo). Por UCD, Luis González Seara recordó que la expresión «nacionalidades» se había empleado por los sectores de la oposición democrática mucho antes de la discusión de la Constitución y que tales fuerzas políticas, antes de que el cambio se hubiese producido, se habían puesto ya de acuerdo en «aceptar la expresión "nacionalidades" y en aceptar la unidad de la nación española». «Ello conduce, comprensiblemente, a una fórmula de no muy afortunada redacción, tal vez con exceso de retórica y de reiteración en algunos principios, pero que cumple —dijo— una finalidad esencial de nuestra Constitución: lograr que todos los españoles podamos sentirnos unidos y comprometidos en un proyecto común, colectivo, de la nación española.»

Lo que ocurrió en definitiva fue que se rechazaron tanto las enmiendas que pretendían sustituir el término «nacionalidades» por otros más suaves, «países» o «comunidades» por ejemplo, como las que intentaron sustituirlo por el de «naciones» —Juan María Bandrés— y las que deseaban introducir mejoras *técnicas.*

Y en el Pleno de la Alta Cámara todavía fue menor el debate sobre esta cuestión, una vez que los dos grandes grupos, UCD y PSOE, expresaron un acuerdo a través de sendas intervenciones de Luis González Seara y Luis Alberto Aguiriano.

La discusión sobre las nacionalidades contó con un apéndice cultural y sociológico que complementó el debate estrictamente político.

La constitucionalización de una lengua, el castellano, como la oficial del Estado, y del resto de las lenguas de España como cooficiales en las respectivas Comunidades Autónomas, era una cuestión que no ofrecía en principio graves dificultades para el acuerdo. Los problemas, vinieron cuando, desde los sectores nacionalistas, se criticó la exigencia, contenida en el texto de la ponencia, de que todos los españoles tengan el *deber de conocer* el castellano y el *derecho de usarlo*. En la Comisión Constitucional del Congreso, Ramón Trias Fargas —en un buen discurso, que después repitió varias veces— defendió que las lenguas de los territorios autonómos no sólo fueran también oficiales, sino que «todos los residentes en dichos territorios tienen el deber de conocer y el derecho a usar aquellas lenguas». En definitiva, Trias defendió el bilingüismo, que todos los habitantes de Cataluña supieran perfectamente el catalán y el castellano. «Si no se resuelve el problema del idioma nos sentiremos postergados y humillados y, si se soluciona, se habrá resuelto la mitad del problema catalán», afirmó.

En los términos deseados por el señor Trias no se resolvió, pero sí de modo aceptable para la mayoría de los grupos en una fórmula, la que figura en el artículo tercero de la Constitución, que en la redacción dada entonces comenzaba así: «El castellano es la lengua oficial del Estado...»

En el Pleno del Congreso que se celebró el día 5 de julio de 1978 se originó, justamente durante el debate sobre las lenguas, una gran confusión con motivo del uso irregular de la votación electrónica realizado por algunos diputados que, al votar por compañeros ausentes, dieron lugar en la práctica a que diputados ajenos a lo que ocurría en el hemiciclo decidieran con sus votos un empate que concluyó, una vez repetida la votación y avisados para ella nuevos diputados de UCD, en el rechazo de una enmienda propuesta por Socialistes de Catalunya por la que la Constitución diría que «los poderes públicos pondrán los medios para que todos los residentes en los territorios autónomos conozcan la lengua respectiva y garantizarán el derecho a usarla». Era la enmienda del punto de equilibrio entre las posiciones nacionalistas más radicales y las centralistas. La situación de «torre de Babel» a que la votación irregular dio paso, con mutuas acusaciones de manipular los votos —aunque las primeras «manos pecadoras» comprobadas fueron de UCD—, impidió que el bálsamo socialista suavizara el escorzor de la llaga nacionalista catalana.

Pero las lenguas no sólo ofrecieron problemas por este lado. También por la parte castellana había reivindicaciones pendientes. En el Congreso, Licinio de la Fuente defendió sin éxito que la Constitución hablara del idioma «español». Esta solicitud fue asumida en el Senado por ilustres académicos como Camilo José Cela o Julián Marías, quienes lograron que la fórmula aprobada por el Congreso fuera sustituida por una en la que se establecía la sinonimia entre el castellano y el español. «El castellano o español es la lengua oficial del Estado...» Los socialistas votaron en contra y la Entesa dels Catalans se abstuvo.

Las presiones catalanas contra esta formulación de la oficialidad del castellano, que parecía excluir de la españolidad a las restantes lenguas de España, lograron su fruto en la Comisión Mixta, que produjo el texto constitucional definitivo sobre esta materia, poco estético de redacción, pero políticamente válido. La fórmula no puede ser más fea: «El castellano es la lengua española oficial del Estado...»

LA BATALLA DE LAS AUTONOMÍAS

La novedad del planteamiento constitucional respecto a la estructura territorial del Estado no se agota con el reconocimiento y garantía del derecho a la autonomía de las nacionalidades y regiones, sino que es la plasmación precisa y definida de ese derecho, de sus contenidos, vías y límites, lo que suscita los problemas reales de la regulación autonómica que, a partir del marco constitucional, se replantea en cada Estatuto de autonomía. La elaboración de la Constitución ofreció un primer problema —que analizamos en otra parte de este libro—, que fue el de la inserción en la regulación autonómica del específico problema vasco que, desde una perspectiva estatal, ha sido recluido en la Constitución, de la que la peculiaridad vasca intentó evadirse. El resto de los problemas autonómicos quedaron al menos enmarcados, a lo largo de una negociación difícil e intrincada durante todo el proceso de elaboración parlamentaria de la Constitución. Aunque, desde todos los grupos parlamentarios y desde todas las posiciones ideológicas, se colaboró en la elaboración de la parte de la Constitución dedicada a las comunidades autónomas, Alianza Popular, aun declarándose favorable a la autonomía, opuso los mayores obstáculos y las más fuertes críticas y disidencias a los artículos en que se concreta la nueva entidad territorial, junto al municipio y la provincia: la Comunidad Autónoma.

Manuel Fraga —sin ser el diputado más receloso hacia la autonomía de los 16 que formaban su grupo —expresó la negativa de AP a lo que denominó el «despiece regional de las facultades del Estado». Ante afirmaciones como las del comunista Jordi Solé Tura y el socialista Gregorio Peces-Barba, manifestadas en la Comisión Constitucional del Congreso, favorables a un Estado federal para el futuro, el diputado aliancista señaló admonitoriamente que *tomaba nota*. En el Pleno, Txiki Benegas recordó que la unidad del Estado peligraba más con planteamientos centralistas.

Por otro lado, el Partido Nacionalista Vasco fue el único grupo parlamentario —en el Pleno se le unió también Letamendía— que votó a favor de suprimir la prohibición a las Comunidades autonómas de federarse, que se contiene en el artículo 145, cuyo origen fue una enmienda de Alberto Jarabo Payá (AP). Frente a esta posición de rechazo, otra minoría nacionalista, el grupo de Entesa dels Catalans del Senado, logró introducir la posibilidad de que las Comunidades autonómas celebren entre sí convenios temporales. Fue Josep Benet el artífice de esta propuesta, aceptada por la Comisión Constitucional del Senado y ratificada por el Pleno, aunque más tarde la Comisión Mixta la modificó en el sentido de reducir esa facultad a la posibilidad de que los Estatutos prevean «los supuestos, requisitos y términos» en que las Comunidades autonómas puedan establecer tales convenios entre sí para la gestión y prestación de servicios propios de las mismas, «así como el carácter y efectos de la correspondiente comunicación a las Cortes Generales». En todo caso, Entesa votó, junto a los senadores vascos y al comunista José Vicente Mateo, contra la prohibición de que las Comunidades autonómas se federen.

Despejando el tema federal, contemplado, desde UCD, por el senador Luis González Seara, como un *fantasma* que es preciso desvanecer, y cincunscritos los posibles acuerdos entre Comunidades autónomas a la autorización del Parlamento, el Pleno se ocupó, aunque sin resultados prácticos, de los «Països Catalans», como entidad superior que podría encontrar su clave constitucional en el número 3 del artículo tercero, que trata del *especial respeto y protección* de que será objeto el patrimonio cultural constituido por «la riqueza de las distintas modalidades lingüísticas de España». El comunista José Vicente Mateo se convirtió en paladín de esta causa y criticó a quienes ven en los «Països Catalans» un ilusorio enemigo, «presentant a Catalunya com a absorbent, el que es una injusticia de les mes greus, davant del testimoni de la historia, se la fa antipática, i es retarda el jorn del nostre despertar, evitant que els valencians es mirem en son espill y s'orienten cap a ella». (El presidente de la Cámara pidió al señor Mateo que tradujera la cita valenciana, espigada de un opúsculo de 1918, *Síntesis del criteri valencianista*. Ésta es la traducción: «Presentando a Cataluña como absorbente , lo que es una injusticia de las más graves, delante del testimonio de la historia, se la hace antipática y se retrasa el día de nuestro despertar, evitando que los valencianos se miren en su espejo y se orienten hacia ella.») El consenso UCD-PSOE impidió avanzar todo proyecto de institucionalización de los «Països Catalans».

La aprobación de las listas de competencias correspondientes exclusivamente al Estado o atribuibles a las Comunidades autónomas se desarrolló en ambiente relativamente apacible, tal vez por tratarse de cuestiones muy negociadas previamente en las sucesivas conversaciones previas y paralelas al debate parlamentario. Especial tensión provocó, sin embargo, la discusión sobre la atribución de la competencia en materia de orden público. El texto finalmente aprobado, con el número 29 del artículo 149, establece la competencia exclusiva del Estado en materia de «seguridad pública, sin perjuicio de la posibilidad de creación de policías por las Comunidades Autónomas en la forma que se establezca en los respectivos Estatutos en el marco de lo que disponga una ley orgánica».

En la Comisión Constitucional del Congreso, Laureano López Rodó consideró que sólo el Estado debe tener competencia sobre el orden público, y estimó *regresivo y medieval* el hecho posible de la creación de policías autóctonas. En contraste con esta posición, Francisco Letamendía sólo concibió la posibilidad de regular esta materia mediante la atribución de la seguridad pública a estas policías propias, partiendo de su entendimiento del problema vasco como un caso de «ocupación» de Euskadi, que suscitó una viva réplica por parte de José Pedro Pérez Llorca. La respuesta a la posición centralista de López Rodó estuvo a cargo de Gregorio Peces-Barba y Jordi Solé Tura.

En el Pleno fueron definitivamente rechazados tanto la enmienda *abertzale* como la aliancista, así como una propuesta por el PNV, según la cual el Estado coordinaría la competencia en materia de orden público en aquellos conflictos que superan el ámbito territorial de la Comunidad Autónoma. Diecinueve votos a favor tuvo esta enmienda, a la que se opuso, en nombre de UCD, José Pedro Pérez Llorca, quien interpretó que respondía a la concepción *peneuvista* que parte de la existencia de dos soberanías. Con parecido éxito, el senador vasco, Gregorio Monreal defendió a su vez, en el Pleno del Senado, la competencia de las Comunidades Autónomas en materia de orden público.

El consenso sobre la regulación constitucional de las autonomías se basó sobre una concepción moderada del tema con predominio de la óptica estatal y central sobre la autonomista y periférica, pero abierta a una futura ampliación de competencias y atribuciones concretas. Una enmienda socialista, formulada ante la Comisión Constitucional del Senado, materializó el consenso existente en aquel momento sobre la posibilidad de que las Comunidades Autónomas ampliaran sus competencias «más allá de lo previsto» en la lista que figura en el artículo 148. La Comisión Mixta vino a rebajar estas pretensiones al regresar al texto aprobado por el Congreso, según el cual «transcurridos cinco años, y mediante la reforma de sus Estatutos, las Comunidades Autónomas podrán ampliar sucesivamente sus competencias dentro del marco establecido en el artículo 149», que es el que enumera las materias de exclusiva competencia estatal.

La regulación autonómica tiene como techo el de la unidad del Estado. Sin embargo, no prosperó una enmienda de Alianza Popular, defendida en el Pleno del Congreso, por la que intentaba que el tema de la unidad de España no pudiera reformarse en futuras modificaciones posibles de la Constitución. Los demás grupos entendieron que ello era tanto como volver a los principios del Movimiento, «permanentes e inalterables por su propia naturaleza». En todo caso, las Cámaras rechazaron la constitucionalización del derecho de autodeterminación. La propuesta de Francisco Letamendía en la Comisión Constitucional del Congreso sólo fue votada favorablemente por el PNV, cuyo portavoz, Marcos Vizcaya, explicó que su grupo era partidario de la autodeterminación y por eso había votado favorablemente, pero que no defendían su incorporación a la Constitución. La Minoría Catalana estuvo ausente de la votación. Su portavoz, Miquel Roca, manifestó más tarde que, de estar presente, no habría votado a favor, dando a entender que se hubiera abstenido, posición que mantuvo esta minoría en el Pleno del Congreso, en el que, en cambio, el PNV votó en contra. Estas actitudes de la Minoría Catalana provocaron una notable irritación en Fernando Abril. En el Senado, Juan María Bandrés recordó a uno de los dos grandes partidos del consenso, el PSOE, que el derecho a la autodeterminación figuraba en el programa socialista. Luis Alberto Aguiriano contestó que habían cambiado mucho las cosas en España y ya no era defendible el derecho a la autodeterminación. La posición de UCD la expresó en el Pleno del Congreso Miguel Herrero, quien señaló que este derecho sólo tenía sentido en el ámbito del derecho internacional, pero nunca en el marco interno de un Estado.

Las enmiendas que en la penúltima sesión de los debates en la Comisión Constitucional del Senado logró introducir UCD —y que, como ya dijimos, hicieron peligrar el consenso— afectaron a la exigencia de aprobación del proyecto de Estatuto «en cada provincia»; a la extensión, considerada excesiva, de las competencias del Estado en materia cultural y educativa en los territorios de las Comunidades Autónomas, y al recorte de las atribuciones del Tribunal Superior de Justicia. Estas dos últimas modificaciones fueron corregidas en el Pleno del Senado. En cuanto a la primera, los socialistas insistieron en que el texto aprobado podría dar pie a que una provincia vetara el proyecto de Estatuto de una Comunidad autónoma, lo que consideraron peligroso. La solución, como en tantas otras cuestiones, vino por la vía de la Comisión Mixta, en la que se introdujo un último apartado en el artículo 151, por el que «la no aprobación del proyecto de Estatuto por una o varias provincias, no impedirá la constitución entre las restantes de la Comunidad autónoma proyectada...». En cuanto al referéndum de iniciativa autonómica, no se tomó esta cautela y se dejó su regulación a una ley orgánica, sin prevenir el problema que se puso de manifiesto el 28 de febrero de 1980 en Andalucía.

En general, puede afirmarse que el tema de las autonomías quedó regulado en la Constitución, si no a plena satisfacción de los partidos nacionalistas, sí cubriendo los mínimos exigidos por ellos y los máximos tolerados por los partidos de implantación estatal —UCD, PSOE, PCE y, en menor medida, AP—, menos exigentes en esta materia. El único problema no resuelto satisfactoriamente fue el vasco, como veremos más adelante.

DOS CUESTIONES DE CONCIENCIA: LA ABOLICIÓN DE LA PENA DE MUERTE Y EL ABORTO

La historia de la inclusión del derecho a la vida, esencial y prioritario, en nuestra Constitución —artículo 15—, ofrece el interés de mostrarnos las dudas y debilidades de Unión de Centro Democrático para llegar a las últimas consecuencias prácticas de sus propios planteamientos teóricos o doctrinales.

Como es natural, la principal consecuencia jurídica del derecho a la vida es la abolición de la pena de muerte, en los países donde todavía existe esa sanción brutal. En el caso español, la inclusión de la abolición de la pena capital, en términos no absolutos pero positivos fue una conquista de los grupos de izquierda y nacionalistas.

El texto elaborado por la ponencia constitucional, y que se sometió en el Congreso al debate de la Comisión, sólo establecía el derecho a la vida y a la integridad física y prohibía la tortura y las penas o tratos inhumanos o degradantes. Ahí acababa el artículo que suponía un avance indudable sobre la legislación anterior, pero que no se atrevía a dar el paso decisivo de abolir expresamente la pena de muerte. En algunas de las interpretaciones centristas, la propia enunciación del artículo y la prohibición de *penas* inhumanas o degradantes llevaba aparejada la supresión de la más inhumana y degradante de todas ellas: la que quita la vida.

Pero el problema que la izquierda y los grupos nacionalistas plantearon en la Comisión fue la tajante inclusión de la abolición en el texto constitucional. En el debate hubo voces especialmente autorizadas en contra de la pena de muerte, como la del diputado comunista Josep Solé Barberá, condenado a esa pena por el franquismo y posteriormente indultado, quien aseguró: «Para mí no hay condenados a muerte de un color distinto de otro.»

Los socialistas apelaron a la conciencia. Felipe González estuvo particularmente persuasivo en su afán de racionalizar el tema y excluir los planteamientos políticos. Invocó la conciencia individual de los diputados y sus apelaciones iban dirigidas hacia los representantes de UCD, algunos de ellos en la oposición hacía sólo unos años. El líder socialista declaró su respeto, aunque no podía compartirla, por la posición de Fraga —quien apoyándose en Pío XII y en la gravedad de la decisión, se había manifestado en contra de la abolición—, pero no podía aceptar como buenas las argumentaciones de UCD, desde pretendidas posturas abolicionistas, en contra de la abolición.

La verdad es que UCD había sido especialmente *cruel* al encargar la defensa de su postura, contraria en aquel momento a incluir la abolición en la Constitución, a un destacado abolicionista, Antonio Vázquez Guillén, diputado del sector socialdemócrata y de conocidas ideas progresistas. Como él se encargó de recordar, fue el abogado defensor de uno de los cinco ejecutados en septiembre 1975, el militante del FRAP José Humberto Baena Alonso. Pero esto sólo contribuía a hacer más difícil el encargo de manifestarse abolicionista a la vez que defender que la «evolución hacia la abolición de la pena de muerte se haga de una forma paulatina y gradual» y, en definitiva, negarse a su inclusión en la Constitución.

El PSOE, por su parte, presionó al máximo exigiendo que la votación no se aplazara a la sesión de la tarde —eran más de las dos y media y se había ausentado Fraga a causa de un almuerzo inaplazable— y solicitando votación nominal. Un texto socialista, hecho llegar a UCD, salvaba incluso los problemas militares de la abolición. Por su parte Miquel Roca, por la Minoría Catalana, en su habitual función de negociador eficaz, tocó la línea de flotación del partido gubernamental al apelar al «gran desgaste del títular del derecho de gracia» en todos los países donde se aplica la pena de muerte. «Quiero recordar a sus Señorías que la Constitución que estamos elaborando —añadió el señor Roca— atribuye el ejercicio del derecho de gracia a Su Majestad el Rey.»

Ni por esas. La mayoría mecánica funcionó y, a pesar de la ausencia de Fraga, 18 votos —los 17 de UCD y uno de AP— contra los 17 de los restantes grupos, impidieron en aquel embite la contitucionalización de la abolición. Para la Historia, entre los «noes» ucedistas no figuró ninguno de los diputados que tuvieron mayor futuro político. Ni Rafael Arias Salgado ni José Pedro Pérez Llorca, por ejemplo, participaron en la votación nominal, en la que se hicieron sustituir por hombres de segunda fila.

En el trámite de la explicación de voto, Miguel Herrero R. de Miñón, insistió en el «talante abolicionista» de UCD, demostrado «con los hechos» y compatible con su negativa a incluir la abolición de la pena de muerte en la Constitución, mediante una declaración «meramente retórica, rígida y, a veces, difícilmente cumplible». UCD optaba por una ley ordinaria «sabia, prudente y matizada». Miguel Herrero vino a decir que allí todos eran abolicionistas y la única diferencia residía en que los de UCD eran unos abolicionistas *eficaces* y los demás unos abolicionistas *retóricos*.

Felipe González no dejó pasar la ocasión y contestó: «Si hay alguien que pueda explicarme esa contradicción en sus propios términos, yo le daría premio a la gran retórica, porque la única manera de ser eficaces en la abolición de la pena de muerte es estar firmemente, como principio y en conciencia, contra la pena de muerte.»

El comunista Jordi Solé Tura lamentó la gran ocasión perdida e hizo una llamada a la reflexión, «sobre todo a los que tienen la mayoría mecánica».

La exhortación no cayó en saco roto. Dentro de la nueva estrategia general de separarse de Alianza Popular y unirse a los grupos progresistas, UCD *consensuó* la abolición de la pena de muerte con estos grupos y la presentó *in voce* al Pleno del Congreso el día 6 de julio, cuarenta y nueve días después de haber votado en contra en la Comisión.

Previamente, conocedores del carácter cicatero de su propuesta respecto a la abolición que los grupos a su izquierda deseaban, los responsables de UCD informaron a socialistas, comunistas, Minoría Catalana y PNV, que a cambio de la expresa mención del tema en la Constitución, debía quedar completamente a salvo «lo que puedan disponer las leyes penales militares para delitos cometidos por personas sujetas por su propia condición al fuero castrense». No se trataba de un capricho de partido —explicaron—, sino de un planteamiento sugerido en los propios medios castrenses, que debía asumirse responsable y conscientemente por los partidos que propugnaban la abolición total.

Los dirigentes del PSOE confirmaron la veracidad de la información ucedista —o creyeron confirmarla, como se verá después— y se mostraron dispuestos a aceptar la fórmula, que no gustaba a los diputados socialistas. Alfonso Guerra se encerró en una sala del Congreso con los componentes del grupo parlamentario y, en una tumultuosa reunión, intentó *convencerlos*. Era difícil, porque además el tema caía plenamente dentro de los casos de conciencia en que los partidos dispensan de la disciplina de voto. Se trataba de poner de manifiesto la imposibilidad fáctica de ampliar los márgenes de la abolición y el peligro de que, por mantener una posición intransigente, quedara sin incluir en la Constitución la abolición de la pena de muerte en los supuestos civiles. Julio Busquets, ex comandante del Ejército y diputado socialista, se expresó con vehemencia antes sus compañeros políticos. «Mi conciencia —dijo— no me permite aceptar esa redacción. Este texto no supone una muestra de respeto hacia la institución militar, sino una discriminación hacia ella sin justificación alguna.» Pese a todo, se impuso el criterio de los dirigentes socialistas, que más tarde se llevarían las manos a la cabeza cuando durante los debates del Senado, el almirante Gamboa expresó argumentos similares a los del ex comandante Busquets, lo que venía a demostrar que los canales de información con las Fuerzas Armadas eran bastante defectuosos por parte de los dos grandes partidos.

Un simple análisis lógico del tema hacía ver que ni los sectores castrenses más ultras tendrían interés en dejar abierta la puerta a una posible aplicación de la pena capital a quienes visten el uniforme militar, una vez que quedaran excluidos de ella los civiles —también los terroristas— y teniendo en cuenta los tiempos que corrían...

Aun tomando el acuerdo de votar el texto de UCD, los grupos de la izquierda y nacionalistas insistieron en sus argumentos a favor de la abolición total en el debate, pero aceptaron la propuesta previamente negociada como la mejor posible. Se trataba de una abolición un tanto vergonzante, frente a la que Gregorio Peces-Barba pidió racionalidad y Luis Gómez Llorente dejó clara la posición socialista en favor de una abolición total, mientras Josep Solé Barberá volvía a invocar su condición de indultado; Miquel Roca apelaba el desgaste que el ejercicio del derecho de gracia produce en la Corona, y Josep Andreu Abelló recordaba a «tantos amigos...» a quienes la pena capital había liquidado.

Por UCD, Jaime García Añoveros defendió la exclusión del ámbito militar en esta materia, con objeto de que sus leyes específicas decidieran sobre la abolición o no abolición, y José Pedro Pérez Llorca hizo hincapié en que sólo quedaba fuera de la Constitución lo relativo a la disciplina interna de las Fuerzas Armadas. Todos votaron a favor, y sólo Alianza Popular se abstuvo, por estimar que no era aquel tema constitucional.

Esta solución de compromiso, que se hizo en consideración a un respeto reverencial de los constituyentes del Congreso hacia los militares, no resultó del agrado de los militares del Senado. El almirante Gamboa no quiso entrar en la controversia política sobre la abolición de la pena de muerte, pero sí señaló: «limitar la aplicación de la pena de muerte a los militares me parece sumamente grave en el texto constitucional, puesto que consagra en el mismo una discriminación importante». Lo único preocupante para los militares eran los efectos de la abolición en caso de guerra. El senador de la Entesa Alexander Cirici encontró la fórmula, que dejaba a salvo «lo que puedan disponer las leyes penales militares en tiempo de guerra».

Durante el debate senatorial sobre la fórmula discriminatoria aprobada en el Congreso, Manuel Villar Arregui protestó también contra lo que calificó de «siniestra excepción en contra de los militares». «Permitáseme —pidió el senador del grupo de Progresistas y Socialistas Independientes— que traduzca al lenguaje vulgar lo que este párrafo dice: ''Nadie podrá ser matado en nombre de la ley, pero sí podrán ser fusilados los militares.'' ¿No es esto, me pregunto, abrir una esperpética contradicción en razón de una dignísima condición militar, una dignísima condición personal, como es la profesión militar, que concurre en cuantos de modo permanente forman parte de nuestras Fuerzas Armadas?»

De nuevo, los grupos de izquierda y nacionalistas abogaron por la abolición total, aunque aceptando una solución posibilista como la propuesta por Entesa dels Catalans y que contó con la aceptación unánime de la Comisión Constitucional del Senado. En el debate, sólo el senador de UCD Antonio Fernández-Galiano, que insistió en el carácter «decididamente abolicionista» de su partido, defendió la excepción hecha a la abolición de la pena de muerte en el Congreso, con el argumento de que los derechos no son absolutos, sino que tienen «sus lógicas limitaciones». En el momento del voto, UCD se unió a los demás grupos en favor del texto de la Entesa.

Con esta salvedad, el Pleno del Senado dio su aprobación a la abolición de la pena de muerte. Sólo se registraron dos abstenciones, las de los senadores Lluís Maria Xirinacs y Juan María Bandrés, que deseaban una abolición absoluta, sin excepciones de ningún tipo.

La redacción final dada por la Comisión Mixta Congreso-Senado corrigió gramaticalmente el texto, sustituyendo la frase «*en* tiempo de guerra», por «*para* tiempos de guerra», con lo que se evitaba que las leyes penales militares pudieran dictarse durante la guerra y se limitaba la excepción a las previsiones legales establecidas para épocas bélicas. Había sido ganada una batalla constitucional en favor de la vida.

El segundo tema planteado en relación con el derecho a la vida fue el de la constitucionalización o no del aborto. El carácter polémico y complejo de esta cuestión aconsejó dejarlo de lado en el texto constitucional. Sin embargo, cara a una futura regulación en la legislación ordinaria, los diferentes partidos se esforzaron por lograr que la Constitución no levantara un obstáculo a sus respectivas posiciones para cuando llegara ese momento.

En principio, el reconocimiento del derecho a la vida que hace el artículo 15 permitía, en opinión de algunos, avalar una futura penalización del aborto. Pero los partidarios de esta tesis consideraron que para ello era esencial que la Constitución especificara adecuadamente el sujeto de ese derecho. En el anteproyecto inicial de la ponencia, el sujeto eran «todos», pero en el anteproyecto final que sirvió de base a las discusiones parlamentarias, este término fue sustituido por «la persona», y así lo aprobó la Comisión Constitucional del Congreso. La cuestión se replanteó en el Pleno del Congreso, en donde Alianza Popular defendió y ganó una enmienda con el apoyo de los votos de UCD, y con el resto de los grupos en contra, por la que se introdujo el «todos» encabezando el artículo sobre el derecho a la vida. Y así quedó en los sucesivos trámites parlamentarios y en la redacción que figura en la Constitución.

El planteamiento hecho por Pedro Mendizábal, de Alianza Popular, en el Pleno del Congreso, intentaba introducir el debate sobre el aborto, a lo que la izquierda se negó por no estimar adecuado para ello el ámbito de la Constitución. El comunista Jordi Solé acusó la pretensión aliancista de electoralista, y tanto él como los socialistas Enrique Tierno y Virgilio Zapatero consideraron que el término «todos» y la expresión «la persona» dejaban igualmente abierto el camino para una futura decisión legislativa sobre el grave problema del aborto, si bien ellos se inclinaban, como más correcta técnicamente, porque la atribución del derecho a la vida se hiciera a la *persona,* único sujeto de derechos y deberes. En cambio, Pedro Mendizábal argumentaba así: «al decir *todos* podría incluirse el feto, mientras que al hablar de *persona,* habría que discutir cuando el feto lo es, o no lo es». Por UCD, José Luis Meilán, tras declarar que su partido era antiabortista, reconoció que ninguna de las dos fórmulas era abortista, pero que «para evitar dudas y para generar tranquilidades», UCD aceptaba la palabra «todos».

Así quedó, pues, el texto en el Congreso. En opinión del diputado socialista Gregorio Peces-Barba, tanto la interpretación de uno como de otro término dependería de quien tuviera la mayoría parlamentaria. En principio, sin embargo, el término «todos» que prosperó parece que podría facilitar una penalización del aborto con más facilidad que el término «persona», aunque la mayoría de las interpretaciones «auténticas» que ofrece al Tribunal Constitucional o al legislador ordinario la voz de los parlamentarios registrada en el *Diario de Sesiones,* se inclina por la indiferencia de una u otra en relación con el aborto.

Por lo demás, aunque en el Senado no se modificó esta parte del artículo que regula el derecho a la vida, repercutió de alguna manera sobre ella un perfeccionamiento introducido en la parte menos discutida del artículo, a propuesta del senador Isaías Zaragoza en la Comisión Constitucional del Senado. En efecto, en el texto que, junto al reconocimiento del derecho a la vida, se prohíben la tortura y los tratos inhumanos o degradantes, el senador independiente y catedrático de la Universidad de Zaragoza logró que al derecho «a la integridad física» se añadiera «... y moral». En la interpretación que este senador hizo sobre el sentido de su propuesta de adición, y que nadie contradijo, el señor Zaragoza manifestó que quienes preferían la palabra «persona» para iniciar el texto de este artículo, podían quedar satisfechos con la añadidura del derecho a la integridad «moral», porque ella revela que no otra que la persona puede ser el sujeto de los derechos contenidos en el precepto, con independencia de que el término elegido sea «todos».

ENSEÑANZA: LA DERECHA SE RESISTIÓ

He aquí uno de los temas claves de la Constitución y del consenso obtenido en torno a ella. Ya que en la parte del libro dedicada a las negociaciones secretas nos referimos a esta cuestión, baste aquí señalar las posiciones oficialmente mantenidas por los partidos y que enfrentaron fundamentalmente a una derecha favorable a la administración privada de una enseñanza subvencionada por el Estado, y a una izquierda particularmente preocupada por la socialización de los centros sostenidos con fondos públicos. El consenso obtenido sobre este tema quedó materializado en el artículo 27 que, tras su aprobación en la Comisión Constitucional del Congreso, ya no sufrió modificaciones en los sucesivos trámites parlamentarios, si se exceptúa el criterio interpretativo de los derechos y libertades introducido, con carácter general, a propuesta del grupo senatorial de UCD, en el artículo 10.

La presentación «en sociedad» —esto es, en la Comisión Constitucional del Congreso— del acuerdo suscrito entre los partidos *consensuales* sobre éste y otros 24 artículos, fue muy mal recibida por sus principales oponentes, los diputados de Alianza Popular, en aquella sesión memorable del 23 de mayo de 1978, en la que tras batirse contra los molinos de viento del consenso, decidieron —ausente Fraga— retirarse de los debates, a los que días después habrían de regresar.

El acuerdo tenía una arquitectura muy laboriosa, que impedía cualquier modificación que pudiera quebrarla, teniendo en cuenta que en esta materia las concepciones socialistas y centristas se hallaban encontradas. Por eso, quizá, el artículo 27 y las posibilidades que abría a una ulterior regulación de la enseñanza, es el que mejor representa el procedimiento de consenso empleado para elaborar la Constitución.

Los principales oponentes aliancistas fueron Federico Silva y Laureano López Rodó, quienes ofrecieron una concepción privatista de la enseñanza que contrastaba —como se encargó de recordar Óscar Alzaga, de UCD— con la posición más estatalista asumida en la ponencia constitucional por el representante de AP, Manuel Fraga, el «gran ausente». Ambos defendieron numerosas enmiendas, reforzadas por las del independiente Hipólito Gómez de las Roces, encaminadas todas ellas a aumentar la libertad de enseñanza entendida fundamentalmente como el derecho de los padres a «elegir el tipo de educación» para sus hijos, el respeto a sus creencias, y la garantía privada de creación y *dirección* de centros, además de su gestión; todo ello complementado y *alimentado* con la obligación del Estado de subvencionar a los centros privados.

Miquel Roca, que contestó en nombre de los seis grupos que habían llegado al difícil acuerdo sobre un texto único, consideró innecesarias las modificaciones que pretendía introducir AP y defendió el texto consensuado, que sólo tuvo en contra los dos votos aliancistas.

También fue rechazada la enmienda defendida por Heribert Barrera, quien, en una dirección opuesta a las enmiendas de AP, pidió la supresión del número 9 del artículo, en el que se establece que «los poderes públicos ayudarán a los centros que reúnan los requisitos que la ley establezca».

La sesión se desarrolló en un ambiente de gran trasiego, con idas y venidas de los diputados y conversaciones múltiples que obligaron al presidente, Emilio Attard, a rogar silencio repetidamente.

Asistía a la sesión el senador y religioso padre Ángel Martínez Fuertes, quien cambió puntos de vista con otro viejo sindicalista vertical, Jesús Sancho Rof, que pareció intentar convencerle de lo aceptable del texto consensuado, tarea en la que colaboró también Óscar Alzaga.

Superada aquella sesión, el Pleno del Congreso sólo sirvió para solemnizar la confrontación entre Alianza Popular y los demás partidos. Federico Silva, a quien Miquel Roca calificó de «fariseo», insistió especialmente en que se estableciera la posibilidad de «dirección y promoción» de centros docentes a los particulares, así como la obligatoria ayuda económica estatal. Luis Gómez Llorente, diputado socialista y profesor, especialista del PSOE en este tema, resaltó el carácter positivo que ofrecía el artículo, que permitía que la vida docente girara en torno a la comunidad escolar, al establecer que «los profesores, los padres, y en su caso, los alumnos, intervendrán en el control y gestión de todos los centros sostenidos por la Administración con fondos públicos». Defendió asimismo la posibilidad constitucional que se establecía de ayudar a los centros privados, siempre que reunieran los necesarios requisitos legales.

En la Comisión Constitucional del Senado, UCD retiró las numerosas enmiendas formuladas a cambio de obtener en el artículo 10 un criterio interpretativo favorable a la libertad de enseñanza. Los socialistas denunciaron este procedimiento indirecto de reformar la regulación constitucional de la enseñanza. Sin embargo, para mantener el texto del artículo 27, se unieron a UCD en el rechazo de más de 40 enmiendas, que ambos grupos votaron en contra. Sólo en un caso —en la votación de la enmienda de Xirinacs propugnando que «la escuela será laica»—, el PSOE se abstuvo. Entre las enmiendas desestimadas, pueden situarse en los extremos la de Rosend Audet —que pedía la supresión de toda ayuda a los centros no estatales— y la del almirante Gamboa, que solicitaba que expresamente quedara garantizada la *financiación* de la enseñanza privada. Sobre el texto aprobado, necesariamente ambiguo, Jaime Ignacio del Burgo (UCD) y Francisco Ramos (PSOE) ofrecieron sendas interpretaciones divergentes.

La verdadera interpretación era la introducida en el propio texto de la Constitución, cuyo artículo 10.2 establece que «las normas relativas a los derechos fundamentales y a las libertades que la Constitución reconoce, se interpretarán de conformidad con la Declaración Universal de Derechos Humanos y los tratados y acuerdos internacionales sobre las mismas materias ratificados por España».

En relación con este precepto, el socialista Ramon Sáinz de Varanda señaló que el artículo 13, punto 3, de los Pactos Económicos y Sociales establecía el derecho al *tipo* de educación, y que concordándolo con el artículo 27 de nuestra Constitución «daría la posibilidad de que cualquier atrabiliario padre de familia pudiera solicitar una subvención del Estado y éste tuviera que dársela, puesto que quedaría garantizado ese derecho en virtud de este precepto, cualquiera que fuera lo absurdo de su solicitud». El portavoz del grupo, Francisco Ramos, complementó esta intervención: «...lo que estamos discutiendo aquí —dijo—, con lo que tiene que ver no es con los derechos humanos sino con esas cartas que les han hecho escribir a los padres en determinados colegios privados, dirigidas al presidente del Senado, en defensa de la libertad de enseñanza; en definitiva, con algo más pedestre, material y pecuniario; si acaso, relacionado con algún derecho, únicamente con el Derecho Canónico». Dice el *Diario de Sesiones* que en este momento se produjeron rumores. No dice, pero es cierto, que el senador padre Martínez Fuertes —hacia el que se volvieron algunas miradas— permanecía silencioso, como quien no mató jamás una mosca.

La historia del tema de la enseñanza en el Pleno del Senado no ofreció novedades. Las enmiendas, de nuevo defendidas, fueron rechazadas, tanto las de carácter social o técnico educativo, cuál es el caso de las defendidas por Xirinacs y Gloria Begué —esta última, con particular brillantez—, como las de contenido más político —las del almirante Gamboa y Alfonso Osorio—, que pretendían garantizar a los padres la libre opción educativa para sus hijos.

LA PROPIEDAD PRIVADA PASÓ SIN PENA NI GLORIA

El reconocimiento que la Constitución hace de la propiedad privada y de la herencia no fue prácticamente objetado por los grandes partidos parlamentarios y el debate que ofreció este tema fue más bien escaso, si se le compara con la jornada íntegra que le dedicaron las Cortes Constituyentes de la República, en 1931, y la atención prestada entonces al mismo por la izquierda, hasta el punto que mereció una intervención parlamentaria del líder socialista Julián Besteiro. Ahora, engullido por el consenso logrado en la madrugada del 22 al 23 de mayo de 1978 sobre un paquete de 25 artículos, pasó casi sin pena ni gloria y prácticamente *virgen* los distintos trámites parlamentarios hasta su aprobación final como artículo 33.

Los socialistas habían objetado en la ponencia la referencia a la herencia y habían propugnado una redacción del apartado primero —que decía y dice: «se reconoce el derecho a la propiedad privada y a la herencia» —que dijera: «La propiedad, pública y privada, cumplirá una finalidad social en beneficio del interés general.» El consenso de la célebre noche del 22 de mayo dejó el artículo prácticamente igual, ya que el apartado segundo —«la función social de estos derechos delimitará su contenido, de acuerdo con las leyes»— no sufrió modificación alguna, y el tercero y último —que decía: «Ningún español podrá ser privado de sus bienes, excepto por causa justificada de utilidad pública o de interés social, *previa* la correspondiente indemnización, y de conformidad con lo dispuesto por las leyes»— pasó a decir: «Ningún español podrá ser privado de sus bienes sino por causa justificada de utilidad pública o interés social, *mediante* la correspondiente indemnización y de conformidad con lo dispuesto por las leyes.» Esta última redacción es la que prosperó en el texto definitivo de la Constitución, excepto el comienzo del apartado, que resultó modificado en el Senado del modo siguientes: «*Nadie* podrá ser privado de sus bienes y *derechos* sino por causa... [igual]».

El debate, que ni siquiera se planteó en la Comisión Constitucional del Congreso, lo suscitó la sustitución de la indemnización «previa» por «mediante». En el Pleno del Congreso, Alianza Popular —no participante en la negociación del 22 de mayo— protestó por el cambio de términos, por boca de Juan Luis de la Vallina y, en la explicación del voto negativo, mediante la palabra de Manuel Fraga. El socialista Luis Fajardo se preguntó si, en realidad, lo que había ocurrido no era otra cosa que el tema se había desacralizado y, a partir de ahí, se había producido el consenso entre dos partidos con sentido común. Se felicitó por el planteamiento funcional con que se había abordado la cuestión, remitiendo a leyes futuras, según el tipo de propiedad de que se trate. Por UCD, José Luis Meilán vino a decir que lo importante era el establecimiento riguroso de la necesidad de indemnización en caso de expropiación, siendo de interés secundario que tal indemnización fuera *previa* o *mediante* ella, lo que no prejuzga si será anterior o posterior, hecho que, por otra parte, no es determinante, ya que existen situaciones en que legalmente la indemnización debe ser previa y, sin embargo, su percepción real no se produce hasta mucho después de practicada la expropiación. El comunista Ramón Tamames dijo no tener inconveniente en aceptar la propiedad privada, ya que la posibilidad de expropiación que autoriza la Constitución, unido a las obligaciones que el artículo 129.2 impone a los poderes públicos en orden a establecer los medios «que faciliten el acceso de los trabajadores a la propiedad de los medios de producción», permitirá hacer las reformas, sobre todo en materia agraria, que España necesita.

En el debate producido en el Senado resultaba especialmente prometedora una enmienda del grupo de Progresistas y Socialistas Independientes, según la cual el reconocimiento del derecho de propiedad quedaría redactado así: «Se reconoce el derecho a la propiedad *per-*

sonal y a la herencia, *subordinado a los intereses generales de la comunidad,* en los términos que la ley establezca.» Sin embargo, en la Comisión constitucional, el senador Lorenzo Martín-Retortillo, tal vez para evitar luchar infructuosamente una vez más contra los gigantes del consenso, declaró paladinamente: «Aunque nos gusta, la retiramos.»

Luis Olarra, senador de designación real e importante empresario vasco, defendió sin éxito una enmienda según la cual el texto constitucional debería decir: «la propiedad es inviolable». El señor Olarra presentó su propuesta como una fórmula para defender a los *pequeños ahorradores.* Por el PSOE, José Vida expresó su opinión contraria a esta propuesta, que consideró coherente con el intento del mismo senador de adjetivar la huelga con el calificativo de «profesional».

El senador de UCD Francisco Villodres, logró introducir en el apartado tercero del artículo, junto a la expresión los «bienes», la de los «derechos», de los que no podrá privarse al sujeto de unos u otros. Este mismo senador consiguió en el Pleno de esta Cámara sustituir la expresión «ningún español», que figuraba en redacciones anteriores, por la de «nadie», con lo que quedó protegido el derecho a la indemnización por parte de los extranjeros que sean expropiados. Estas modificaciones no tuvieron votos en contra.

Hemos visto antes que cuando Ramón Tamames, diputado comunista, expresó la aceptación de su grupo parlamentario al derecho de propiedad, habló de las posibilidades que abre el artículo 129.2. Su texto exacto es el siguiente: «*Los poderes públicos* promoverán eficalmente las diversas formas de participación en la empresa y fomentarán, mediante una legislación adecuada, las sociedades cooperativas. También *establecerán los medios que faciliten el acceso de los trabajadores a la propiedad de los medios de producción.*»

Ateniéndonos estrictamente al texto del precepto, nos encontramos quizá ante la norma *más revolucionaria* de la Constitución. Lo curioso es que se debe a una enmienda de un diputado de Alianza Popular, Licinio de la Fuente, y tal vez eso explique la poca oposición que suscitó. Ese mismo precepto, propuesto por la izquierda, habría causado seguramente importantes recelos, porque su contenido no es para menos.

Durante los trabajos de la ponencia, la enmienda del diputado aliancista, tras los debates que originó y que ya dejamos relatados, fue incorporada al anteproyecto. La decisión de la ponencia fue adoptada, como ya dijimos, con los votos en contra de los tres ponentes de UCD, frente a los votos favorables de los cuatro ponentes restantes: el de AP, el socialista, el comunista y el de la Minoría Catalana. Lo curioso fue que ni en la Comisión Constitucional del Congreso ni en el Pleno de esta Cámara discutieran los ucedeos la enmienda que obliga constitucionalmente a los poderes públicos a establecer los medios que faciliten el acceso de los trabajadores a la propiedad de los medios de producción.

Tuvo que ser precisamente un empresario quien formulara en el Senado una enmienda especialmente caracterizada para oponerse a este intento. El senador vasco por designación real, Luis Olarra, pidió la sustitución del párrrafo citado por este otro: «Los poderes públicos, mediante ley, promoverán la participación de los trabajadores en la empresa y facilitarán un marco legislativo adecuado para el fomento de las empresas cooperativas.» En el fundamento de esa enmienda, el señor Olarra señalaba que la redacción impugnada era innecesaria y «excesivamente *fuerte* en su enunciado, lo que abre la puerta a futuras interpretaciones del mismo, en clara contradicción con el espíritu del proyecto».

En la Comisión Constitucional del Senado, Luis Sánchez Agesta abordó el problema por su ángulo *técnico*. Dijo que concebía sólo dos formas de adquisición por los trabajadores de los medios de producción: mediante una empresa cooperativa y mediante la adquisición de acciones («o de partes de esos medios de producción, o de partes jurídicas imaginarias de esos medios de producción, que es, a fin de cuentas, a lo que se llama acciones»). El profesor Sánchez Agesta señaló que el texto aprobado por el Congreso escatimaba la generosidad con los trabajadores, al no hablar de las facilidades para el acceso de los trabajadores a las diversas formas de propiedad, lo que daría mayor amplitud al precepto. «Me figuro —dijo— que los trabajadores estarán interesados en poder tener una casa, una vivienda, un coche..., como en tener la propiedad de los medios de producción.»

Por su parte, Manuel Villar Arregui propuso la sustitución del término «establecerán» por el de «habilitarán», así como trasladar el precepto al capítulo sobre los principios rectores de la política social y económica —en línea con lo que originariamente deseó su proponente, Licinio de la Fuente—, ya que su contenido, según dijo el señor Villar, «no guarda relación con la actividad económica de los entes públicos, que es el objeto del Título VII».

Por Unión de Centro Democrático, David Pérez Puga defendió el texto emanado del Congreso, por ser más omnicomprensivo, ya que conectaba con la aparición en la vida pública y en la vida societaria de «una serie de formas atípicas de sociedades, por ejemplo las sociedades anónimas laborales». La *revolucionaria* fórmula de don Licinio quedó incorporada a la Constitución, en coherencia con la más pura aspiración marxista...

HUELGA Y CIERRE PATRONAL: LA IZQUIERDA JUGÓ FUERTE

El modelo económico que diseña la Constitución, fruto del pacto entre ideologías dispares, es netamente capitalista —«se reconoce la libertad de empresa en el marco de la economía de mercado», dice el artículo 38—, pero sus efectos han sido moderados mediante las apelaciones a la necesaria subordinación de la riqueza al «interés general» —artículo 128— y las previsiones de planificación de la actividad económica general —artículo 131—, cuyas exigencias pueden afectar al propio ejercicio de la libertad de empresa, como reconoce el artículo 38. En este marco esencialmente capitalista *con correctivos,* las previsibles y lógicas pugnas entre los trabajadores y los empresarios se resuelven constitucionalmente con *relativa ventaja* para los primeros, y éste ha de considerarse el *precio* puesto por la izquierda a su apacible aceptación de la economía de mercado. Derechos de los trabajadores como el de huelga aparecen claramente establecidos, mientras que el cierre patronal se dibuja como una posibilidad más que probable, pero cuya efectividad dependerá de la futura ley reguladora del derecho de los empresarios a adoptar «medidas de conflicto colectivo», que se reconoce en el artículo 37.

En materia económica, tanto el borrador del 5 de enero de 1978 como el anteproyecto del 17 de abril diseñaban unas condiciones más beneficiosas para los empresarios que las que han resultado de los textos pactados en la tan citada cena consensual del 22 de mayo de 1978. La primera consecuencia de la nueva regulación adoptada es que los derechos de los trabajadores, como el de libre sindicación y de huelga, aparecen situados en la Sección Primera —«De los derechos fundamentales y libertades públicas»— del capítulo segundo del Título I, cuya reforma exigiría el voto favorable de cada Cámara y llevaría consigo la disolución inmediata de las Cortes. En cambio, el texto en que pudiera ampararse una futura regulación legal del cierre patronal figura en la Sección Segunda —«De los derechos y deberes de los ciudadanos»— del mismo capítulo, por lo que su reforma se ajustaría al procedimiento general, menos rígido y que en todo caso, no llevaría consigo la disolución de las Cortes.

Por lo que se refiere al marco económico, los grupos parlamentarios aceptaron el pactado el 22 de mayo, si bien Alianza Popular intentó suavizar los aspectos que, de alguna manera, venían a compensar el reconocimiento por parte de la izquierda de la economía de mercado. Laureano López Rodó, en el Congreso, y Abel Matutes, en el Senado, intentaron sin éxito que la planificación contemplada en el artículo 131 vinculara sólo al sector público y no afectara para nada al sector privado. Frente a esta posición, Lluís Maria Xirinacs expuso la suya, que tampoco tuvo éxito, y que consistía en solicitar que la

Constitución dijera que el Estado «planificará» la actividad económica. Prevaleció el criterio del consenso, menos tajante, según el cual «el Estado, mediante ley, *podrá* planificar la actividad económica general...». UCD y PSOE defendieron a machamartillo el acuerdo al que habían llegado en orden a constitucionalizar la economía de mercado con posible planificación, y ni los cantos de sirena de AP, por un lado, o de la izquierda independiente, por otro —Xirinacs defendió el modelo de socialismo autogestionario—, lograron conmoverlos.

Tal vez el reflejo más importante de la solidez del consenso obtenido sobre estos temas sea la defensa que hizo del mismo no ya un ucedista o un socialista, al fin y al cabo situados en una zona *templada,* sino el portavoz de un grupo parlamentario colocado ideológicamente en zona *caliente,* en lo que a la opción por el capitalismo se refiere. El comunista Jordi Solé Tura defendió, frente a unos planteamientos comunistas radicales expuestos por el diputado *abertzale* Francisco Letamendía, las posibilidades que el texto constitucional abre a lo que denominó *economía mixta.* Fue el 11 de julio de 1978, tras aprobar el Pleno del Congreso el texto del actual artículo 38, que constitucionaliza la libertad de empresa y la economía de mercado y que sólo registró un voto en contra, el de Francisco Letamendía, quien subió a la tribuna de oradores para explicarlo, aunque reglamentariamente su intervención se produjo en nombre del Grupo Mixto, ya que los votos individuales no se explican, sino sólo los de grupo.

Letamendía —que había presentado una enmienda que remitía a una ley de regulación de la iniciativa económica, de acuerdo con los intereses generales, y establecía que «los pueblos del Estado tienen el derecho a darse el sistema económico y social que elijan y a buscar su propia vía de desarrollo económico con toda libertad y en espíritu de solidaridad entre los mismos»— lanzó un duro ataque al capitalismo y a los partidos de izquierda por haber aceptado el texto aprobado y aseguró que el suyo había sido «el único voto comunista en este Congreso». Afirmó que el Partido Socialista, con tal aprobación, «se está negando a sí mismo lo que constituye el fundamento de su ideología, es decir, el tránsito pacífico del capitalismo al socialismo», mientras que el Partido Comunista «está demostrando una vez más aquello de lo que muchos de nosotros estamos convencidos, de que ya no es una fuerza revolucionaria». Criticó que el artículo no fuera lo bastante ambiguo para valer tanto para una sociedad socialista como para una capitalista. «Este artículo únicamente vale para una sociedad capitalista», dijo. Atacó también la «inquina» de los «señores del grupo llamado Comunista», contra la izquierda *abertzale,* «...porque cuando vosotros intentáis domesticar a la clase obrera, nosotros, allá donde tenemos influencia, y tenemos influencia en Euskadi, por el contrario, mantenemos la llama revolucionaria en esta clase...»

Jordi Solé discrepó de la tesis revolucionaria patrocinada por el señor Letamendía, con la cual, «en este país no habría nunca un cambio sustancial de sistema». Aseguró que «economía de mercado pueden ser muchas cosas», entre ellas «una economía mixta como la que nosotros preconizamos en nuestro propio programa». «Lo que define un sistema —añadió— no es la economía de mercado, sino lo que la posibilita, las relaciones de propiedad, la existencia o no de planificación, las posibilidades de transformación de esa propiedad, las vías por las que se hace, y esto es lo que nosotros queremos dejar abierto». «La revolución por la vía de la minoría no la queremos, y no solamente no la queremos, sino que pensamos que es precisamente lo más contrarrevolucionario que existe. Queremos la vía de las grandes mayorías y para eso estamos en favor de la consolidación de un sistema democrático...», explicó Solé Tura.

El derecho a la huelga de los trabajadores para la defensa de sus intereses está reconocido por la Constitución en el artículo 28 que, en este punto, no experimentó modificaciones a lo largo del trámite parlamentario. Aprobado por unanimidad —ausente AP— en la Comisión Constitucional del Congreso, en el Pleno se batió Alianza Popular en solitario, en contra de la huelga política, mientras que UCD se mantuvo a favor, una vez resueltos sus problemas internos al respecto, que ya hemos referido. En todo caso, UCD rechazó las interpretaciones de la izquierda, al tiempo que resistió con vigor el empuje del sector derechista de UCD que, apoyándose en el derecho comparado y hasta en la Organización Internacional del Trabajo (OIT), intentó añadir a los intereses que los trabajadores tendrían derecho a defender mediante la huelga, el calificativo de «profesionales». Esta posición fue asumida en la Comisión Constitucional del Senado por Luis Olarra, quien amenazó con el peligro de una reducción de la inversión económica si se constitucionalizaba la huelga política, para lo que bastaba la omisión del término «profesionales». Por UCD, David Pérez Puga consideró exagerados los temores expuestos por el señor Olarra.

El tema de la huelga registró, en todo caso, el debate más interesante y más vivo en el Pleno del Senado, cuando Luis Olarra, el poderoso empresario vasco y senador por designación real, replicó airadamente a las manifestaciones del socialista y profesor de Derecho del Trabajo José Vida Soria. Éste señaló que «el tema de la huelga profesional y el tema del miedo a la huelga política es utilizado como un arma arrojadiza; lo que pasa es que el arma es fantasmagórica, en el sentido de que nadie sabe lo que es una huelga política». Explicó que la huelga es fundamentalmente un hecho que se producirá al margen de que la regulen o no las leyes, por lo que su inclusión en la Constitución «no es una concesión que le hace la burguesía a la clase obrera; es todo lo contrario, es una muestra de madurez de la clase obrera, que acepta que su arma más destructiva entre dentro del mecanismo del ordenamiento jurídico; es la clase obrera la que cede y concede a la burguesía el entrar, porque no tendría por qué hacerlo». Y más adelante, refiriéndose a la huelga revolucionaria, señaló: «si un día se puede hacer, se hará, y desde luego, contra ésa no vale la Constitución ni nada...». Le faltó tiempo al señor Olarra para saltar en su escaño, al final de la sala, donde se sentaba con el resto de los senadores reales: «...el señor Vida Soria ya ha explicado lo que piensa sobre la huelga, hasta dónde, qué es posible y qué puede ocurrir. También pueden ocurrir otras cosas y veremos cómo se votan». (Nunca se supo si la advertencia de Olarra a las cosas que podrían ocurrir guardaba alguna clave secreta o se refería solamente a la votación de la Constitución en el referéndum...)

La posibilidad de que haya quedado legalizado en la Constitución el *lock-out* o cierre patronal se contiene en el artículo 37, que reconoce «el derecho de los trabajadores y empresarios a adoptar medidas de conflicto colectivo» y remite a una ley futura la regulación del ejercicio de este derecho, incluidas «las garantías precisas para asegurar el funcionamiento de los servicios esenciales de la comunidad». Debe observarse que el anteproyecto elaborado por la ponencia atribuía el derecho a adoptar medidas de conflicto colectivo sólo a *los empresarios,* y ese derecho figuraba en el mismo artículo que reconocía la libertad de empresa en el marco de la economía de mercado, mientras que ahora el citado derecho se atribuye tanto a los trabajadores —a los que ya se les reconoció antes el derecho a la huelga—, como a los empresarios, y en un artículo que comienza manifestando que «la ley garantizará el derecho a la negociación colectiva laboral entre los representantes de los trabajadores y empresarios, así como la fuerza vinculante de los convenios». La relación que parece establecerse entre los convenios y los conflictos resulta, sin duda, acorde con los intereses de los trabajadores.

Estas modificaciones sucesivas permiten quizá explicar que, mientras Santiago Carrillo, en su intervención inicial del 5 de mayo de 1978 en la Comisión Constitucional del Congreso, calificó de escandaloso el cierre patronal previsto en el anteproyecto de Constitución, en los sucesivos pasos de la elaboración de la Constitución las protestas de los comunistas y de la izquierda en general bajaran de tono o dejaran de existir. Con todo, los socialistas y los comunistas se abstuvieron en el Pleno del Congreso sobre esta cuestión. En el Senado, fueron los vascos Juan María Bandrés y Gregorio Monreal quienes expresaron de modo especial su oposición a que la Constitución reconociera el derecho de los empresarios a la adopción de medidas de conflicto colectivo.

Muy relacionado con el principal derecho de los trabajadores, el derecho a la huelga, aparece en el texto constitucional el derecho a sindicarse libremente, que se establece con carácter general, si bien se contempla la posibilidad de que la ley lo limite o exceptúe del mismo «a las Fuerzas o Institutos armados o a los demás Cuerpos sometidos a disciplina militar»,así como que regule las peculiaridades de su ejercicio para los funcionarios públicos. Especial interés ofreció la limitación sindical para los miembros de la carrera judicial y fiscal, que en el anteproyecto de Constitución se establecía en términos absolutos: «Los jueces y magistrados, así como los fiscales, mientras se hallen en activo, no podrán desempeñar cargos públicos, pertenecer a partidos políticos, sindicarse o integrarse en asociaciones profesionales.» Este texto, debido a una enmienda de Laureano López Rodó, fue aprobado por la ponencia con los votos de UCD y AP y los votos en contra de las minorías de izquierda y nacionalistas. Ésta fue la tónica que se mantuvo a lo largo del debate constitucional en ambas Cámaras.

Los grupos de izquierda y los nacionalistas se manifestaron repetidamente a favor de la afiliación y sindicación de los jueces, pero tropezaron en este punto con la resucitada mayoría *mecánica* UCD-AP, cuyos diputados entendían que tales actividades políticas o sindicales podían dañar el prestigio judicial. El socialista Pablo Castellano, criticando esta argumentación, señaló que los grupos de la derecha pretendían pasar de una situación en que se juraban los Principios del Movimiento Nacional, a otra de apoliticismo total. Miquel Roca logró, al menos, que se aceptara el derecho de «asociación profesional de los jueces, magistrados y fiscales», que se incluyó en el artículo 127 y que constituyó el techo de las concesiones de UCD y AP, inflexibles, a pesar de los razonamientos esgrimidos en ambas Cámaras, contra la afiliación partidista y la sindicación de los miembros de la carrera judicial y fiscal.

LA OBCECACIÓN DE UCD SOBRE LA MAYORÍA DE EDAD

El tema de la mayoría de edad —al que la Constitución dedica un breve artículo, el 12, que dice: «Los españoles son mayores de edad a los dieciocho años»— es uno de los ejemplos más claros de la capacidad de *conquista* de las fuerzas parlamentarias con mayor tradición democrática —izquierda y nacionalistas— sobre la Unión de Centro Democrático, fiel de la balanza en la elaboración de la Constitución. Con el apoyo de Alianza Popular, UCD mantuvo al comienzo de los debates constitucionales una actitud reacia a la anticipación de la mayoría de edad, hasta que la presión de los grupos citados logró arrancarle la decisión de constitucionalizar la nueva mayoría de edad, que significa tanto como adelantar la madurez y una mayor confianza en la juventud.

Lo curioso es que en el primer borrador de la Constitución, el conocido oficialmente el 5 de enero de 1978, figuraba ya la mayoría de edad a los dieciocho años, y fue posteriormente, como consecuencia de una enmienda de UCD, que pretendía evitar «problemas de índole jurídico-privada», cuando la ponencia por mayoría de cuatro (UCD-AP) contra tres (socialistas-comunistas-Minoría Catalana), introdujo el siguiente apartado en sustitución del anterior: «Los españoles adquieren la plenitud de sus derechos políticos, cumplidos los dieciocho años.»

En la Comisión Constitucional del Congreso, los grupos de izquierda y nacionalistas estimaron insuficiente la nueva mayoría de edad política y propugnaron su extensión al ámbito civil. El socialista Vicente Sotillo, veintiocho años, *benjamín* de la Comisión, argumentó en favor de la vuelta al inicial anteproyecto. Por UCD Miguel Herrero y Óscar Alzaga esgrimieron «razones técnicas» para no establecer la mayoría de edad a todos los efectos a los dieciocho años. Gregorio Peces-Barba calificó estas razones de «excusas». Pero fue quizá la de Miquel Roca la intervención más brillante y convincente en favor de la nueva mayoría de edad. Denunció la incongruencia a la que se podría llegar de que el nuevo alcalde de Madrid tuviera diecinueve años y «pudiera autorizar un presupuesto de 30.000 millones de pesetas y admitir deuda municipal, por ejemplo, por un importe de 10.000 millones de pesetas; pero si tiene que ir al día siguiente a comprar, no digo una finca rústica, sino un simple vehículo, necesitará la autorización de su padre». Y más tarde, abundando en el mismo ejemplo, planteó este rosario de preguntas: «¿Quién va a interponer recurso contencioso electoral, el papá o el niño?; ¿quién va a requerir al notario para que levante acta de una anomalía, el papá o el niño?; ¿quién va a cobrar las subvenciones que la Ley de Elecciones Locales prevé, el papá o el niño?; ¿quién va a contratar los locales donde celebrar los mítines, el papá o el niño?; ¿quién va a solicitar la comunicación para el permiso de un acto, el papá o el niño?; ¿quién va a ser el representante de la coalición electoral?»

En el Pleno del Congreso, UCD modificó su criterio —de lo que el socialista Vicente Sotillo se felicitó— y se introdujo la mayoría de edad a los dieciocho años. Fue la primera modificación aprobada y los grupos de izquierda y nacionalistas lo interpretaron como un éxito. Por Alianza Popular, Pedro Mendizábal expresó que su grupo era favorable a adelantar la mayoría de edad, si bien no consideraban que éste fuera tema constitucional.

En el Senado, la Comisión Constitucional cargó de solemnidad la nueva mayoría de edad aprobada por el Congreso y la instaló en un artículo para ella sola, el 12. En el Pleno, sólo se opusieron a este artículo y votaron en contra de la mayoría de edad a los dieciocho años el almirante Gamboa y el teniente general Ángel Salas Larrazábal. No hubo debate.

EL DIVORCIO, A MITAD DE CAMINO

El tema del divorcio, ausente del texto constitucional, estuvo presente durante los debates parlamentarios en ambas Cámaras sobre la regulación del matrimonio, que produjeron el artículo 32 de la Constitución. Su aspecto más positivo es la plena equiparación jurídica del hombre y la mujer, y el más discutido, la posibilidad que contempla de su disolución, interpretada desde la derecha como portillo para la introducción del divorcio.

La redacción que la ponencia adoptó, una vez consideradas las enmiendas formuladas por los diputados, establecía la plena igualdad de derechos y deberes del hombre y la mujer para contraer matrimonio y «para crear una relación estable de familia», así como que el derecho civil «regulará las formas del matrimonio, los derechos y deberes de los cónyuges, las causas de separación y disolución y sus efectos».

Como uno de los 25 frutos del consenso negociado el 22 de mayo de 1978 —en forma de otros tantos artículos de la Constitución—, seis grupos parlamentarios formularon en la sesión de la Comisión Constitucional del Congreso celebrada al día siguiente, una enmienda *in voce* cuyo texto, fundamentalmente igual al de la ponencia, suprimía la alusión a la creación de «una relación estable de familia» y sustituía la cita al derecho civil por la referencia a «la ley».

El mantenimiento de la mención de la disolución del matrimonio, como uno de los temas objeto de regulación por la futura ley, fue el tema más atacado desde un único flanco: el de Alianza Popular, cuyos diputados también criticaron la referencia que se hacía a la regulación de «las formas» del matrimonio, en plural.

Laureano López Rodó, soltero, criticó la forma solapada, tímida y vergonzante mediante la que se proponía «la consagración constitucional del divorcio en España», así como la audacia y temeridad de pretender regular el matrimonio civil y el matrimonio canónico, puesto que no otras son «las formas» del matrimonio. Pedro Mendizábal pidió que se adoptara una fórmula más flexible que no predeterminara la regulación del divorcio, a fin de evitar, entre otras cosas, que los millones de mujeres y hombres que en nuestro país, «siguen pensando que la indisolubilidad del vínculo matrimonial tiene carácter universal, intrínseca y extrínsecamente, por Derecho natural» —todo eso dijo—, pudieran rechazar en las urnas la Constitución. Gregorio López Bravo, con una estrategia más persuasiva, pródiga en análisis y estadísticas de Derecho comparado e histórico, vino a recordar que sólo cinco países contaban con Constituciones divorcistas —Chipre, Portugal, Ruanda, Japón y Cuba— y que en el nuestro sólo se han ocupado del matrimonio la Constitución republicana de 1931 —que habló expresamente del divorcio—, y el Fuero de los Españoles —que reconoció la indisolubilidad del vínculo matrimonial—, «ambas, expresiones de dos ideologías políticas beligerantes, enfrentadas en la lucha civil más dura y drámatica que ha conocido España en toda su historia». Pidió finalmente que para promover la concordia y evitar equívocos entre los españoles, se eliminara la palabra «disolución». Por último, Licinio de la Fuente insistió en algunos de los argumentos planteados y aseguró que la Constitución «claramente constitucionaliza el divorcio» al autorizar que una ley posterior regule el divorcio, «y lo regule, además, con toda amplitud, que es lo más grave del caso, porque no hay ninguna limitación a las causas de disolución del vínculo». Solicitó que el divorcio «pueda establecerse y regularse por virtud de una ley que sea votada en referéndum por la nación española».

En nombre de los seis grupos parlamentarios proponentes de la fórmula —todos, menos AP y PNV—, el portavoz de la Minoría Catalana y ponente constitucional, Miquel Roca, comenzó la defensa del texto recordando que Manuel Fraga —ausente ese día de España— había votado favorablemente, en el seno de la ponencia, un texto muy similar que incluía el término «disolución». Por lo demás, recordó que «no estamos en un Estado teocrático, sino en un Estado que lo único que pretende regular son sus leyes civiles y no quiere inmiscuirse en los temas propios de las cuestiones religiosas, porque también ha constitucionalizado la plena libertad religiosa». Negó que la Constitución prejuzgara el tema del divorcio, puesto que lo único que se había hecho era dejar «abierta la puerta para que el legislador ordinario pueda resolver sobre esta cuestión de acuerdo con lo que pueda entender como más adecuado a la realidad social a la que pretenda dirigirse».

Las enmiendas aliancistas fueron rechazadas con sus dos únicos votos favorables, al abstención de UCD y los votos en contra de la izquierda y la Minoría Catalana (el PNV estaba ausente) y el texto de la enmienda consensual fue aprobado por 31 votos a favor y los dos votos en contra de AP. Y esa fue la *historia del divorcio* en la Comisión Constitucional, que se repitió en el Pleno del Congreso, con igual resultado en cuanto al texto del artículo; la *rebaja* de dos discursos menos de AP —los de López Rodó y Licinio de la Fuente—, la reiteración casi literal del de López Bravo, y la solemnización retórica del de Mendizábal. El socialista Vicente Sotillo dio seguridades de que la Constitución, en todo caso, *no impone* el divorcio a nadie, porque es un tema de conciencia en el que cada uno habrá de decidir: «si se acoge o no a una legislación, que lo único que hará es no imponer, sino permitir». En explicación de voto —269 a favor, 17 en contra, tres abstenciones— Fraga echó de menos la cita a «la familia estable» del viejo texto de la ponencia, Solé Tura recordó que los comunistas preferían constitucionalizar el divorcio y Miguel Herrero negó realidad a la creencia de AP de que quedaba directamente constitucionalizado, siendo así que UCD no lo consideraba «conveniente ni aceptable».

El debate sobre el matrimonio en el Senado fue largo e intenso y, como consecuencia de él, resultó modificado el texto aprobado por el Congreso, perfeccionándose su redacción, aun cuando se mantuvieron sus elementos políticos básicos. Las alteraciones producidas se materializaron en la Comisión. Por la primera de ellas, el senador por designación real Camilo José Cela logró que se suprimiera el término «edad núbil» con que se iniciaba el artículo y que, en opinión del ilustre académico, suponía tanto como hablar en «charada», ya que la palabra «núbil» lleva dentro de sí la referencia a la edad. Por la segunda, la también senadora por designación real y ex secretaria del Consejo Nacional del Movimiento Belén Landaburu logró que la equiparación del hombre y la mujer respecto al matrimonio no se limitara al momento de contraerlo, sino que afectara a toda la institución matrimonial.

Así pues, el primer apartado que, en la redacción dada por el Congreso, decía que «a partir de la edad núbil, el hombre y la mujer, en plena igualdad de derechos y deberes, podrán contraer matrimonio», quedó así en el Senado: «El hombre y la mujer, a partir de la edad fijada por la ley, tienen derecho a contraer matrimonio, basado en la igualdad jurídica de los cónyuges.» La Comisión Mixta, al sistematizar mejor el artículo, pasando la referencia a la edad al apartado segundo, entre los demás requisitos que «la ley regulará», redujo, en nuestra opinión, la innovación progresista que significaba el matrimonio, *basado* en «la igualdad jurídica de los cónyuges», limitándose el texto definitivo de la Constitución a señalar que «el hombre y la mujer tienen derecho a contraer matrimonio con plena igualdad jurídica».

De entre las posiciones mantenidas en el Senado y no incorporadas a la Constitución destacamos, como más significativas, las de Lluís Maria Xirinacs, sacerdote («Toda persona tiene derecho al desarrollo de su afectividad y de su sexualidad, a contraer matrimonio, a crear relaciones estables de familia en libertad, con plena igualdad de derechos y deberes de los consortes entre sí y de ambos respecto de los hijos comunes y a decidir libremente el número de hijos que se desea tener. A tal fin tiene derecho a acceder a la información necesaria y a los medios que permiten su ejercicio»); Marcial Gamboa, almirante, quien por sus convicciones religiosas sólo admitía la disolución por muerte de uno de los cónyuges, y Alfonso Osorio, democratacristiano, cuyas pretensiones eran incluir en la Constitución que «la familia es el elemento natural o fundamental de la sociedad», así como sustituir la expresión imperativa «la ley regulará» por «la ley podrá regular», a fin de evitar la sanción constitucional a la disolución del matrimonio. A este último, el senador socialista Joaquín Navarro Estevan le indicó que declaraciones sobre la familia como la que proponía *flotaban en el vacío,* sin eficacia jurídica, y que carecían de fundamento los recelos del señor Osorio sobre las consecuencias divorcistas del mandato constitucional a la regulación legal de la disolución del matrimonio.

LA IZQUIERDA SE DIVIDIÓ ANTE LA MENCIÓN DE LA IGLESIA CATÓLICA

En el artículo 16, que garantiza la libertad religiosa y de culto y establece que «ninguna confesión tendrá carácter estatal», la Constitución introduce una mención expresa a la Iglesia católica, a propósito de las relaciones de cooperación que los poderes públicos mantendrán con ella y las demás confesiones. La especificación de la Iglesia católica contó en la primera etapa de la elaboración constitucional con la oposición socialista, que finalmente la aceptó, aunque formalmente cambió su voto en contra por la abstención. Aunque ya hemos relatado las vicisitudes de la negociación sobre este tema —especialmente las presiones ejercidas por la propia Iglesia— nos ocupamos aquí del debate público, en el que no se reflejaron los problemas y tensiones de las conversaciones secretas.

La mención específica de la Iglesia aparece en el anteproyecto de 17 de abril de 1978, que sirvió de base a los debates de la Comisión Constitucional del Congreso, en donde ya los socialistas se manifestaron en contra de lo que denominaron «confesionalidad solapada». Enrique Barón consideró que se daba un paso atrás y se otorgaba un privilegio a la Iglesia católica. Por UCD, Óscar Alzaga contestó que no se trataba de un privilegio, sino del reflejo de una realidad: la sociedad española. Los comunistas participaron de este criterio y votaron a favor de la mención de la Iglesia católica, adoptando una posición *moderada* y pragmática que les valió más de una ironía.

Los extremos de la discusión estuvieron marcados por Manuel Fraga, quien aseguró que unos siete mil religiosos fueron asesinados durante la II República, y por Gregorio Peces-Barba, que habló de la persecución franquista a muchos sacerdotes que adoptaron posiciones favorables a la democracia y al respeto de los derechos humanos. Alianza Popular, con nostalgia del nacionalcatolicismo, expresó actitudes netamente confesionales, mientras que los socialistas consideraban perjudicial para la propia Iglesia la privilegiada mención en el texto constitucional.

En el Pleno del Congreso, el propio Santiago Carrillo subió a la tribuna de oradores para pedir el reconocimiento del «hecho objetivo» que significaba la Iglesia católica, cuya importancia en nuestro país en relación con las otras confesiones era indudable. El socialista Enrique Barón no perdió la ocasión de ironizar sobre la novedosa postura de «los compañeros comunistas».

A la hora de los votos, fueron, sin embargo, los socialistas quienes cambiaron de posición respecto a la adoptada en la Comisión. Se abstuvieron, mientras que los comunistas continuaron votando a favor. Carrillo, al explicar el voto de su grupo, habló de la conveniencia de no topar con la realidad de la Iglesia. La intervención ofreció la novedad de que el secretario general del PCE, frente a las acusaciones que hizo Fraga sobre la matanza de religiosos, ofreció su propia versión sobre la *quema de conventos.* Negó que fueran atribuibles al anticlericalismo de las fuerzas de la izquierda. «En realidad, señor Fraga, las quemas de conventos —dijo, con su pausado hablar, creando expectación en el hemiciclo— fueron tremendas provocaciones contra la República. Y yo, que entonces vivía, señor Barón, siendo joven socialista he salido con los jóvenes comunistas a la calle, precisamente a impedir o tratar de impedir las quemas de los conventos, que *no eran provocados por la izquierda exactamente, sino que probablemente estaban provocadas por la ultraderecha...»* (Una oleada de rumores se levantó del hemiciclo y obligó al presidente de la Cámara a pedir silencio para que el señor Carrillo pudiera seguir siendo oído.) «En realidad, señor Fraga, las quemas de conventos eran a la República lo que el terrorismo es a la situación de hoy: un elemento desestabilizador; y los que tenían interés en desestabilizar a la República y los que tienen interés en desestabilizar el proceso democrático de hoy, aunque haya por dentro, entre ellos, algún izquierdista loco, en general son las fuerzas que están mirando al pasado y que entonces miraban al pasado también, tratando de resucitarlo.»

Con ocasión de la explicación de voto, Enrique Tierno hizo un análisis interesante, muy aplaudido por la izquierda, sobre las conexiones existentes en UCD entre su más importante corriente, la democristiana, y el sector político tecnocrático inspirado por el Opus Dei. Miguel Herrero, tomándose un poco el rábano por las hojas, calificó de *improperio* el calificativo de democratacristiano, a lo que Enrique Tierno replicó desde su escaño que si hubiera deseado emplear un improperio no hubiera utilizado la expresión «democratacristiano». En todo caso, la posición de UCD sobre la mención de la Iglesia católica no contó con las connotaciones confesionales con que se expresó, en nombre de Alianza Popular, Manuel Fraga, quien, por cierto, a propósito de la versión de Carrillo sobre la quema de conventos, dijo, entre otras cosas: «Me ha convencido de que la falta de respeto por la verdad, típico de la doctrina del materialismo dialéctico, sigue siendo la misma.»

En el Senado, el PSOE volvió a mantener la posición de abstenerse en esta cuestión y en el Pleno de esta Cámara retiró incluso el voto particular. En el debate producido en la Comisión, varios grupos acompañaron a los socialistas en su oposición a la mención de la Iglesia católica en el texto constitucional. Destacaron los de Progresistas y Socialistas Independientes (PSI), Entesa dels Catalans y Agrupación Independiente, además de los senadores Xirinacs, Bandrés y Audet, a título personal. El PSI, en nombre del cual intervino Manuel Villar Arregui —democratacristiano, líder de Izquierda Democrática—, llevó su actitud contraria a la mención de la Iglesia católica, hasta el punto de pronunciarse en contra de ella en la votación, mientras los propios socialistas, la Agrupación Independiente y la Entesa se abstenían.

UN MIEDO GENERAL: LA INICIATIVA POPULAR

La opción constitucional por el régimen parlamentario lleva, en sí misma, una restricción de los procedimientos populares de participación política directa. Ése es el caso de la Constitución española de 1978, en el que resulta interesante comprobar cómo se fue devaluando la posibilidad de iniciativa popular desde los primeros textos al último. Asimismo, cabe destacar que fue la izquierda parlamentaria la que con mayor vigor se opuso a la constitucionalización de un cauce ancho para la participación popular directa en los asuntos de Estado, argumentando su posible utilización por la derecha contra las decisiones progresistas del Parlamento. Como confirmación de esta tesis, la izquierda adujo el hecho de que fuera Alianza Popular y particularmente Manuel Fraga, el paladín de la participación *populista*.

La iniciativa popular que la ponencia redactora del anteproyecto de Constitución había aceptado, quedó drásticamente cercenada en la Comisión constitucional del Congreso y los intentos realizados en el Pleno de esta Cámara y en el Senado no lograron que *levantara cabeza*. La reducción afectó, sobre todo, a la iniciativa para promover leyes, convocar referéndum y para la reforma de la Constitución.

La iniciativa legislativa popular se había previsto por la ponencia a través de la posibilidad de someter al Congreso «proposiciones de ley articuladas y motivadas con las firmas acreditadas de 500.000 electores», y quedaba excluida de ella la legislación tributaria e internacional y la relativa a la prerrogativa de gracia. Como consecuencia del consenso producido paralelamente a los debates en el Congreso, esta Cámara no incluyó en la Constitución el derecho citado, sino que trasladó el tema al futuro legislador. «Una ley orgánica regulará las formas de ejercicio y requisitos de la iniciativa popular para presentación de proposiciones de ley», estableció el nuevo texto, procedente de una enmienda de UCD que defendió Óscar Alzaga y que mantenía la exigencia de las 500.000 firmas acreditadas y la exclusiva de los temas citados. El Senado mantuvo este texto, pero la Comisión Mixta Congreso-Senado aprovechó la ocasión del paso por sus manos para introducir en el número 3 del definitivo artículo 87 la no procedencia de la iniciativa legislativa, además, «en materias propias de la ley orgánica», lo que reducía notablemente la iniciativa legislativa susceptible de regular.

La iniciativa popular en materia de referéndum había sido fijada por la ponencia de este modo: «Corresponde también la iniciativa del referéndum relativo a la derogación de leyes a tres Comunidades Autónomas o a los electores en número no menor de 750.000.» La Comisión Constitucional del Congreso suprimió totalmente este texto, al aceptar una enmienda propuesta por el comunista Jordi Solé Tura y aceptada por los demás grupos, excepto Alianza Popular. Esta enmienda dejaba reducida la posibilidad de referéndum —que la ponencia establecía para las leyes aprobadas por las Cortes y no sancionadas y para la derogación de leyes en vigor— a las decisiones políticas de especial trascendencia, sólo con carácter consultivo. Así quedó aprobado en el Congreso y en el Senado y superó la Comisión mixta de ambas Cámaras, en donde se introdujo una modificación en el apartado siguiente del mismo artículo, el 92, según el cual la convocatoria real del referéndum se hará «*mediante propuesta*» del presidente del Gobierno, previamente autorizada por el Congreso de los Diputados».

La ponencia constitucional estableció en su día la posibilidad de reforma constitucional mediante la iniciativa popular. Esta modalidad de reforma constitucional podría ejercerse, como el resto de la iniciativa legislativa popular, por la propuesta de 500.000 electores. La Comisión Constitucional del Congreso, mediante una enmienda que defendió Gabriel Cisneros en nombre de UCD, y que sólo contó con la oposición de Alianza Popular, eliminó esta posibilidad de iniciativa para la reforma constitucional, e igual criterio mantuvieron el Pleno del Congreso y la Comisión Constitucional y el Pleno del Senado.

A través de estas modificaciones restrictivas de la iniciativa popular, puede decirse que la posibilidad de participación directa del pueblo en la elaboración o derogación de las leyes y en la alteración de la Constitución, quedó «atada y bien atada» y prácticamente inexistente. Tampoco otras formas de iniciativa política popular efectiva han tenido gran acogida, a pesar del principio general establecido en el artículo 23 —y que permaneció durante los sucesivos trámites parlamentarios— de que «los ciudadanos tienen el derecho a participar en los asuntos públicos, *directamente* o por medio de representantes...».

¿Cuáles fueron los principales argumentos que se esgrimieron en favor y en contra de la iniciativa popular? Tengamos primeramente en cuenta su procedencia. Las enmiendas contrarias al texto de la ponencia y restrictivas, por tanto, de la iniciativa popular en la Constitución, fueron defendidas por los diputados de los grupos parlamentarios más activamente participantes en el consenso constitucional: Unión de Centro Democrático (José Pedro Pérez Llorca, Óscar Alzaga, Gabriel Cisneros), Grupo Socialista (Gregorio Peces-Barba y Virgilio Zapatero), Grupo Comunista (Jordi Solé Tura) y Minoría Catalana (Miquel Roca). En cambio, el máximo defensor de la iniciativa popular fue, sin duda, Manuel Fraga, portavoz de Alianza Popular. Pero también la defendieron, entre otros, el diputado catalán Heribert Barrera (de Esquerra Republicana de Catalunya) y el senador de la misma procedencia geográfica y políticamente independiente, Lluís Maria Xirinacs.

Así pues, no puede darse por buena la principal argumentación —particularmente expresada en los pasillos del Congreso por algunos de los diputados del primer bloque—, según la cual la derecha utilizaría la iniciativa popular, casi en exclusiva, para contrarrestar o anular las leyes progresistas emanadas de las Cámaras. Y no podía valer el alegato de que la posición del señor Fraga en favor de la iniciativa popular era la prueba definitiva de su utilización derechista, por cuanto desde posiciones izquierdistas y contestatarias, como las de los señores Barrera y Xirinacs, también se defendía la iniciativa popular.

Veamos algunas de las distintas opiniones parlamentarias.

Óscar Alzaga entendió que la iniciativa legislativa popular estaba poco acuñada y experimentada y su regulación debía quedar para una ley orgánica. José Pedro Pérez Llorca manifestó la necesidad de evitar los conflictos que se podrían producir entre las Cámaras y el pueblo y entre las Cámaras y el Gobierno, que en el caso de referéndum derogatorio calificó de gravísimos, y, en todo caso, planteables por grupos extraparlamentarios minoritarios, por lo que debía optarse por un posterior desarrollo del sistema de democracia directa. Gabriel Cisneros aseguró que la apertura de la reforma constitucional a la iniciativa popular desnaturalizaría dicha reforma. Gregorio Peces-Barba recordó que en Italia la práctica ha demostrado el empleo antidemocrático de la iniciativa popular. Jordi Solé Tura dijo que interesaba normalizar el proceso legislativo, para lo que era preciso que las Cortes funcionaran con claridad, sin mecanismos de interferencia que pudieran menoscabar esa labor. Miquel Roca señaló que la iniciativa popular podría alcanzar las mismas finalidades para la derogación de una ley mediante la iniciativa legislativa ordinaria, sin necesidad del referéndum derogatorio, «poco constructivo».

Las argumentaciones de Manuel Fraga en defensa de los textos de la ponencia, que hacían posible la iniciativa popular, se basaron en la partitocracia que suponía su eliminación o reducción y en el error que se cometía al recortar la democracia semidirecta. Heribert Barrera estimó que para que la democracia lo sea de participación, junto al instrumento indispensable de los partidos hay que tener en cuenta que la oligarquía de ellos o de sus estados mayores puede ser peligrosa para el futuro de la democracia, y, en cambio, «poner en cuestión las decisiones del Congreso, y referirse al árbitro supremo que es el pueblo —dijo el diputado catalán—, me parece bueno y de la más pura democracia». Por último, Lluís Maria Xirinacs analizó las dificultades puestas por los grandes partidos del Congreso al referéndum, y sentenció: «Da un poco la impresión de que los partidos tienen miedo al pueblo y lo quieren como amordazar.» Negó asimismo que el problema fuera el aprovechamiento del referéndum por grupos extremistas minoritarios o marginados, sino al revés, «y que todos estos partidos que se glorían de tener detrás de sí grandes cantidades de masas, tendrían que estar muy contentos de que se ampliara...».

Como ilustración final de las dos posiciones enfrentadas en torno a la iniciativa política popular, resumimos aquí el enfrentamiento que tuvo Xirinacs con los dos grandes partidos, UCD y PSOE, cuando intentó hacer prosperar su enmienda al artículo 23, consistente en añadir al derecho de los ciudadanos a participar en los asuntos públicos, lo siguiente; «... o sea, mediante referéndum, asambleas, manifestaciones y demás hechos enumerados en la Constitución».

Xirinacs dijo que la democracia directa era un tema maldito, porque, «después de cuarenta años de prohibición de la democracia representativa en las que los protagonistas son los partidos, estas asociaciones políticas tan importantes, e incluso, a mi juicio, imprescindibles, han salido de sus jaulas como fieras hambrientas por causa del prolongado ayuno». «Están crispados, son devoradores —añadió—, especialmente los partidos de izquierda por ser los más reprimidos.»

Por el PSOE, Ramón Sáinz de Varanda replicó a Xirinacs que «la dictadura, el fascismo, ha entrado tan dentro de la sociedad que hasta personas tan destacadas por su posición pacifista y democrática defienden tesis que corresponden cien por cien a las posiciones fascistas». Asimismo, por UCD, José Antonio Escudero ironizó sobre esa «curiosa democracia directa a través de las huelgas, sentadas, visitas, llamadas telefónicas o cartas», que «es —dijo— una utopía que resultó bella en el siglo V con los visigodos, pero que en la sociedad de nuestro tiempo es perfectamente inviable».

Xirinacs, con absoluta mansedumbre, aunque dolido, según dijo, por la falta de equilibrio en las respuestas, contestó entre otras cosas: «... creo que no soy fascista. Creo que es muy distinta la democracia de base que el fascismo, que es una democracia de altura, que es una aristocracia. No tiene nada que ver. Es todo lo opuesto. Si el fascismo usa de estos métodos, es porque los partidos abandonan la base, y de la base se apodera el fascismo, pero desde arriba, que es distinto.» Y señaló más adelante: «Este desequilibrio tan enorme en las respuestas me indica que hay posiciones irracionales, fruto de esta especie de reacción debida a la huelga de hambre de partidos que hemos tenido durante estos cuarenta años...»

A ALIANZA POPULAR NO LE GUSTAN LOS JURADOS

Una de las novedades que contiene la Constitución de 1978 es el restablecimiento de la institución del jurado, existente durante la República y conocida por la mayoría de los españoles sólo a través de las películas americanas. La introducción del jurado se produjo durante los debates en la Comisión Constitucional del Senado, de la mano de una enmienda propuesta por Antonio Pedrol, cuya finalidad era, en realidad, cortar el paso a una propuesta socialista más ambiciosa, ya que contemplaba también la incorporación a los tribunales de titulados de las especialidades requeridas que participarían en la Administración de Justicia. A lo largo del proceso de elaboración de la Constitución, fue la izquierda, y particularmente los socialistas, la más interesada en restablecer el jurado, que quedó consagrado en el artículo 125, si bien la forma y el alcance de su funcionamiento se dejó para una futura ley.

El proceso parlamentario para llegar a la fórmula que ha sido incorporada a la Constitución fue largo y el resultado muestra que la solución adoptada apunta a un equilibrio entre las diversas y contrapuestas tendencias, como un reflejo más del consenso obtenido.

En los borradores iniciales, no existe la mención al jurado, y en cuanto a la participación de los ciudadanos en la Administración de Justicia, se remitían a «los casos y formas que la ley establezca». Contra esta formulación tímida de la participación ciudadana en la justicia, un voto particular formulado por el ponente socialista proponía lo siguiente: «En los procesos penales los ciudadanos participarán a través de jurados en la forma que se establezca por la ley; en todos los procesos la ley regulará la incorporación a los tribunales, en cuestiones de trascendencia general o relevancia pública, de titulados de las especialidades requeridas, con voz y voto en la formación de la sentencia».

En el plazo de formulación de enmiendas, varios diputados de Alianza Popular —Antonio Carro, Licinio de la Fuente y Gonzalo

Fernández de la Mora— propusieron la supresión de aquella moderada referencia a la participación ciudadana en la Administración de Justicia. Unión de Centro Democrático intentó, por su parte, limitar la participación de los ciudadanos en la Administración de Justicia a «la elección por sufragio directo de los Jueces y Fiscales que sirvan los Juzgados de Paz» y los ponentes de UCD propusieron, alternativamente, la supresión del precepto.

Mayoritariamente, la ponencia redactó así el artículo, una vez estudiadas todas la enmiendas: «Los ciudadanos podrán ejercer la acción popular y participar en la administración de justicia en los casos y formas que la ley establezca.» Este texto fue el debatido en la Comisión Constitucional del Congreso, donde se le añadió la cita a la participación ciudadana «en los Tribunales consuetudinarios y tradicionales». El debate principal estuvo centrado sobre la autorización que el texto constitucional daba a la ley para la futura legalización de los jurados y aun de los tribunales populares. Licinio de la Fuente se manifestó en contra del precepto, por atentar contra la profesionalización de la Justicia, así como por la experiencia deplorable que la institución del jurado ha ofrecido en España. Gregorio Peces-Barba se opuso, en nombre del PSOE, a estos argumentos. Señaló que democratizar la justicia no es politizarla, como hacía el régimen anterior, mediante el Tribunal de Orden Público. Declaró que la participación ciudadana en la Administración de Justicia no sólo se realiza a través del jurado, sino mediante otras formas, como la colaboración de titulados especialistas con los tribunales.

En el Pleno del Congreso, Licinio de la Fuente reprodujo sus argumentos y el PSOE desplazó a la tribuna de oradores, para contestarle, a Pablo Castellano, quien cosechó aplausos en sendas intervenciones sobre el tema. La propuesta de Licinio de la Fuente era reducir el artículo a la posibilidad de los ciudadanos de ejercer la acción popular y participar en los tribunales consuetudinarios y tradicionales. Argumentó que el texto aprobado por la Comisión podría dar lugar «no sólo al establecimiento de jurados de diversa índole y para diversas manifestaciones de la jurisdicción, sino incluso a la formación de tribunales mixtos o populares», lo que suponía un *grave error.* «Entendemos —dijo el diputado de AP— que la justicia será más eficaz, más agil, más independiente y más responsable si se ejerce por jueces y magistrados de carrera independientes, integrantes del poder judicial, que si se ejerce por ciudadanos representantes del pueblo.» «... Una vez más, la Constitución, con una fórmula más amplia, va más allá de lo que fuera la de 1931...» «Por lo que se refiere a nuestra Patria, la experiencia del jurado ha sido realmente turbulenta, conflictiva y de muy escasa efectividad [...]. La experiencia fue tan negativa, que ya la ley de 27 de julio de 1933 eliminó un gran número de delitos de la competencia del jurado.» «La labor de perfeccionamiento y modernidad de la justicia nosotros creemos que es mejor confiarla a la profesionalidad, independencia y seguridad de los jueces y magistrados, que interferirla con tribunales populares o mixtos, o con el restablecimiento de una institución como el jurado, muy discutida hoy en el mundo, y cuya experiencia en nuestro país no garantiza que vaya a contribuir precisamente a ese perfeccionamiento judicial que deseamos.»

Pablo Castellano, secretario tercero del Congreso (puesto en el que el PSOE le situó durante el proceso constituyente, según las *malas lenguas,* para impedir que hablara demasiado), se opuso, en nombre del grupo socialista, a la propuesta de Licinio de la Fuente, que comparó con la defensa que el portavoz de AP, Manuel Fraga, había hecho por la mañana de la participación popular directa en las tareas legislativas, frente a la «partitocracia». Aseguró que el pueblo necesita corresponsabilizarse de una forma seria en la justicia «para que la justicia vaya perdiendo esa imagen que hoy tiene categóricamente kafkiana...». Añadió que su grupo no tenía la menor suspicacia contra jueces y fiscales, pero que, desde luego, «de quien menos suspicacia tenemos es del pueblo». «Nosotros sí queremos magistrados y jueces de carrera; no los queremos a la carrera, sino que los queremos de carrera y profesión. No queremos —dijo— ninguna magistratocracia que esté absolutamente al margen del país.» «... Si algún día hubiera que escoger entre un jurado que alguien pudiera llamar tribunal netamente popular, antes estaremos por los tribunales populares que por los tribunales impopulares de los últimos cuarenta años.» «... La participación del pueblo en la justicia no se puede ver con cicatería de pensar que porque al pueblo le falten conocimientos técnicos no va a saber lo que es la justicia. Precisamente porque el pueblo siente la importancia de la justicia es necesario que el pueblo, y ya nos tocará pensar cómo, empiece a responsabilizarse, para que no vuelva a ocurrir lo que hoy ocurre, que cuando se habla de justicia, en vez de sentir confianza, le entra un terror que algunos todavía quieren seguir manteniendo...»

Estas últimas palabras molestaron al señor De la Fuente, quien dijo no haber mantenido nunca el terror y afirmó su voluntad de concordia. Estábamos en el trámite de la explicación de voto, tras ser derrotada la enmienda de AP —con la abstención de UCD— y aprobado el texto proveniente de la Comisión, con un voto en contra y la abstención de AP. Licinio de la Fuente hizo ver que existen regímenes democráticos «con democracia absolutamente indiscutible, que unos tienen jurados y otros no los tienen». Pablo Castellano señaló que lo que a otros pueden parecer peligros a los socialistas pueden parecer avances, porque, de la Justicia, «señor De la Fuente —dijo, dirigiéndose al diputado aliancista—, hay dos concepciones. No le moleste a su señoría tener la suya, porque a nosotros no nos molesta tener la nuestra, ni que su señoría la exponga; pero haremos lo posible para que sea nuestra concepción la que haga de la Justicia un instrumento del pueblo.»

Y estas palabras resultaron premonitorias de alguna manera, porque en el Senado fue incorporada a la Constitución la institución del jurado. El hecho se produjo como consecuencia de varias circunstancias parlamentarias de las que no estuvo ajeno el deseo de evitar cualquier cheque en blanco al futuro legislador y de cerrar el paso a una propuesta socialista que, además, de introducir el jurado, establecía «la incorporación a los tribunales, en cuestiones de trascendencia general o relevancia pública, de titulados de las especialidades requeridas, con voz y voto en la formación de la sentencia». El viejo voto particular socialista al anteproyecto del 5 de enero de 1978, resucitó en el Senado y se sometió a debate ocho meses después.

Con la habilidad y la finura jurídica en él características, Antonio Pedrol defendió una redacción que, al expresar claramente la referencia al jurado —institución que, según dijo, no tenía por qué suscitar tantas alarmas ni resultaba ninguna novedad—, circunscribiese a él las formas de participación ciudadana en la adminsitración de justicia «para determinados casos de naturaleza penal, *cuando* así se establezca por la ley». La reacción socialista fue rápida y avanzó un paso hacia la convergencia final. El texto de Antonio Pedrol era más propicio para ganar la voluntad del grupo más numeroso de la Comisión, Unión de Centro Democrático. Los socialistas renunciaron, pues, a su vieja y renovada propuesta de incorporar a los tribunales, con voz y voto, *titulados de las especialidades requeridas,* que asustaba más que el propio jurado. Se trataba de salvar al menos el restablecimiento del jurado, sin las restricciones propuestas por el señor Pedrol. La reforma *in voce* del Grupo Socialista daba lugar a un texto según el cual «los ciudadanos podrán ejercer la acción popular y participar en la administración de justicia, mediante la institución del jurado, en aquellos procesos penales en que se establezca por la ley y en la forma que ésta regule».

El señor Pedrol se hizo repetir la lectura de la propuesta socialista y registró la discrepancia. «Estamos muy cerca —dijo—, pero no exactamente en el mismo sitio.» Lo que Pedrol quería dejar asegurado es que, a través de la correspondiente ley, las Cámaras cuenten en cada momento con «la facultad de determinar hasta dónde la institución del jurado puede ser buena para una administración correcta y democrática de la justicia en nuestro país», mientras que los socialistas legitimaban desde la Constitución el jurado y sólo dejaban a la ley la determinación de los procesos penales en que funcionaría.

Una y otra enmienda fueron rechazadas y prosperó una tercera formulada *in voce* por UCD como enmienda *transaccional,* que se convirtió en el texto definitivo que figura como artículo 125 en la Constitución y que, a pesar de que por la intervención de Luis Angulo parecía que se inclinaba más hacia el texto de Pedrol, la verdad es que se aproximaba más a la propuesta socialista, al dejar a la ley futura sólo la *forma y con respecto a qué procesos penales* funcionará el jurado.

3. EL PROBLEMA VASCO

LA ESTRATEGIA DEL PNV

Un solo partido político con representación parlamentaria importante, el Partido Nacionalista Vasco, que contaba en el Congreso constituyente con un grupo parlamentario integrado por ocho diputados, rehusó pronunciarse a favor de la Constitución 78 y recomendó a sus militantes y simpatizantes la abstención en el referéndum del 6 de diciembre. ¿Por qué? Xabier Arzallus, portavoz del grupo y una de las más destacadas personalidades del PNV declaró a *El País* el 25 de junio de 1978: «La Constitución aprobada por el Congreso es para mí, lealmente, más positiva que la de la República en muchos aspectos, y concretamente en el autonómico. En lo que chocamos con el Gobierno y, quizá, con los otros partidos, es en la concepción del Estado... No me parece racional decir *no* a esta Constitución, creo que debemos acatarla.» Pero tampoco el PNV quiso recomendar el *sí* porque estimó que la redacción de la disposición adicional primera, en la que se recoge el reconocimiento de los regímenes forales, no satisfacía un aspecto doctrinal absolutamente esencial para este partido: la plena reinstauración, actualizada, de los Fueros Vascos.

Esta fue la manzana de la discordia que provocó agotadoras negociaciones entre los nacionalistas vascos y el Gobierno UCD, negociaciones en las que se vieron implicados también socialistas, comunistas y la Minoría Catalana. No se encontró una solución de *consenso* y la reivindicación foral peneuvista se convirtió en uno de los cabos sin atar —tal vez el más importante— del texto constitucional. En el verano de 1979 la negociación del Estatuto de Guernica terminó con más éxito, tras largas madrugadas de discusión en la Moncloa. Las especiales características que revistió la negociación constitucional de la «cuestión vasca» y el hecho de que fuera la única que terminó en un rotundo fracaso, la hacen merecedora, a nuestro juicio, de un relato detallado, al margen del que recoge las negociaciones generales.

El PNV acudió a las elecciones del 15 de junio de 1977 con un programa basado, fundamentalmente, en la amnistía, reclamada en un continuo grito por el pueblo vasco, y la consecución de autonomía y libertades públicas, pero sin hablar expresamente de la reintegración foral. Rechazados de la ponencia constitucional, sus portavoces parlamentarios mantuvieron algunas entrevistas con Miquel Roca pero pronto se hizo evidente que el diputado catalán, aunque representante de un partido nacionalista, no coincidía con la visión del Estado que defendían los diputados vascos y el PNV advirtió públicamente que no se encontraba representado por el ponente de Convergència Democrática de Catalunya. «Roca respetó bastante a rajatabla el pacto de silencio y prácticamente nos enteramos del borrador de Constitución por la prensa», señaló un diputado del PNV.

Los vascos contemplaron satisfechos la inclusión del término *nacionalidades,* pero se preocuparon por la total omisión de cualquier referencia al tema foral en el texto constitucional. En una reunión celebrada en el convento del Carmelo de Amorebieta (Vizcaya) en enero de 1978, los diputados del PNV y los dirigentes del partido —según sus estatutos, no pueden coincidir ambos cargos en la misma persona— prepararon sus enmiendas al anteproyecto de Constitución. «Fundamentalmente pretendimos mejorar en todos los aspectos el Título VIII y articular el encaje del pueblo vasco en el Estado español a través de la reinstauración foral. Queríamos que la Constitución quedara abierta a la concepción de una determinada forma de Estado», recuerda un diputado peneuvista. El «equipo constitucional» del PNV quedó integrado por los diputados Arzallus, Vizcaya, Sodupe, Pujana y Ajuriaguerra y por el presidente del partido, Carlos Garaikoetxea, y el enlace entre la dirección del PNV y su grupo parlamentario, Elías Galdós. El mal estado de salud de Juan Ajuriaguerra, una de las personalidades vascas con mayor proyección política en todo el Estado, miembro habitual de las comisiones negociadoras de la oposición democrática en la última etapa del franquismo y los primeros meses del Gobierno Suárez, hizo que el viejo *León de Euskadi* —como le apodaban cariñosamente sus correligionarios— se retirara pronto del *equipo.* Ajuriaguerra falleció cuando el proyecto de Constitución se debatía en la Comisión del Senado y su figura fue unánimemente ensalzada por los líderes de todos los partidos parlamentarios. Como veremos más adelante, tuvo tiempo de intervenir en alguna de las negociaciones llevadas a cabo en el Congreso.

En aquella reunión de Amorebieta, el PNV concretó sus pretensiones en cuanto a la reivindicación foral se refiere y redactó una enmienda a la disposición final, cuyo texto íntegro era el siguiente: «1) Se derogan las leyes de 6 a 19 de septiembre de 1937, 25 de octubre de 1839 y 21 de julio de 1876, quedando, asimismo, sin efecto cuantas disposiciones resulten incompatibles con la reintegración foral. 2) Se devuelven a las regiones forales de Álava, Guipúzcoa, Navarra y Vizcaya sus instituciones y poderes políticos originarios. 3) Se renueva el Pacto Foral con la Corona, manteniendo el Rey en dichos territorios los títulos y facultades que tradicionalmente hubieran venido ostentando sus antecesores. 4) Las regiones forales mencionadas que así lo decidieren podrán formar un único ámbito territorial creando de común acuerdo las instituciones necesarias y conservando cada una de ellas las facultades que le sean propias y considere oportuno reservarse. 5) Hasta que no se establezcan plenamente los órganos forales, el Consejo General Vasco u organismo foral competente ostentará la iniciativa y capacidad necesarias para llevar a cabo la negociación con el Gobierno de la Corona, constitutiva de su régimen, funcionamiento y traspaso de facultades, cuyo resultado se someterá a refrendo popular.»

En la justificación de su enmienda, el grupo parlamentario vasco resumía el proceso de abolición de los fueros, en el siglo XIX, y comentaba: «Hasta la Diputación liberal de Vizcaya se vio obligada en 1837 a proclamar que "no reside en las Cortes y en poder alguno del Estado la facultad de destruir ni modificar las instituciones fundamentales de este país sin el asentimiento de su Junta General legítimamente convocada". De resulta de este atropello —prosigue la justificación de la enmienda— nació lo que después se ha dado en llamar *problema vasco,* que ni la violencia coactiva ni las argucias políticas han resuelto ni aún llevan camino de resolver.»

Según exponían los parlamentarios del PNV, «a los vascos se les privó de sus instituciones y poder político originarios, se les cegaron sus fuentes legislativas sin permitírseles su adecuación a los nuevos tiempos y se les impusieron nuevos marcos políticos sin contar con su voluntad.» Cuando la Real Orden de 6 de abril de 1876 —añadían— «expresa la necesidad de que *se corone inmediata y definitivamente la grande obra de la unidad nacional,* dejó sentado ante la Historia el reconocimiento de que importa más un concepto de *unidad jurídica* de nuevo y extraño cuño que la *unión* de voluntades».

«Hoy, en esta nueva ocasión constitucional de 1978 —terminaban— los Diputados del Congreso de la Minoría Vasca nos vemos en el deber, siguiendo este imperativo histórico y el mandato recibido el 15 de junio, de exigir una vez más la devolución de los poderes e instituciones forales.»

Resulta casi innecesario describir la irritación que esta enmienda causó en los grupos mayoritarios. Tanto para UCD como para el PSOE resultaba inaceptable el reconocimiento de *poderes jurídicos originarios* y, especialmente a los socialistas, la renovación de ningún *pacto* con la Corona. Para UCD, por su parte, no podía ni plantearse el caso de unos territorios que, cara a cara, negociaran con el Gobierno de turno su régimen de autogobierno o el traspaso de competencias. Especial irritación provocó el párrafo de la justificación en el que se venía a afirmar que ningún poder del Estado —ni las Cortes— está legitimado para *destruir o modificar* las instituciones vascas fundamentales.

En medio de esta fría acogida, la Minoría Vasca permaneció al margen de las nuevas reuniones de la ponencia, que se negó a recoger su propuesta en el segundo borrador de Constitución, hecho público el 17 de abril de 1978. Los diputados del PNV se mantuvieron en el más absoluto aislamiento, sin que ellos mismos hicieran nada por romperlo, hasta el extremo de que no celebraron ninguna entrevista con los responsables de UCD —Landelino Lavilla y Miguel Herrero— para exponerles sus tesis, y que, incluso, los contactos con Miquel Roca tuvieron un carácter estrictamente informativo y muy esporádico.

LA DERECHA Y LA IZQUIERDA, CONTRA EL PACTO FORAL

El inicio de los trabajos en la Comisión Constitucional del Congreso, en la que el PNV tenía un representante, no significó ningún cambio en la situación que acabamos de describir. Xabier Arzallus, en las primeras sesiones de trabajo, y a propósito de los artículos relativos a la Monarquía y las nacionalidades, expuso su concepción del pacto foral, rebatida desde la derecha y desde la izquierda. Manuel Fraga, que había atacado el término *nacionalidades,* afirmó que históricamente el pacto foral no fue idílico e, indirectamente, recordó a Arzallus su condición de ex jesuita: «El señor Arzallus debe saber cómo los jesuitas fueron expulsados de los cantones suizos.» Peces-Barba, por su parte, señaló que el concepto final sobre el que se basaban las autonomías no podía ser un pacto entre el pueblo y la Corona, desconociendo al Parlamento. El portavoz del PNV contestó a ambos: «Al señor Peces-Barba le digo que el pacto con la Corona no quiere decir negociación con el Rey personalmente, sino que la Corona representa toda una estructura del Estado. Al señor Fraga le señalo que si la época foral no fue idílica, la tradición foral es sagrada. En cuanto a la expulsión de los jesuitas de los cantones suizos, lo cierto es que los países confederales como la Confederación Helvética guardan una unidad. Por lo demás, algunos hemos sido jesuitas, pero otros lo son sin haberlo sido.»

El apartamiento de Landelino Lavilla y Miguel Herrero R. de Miñón como diseñadores de la línea constitucional de UCD, fue acogido con indiferencia por el Partido Nacionalista Vasco, pero no así el inicio de las negociaciones interpartidistas. Como ya hemos relatado, el PNV se retiró momentáneamente de la Comisión al tener noticia de la cena UCD-PSOE en el restaurante José Luis y protestó por el hecho de no haber sido informado, al igual que la Minoría Catalana. Sin embargo, los responsables del Partido Nacionalista Vasco contemplaron con esperanza la apertura de una ventana a la negociación y mostraron deseos de incorporarse rápidamente a las nuevas reuniones secretas.

Su incorporación a la mesa de negociaciones se produjo cuando los demás partidos —excepción hecha de Alianza Popular— ya habían celebrado una sesión de trabajo en el despacho de Peces-Barba. Xabier Arzallus y Marcos Vizcaya acudieron el 6 de junio de 1978 al despacho del ponente socialista por primera vez. «La actitud de los diputados vascos —relató un negociador de UCD— fue extremadamente suave. Plantearon inicialmente pequeñas reivindicaciones, que podíamos asumir, en relación con el Título VIII y sólo esbozaron el tema de la reivindicación foral, que presentaron rodeado de un nimbo sentimental y simbólico. Sin embargo, y después de una llamada a Carlos Garaikoetxea, su postura se endureció algo, aunque aún se movieron en un plano moderado. Arzallus anunció que se iba a celebrar una reunión del Euskadi Buru Batzar (EBB) a fin de tratar la cuestión y que ellos defenderían la necesidad de negociar realistamente.»

«No nos portamos ni moderada ni radicalmente —señala por el contrario un negociador vasco—. Estábamos satisfechos con la incorporación de la palabra *nacionalidades* porque, como dice el informe del EBB a las asambleas municipales del partido, no cabe duda de que significa una aceptación de la realidad plurinacional del Estado, a pesar de las diferenciaciones que en el transcurso de los debates se quisieron hacer entre los términos *nación y nacionalidad.* En aquella reunión propusimos que se estudiara nuestra enmienda foral antes de pasar al examen del Título VIII, pero no fuimos oídos.»

El PNV estuvo también representado en la reunión que celebró en el despacho de Meilán la miniponencia encargada de reordenar el Título de las autonomías. No se trataba de una reunión de carácter político, sino meramente técnico y aun así no sirvió de mucho porque la reordenación de los artículos no fue, después, del agrado de los máximos responsables de UCD y del PSOE y siguieron trabajando sobre el texto del 17 de abril de 1978.

En la reunión del día 9 de junio de 1978, nuevamente en el despacho de Peces-Barba, los negociadores del PNV se mostraron *cautos.* Su partido había solicitado varios informes a conocidos foralistas y estaba a la espera de ellos.

Dado que los debates públicos en la Comisión Constitucional del Congreso se acercaban a su término, los partidos implicados en el pacto decidieron, en la reunión celebrada en el despacho de Óscar Alzaga, redactar una disposición adicional en la que, de alguna forma, quedara recogida la reivindicación foral vasca. De mutuo acuerdo, se llegó al siguiente texto, que fue el que finalmente figuró en el proyecto de Constitución sometido a referéndum: «La Constitución ampara y respeta los derechos históricos de los territorios forales. La actualización de dicho régimen foral se llevará a cabo, en su caso, en el marco de la Constitución y de los Estatutos de Autonomía.» Xabier Arzallus anunció que mantendría ante la Comisión su propia enmienda, si bien, una vez derrotada, votaría a favor de la que presentaban, unánimente, los demás grupos.

Al día siguiente, Óscar Alzaga informó a Manuel Fraga del acuerdo adoptado y le solicitó que firmara la enmienda conjunta de UCD-Socialistas-PCE y Minoría Catalana. El líder de AP contestó: «Con mucho gusto. La firmaré con mi segundo apellido, Iribarne, que, como usted sabe, es vasco.»

En la Comisión, el portavoz del PNV defendió su propia enmienda: «Sabemos que el tema de los derechos forales no es exclusivo de los cuatro territorios vascos, pero nuestra obligación es defenderlos en relación con ellos. Se juzga con ligereza el eco vivo que tiene en nuestro territorio hoy la palabra *fuero*. No es un recuerdo histórico, sino instituciones vivas, creadas a lo largo de los siglos, y supone una alta realización de cultura.» Sólo obtuvo dos votos a favor, el suyo propio y el de la Minoría Catalana.

La enmienda *transaccional* fue presentada por el diputado vasco de UCD Juan Echevarría: «Me cabe el honor de presentar una enmienda *in voce* apoyada por la mayoría de los grupos parlamentarios, que creemos va a contribuir a la solución de un problema que lo es a nivel de Estado. Vamos entre todos a buscar solución a un problema nacido hace 140 años y agravado enojosamente hace 40. Con clara conciencia y visión de Estado, vamos a abandonar prejuicios y ambigüedades. El problema vasco es el problema español, porque los conceptos *vasco* y *español* no están contrapuestos. En 1937 se calificó a Vizcaya y a Guipúzcoa de *provincias traidoras*. Estas Cortes Constituyentes han querido ser reflejo de la disposición del pueblo español y han dictado amnistía, pero hay que amnistiar a los pueblos, no sólo a las personas. No caigamos en la constitucionalización del mayor error polftico del régimen anterior.»

Uno tras otro, los restantes portavoces reseñaron la importancia histórica del momento; la enmienda fue aprobada por unanimidad, en medio de una fuerte ovación y felicitaciones mutuas. Pero de nuevo se oyó la voz de Arzallus: «He votado favorablemente, pero quiero hacer algunas matizaciones. No basta que se reconozcan los derechos históricos, sino que hace falta que se cumplimenten cabalmente. Entiendo que la enmienda aprobada no lo hace.»

Las campanas se habían echado al vuelo precipitadamente: la reivindicación foral vasca no había quedado resuelta, como tampoco otra de las solicitudes fundamentales del PNV: el reconocimiento de la especificidad del caso vasco. «Querían resolver el tema con el mínimo coste autonomista y quitándole especificidad al caso vasco. Querían equiparar nuestra exigencia de autonomía, con las posibles ansias de Extremadura, por ejemplo», afirmó, casi un año después, un diputado peneuvista.

La aprobación de la enmienda pactada no constituyó ningún bálsamo para la irritada situación. Por el contrario, significó el inicio de una etapa crispada de negociación que se prolongó, tal vez innecesariamente, a consecuencia de la división de opiniones que nació en el seno de UCD respecto a sus relaciones con el PNV. En el partido nacionalista, por su parte, significó también la victoria de quienes defendían planteamientos más radicales sobre quienes proponían moderación.

Los días inmediatos a aquella sesión fueron escenario de una intensa actividad en el seno del PNV. El Euskadi Buru Batzar analizó el desarrollo de los acontecimientos y se mostró *profundamente insatisfecho*. Arzallus, en mítines y declaraciones públicas, arremetió contra la disposición aprobada con su propio voto a favor y toda la estrategia del PNV se volcó hacia una ofensiva contra este texto. «Arzallus volvió a Madrid como un elefante y replanteó de arriba a abajo todo el tema —juzgó un destacado negociador centrista—. La disposición adicional, afirmó el diputado vasco, debe examinarse de nuevo y considerarse en relación con todo el Título VIII.» El pleno de la Cámara giró completamente en torno a esta cuestión. Fueron diez días de éxitos cantados, fracasos rotundos y esperanzas frustradas, en medio de una enorme confusión. El PNV tenía claro qué es lo que quería: reconocimiento de las Instituciones tradicionales vascas y de los conciertos económicos y el «entronque entre la soberanía originaria del pueblo vasco y la Constitución», según palabras de uno de sus portavoces. Así se lo expusieron tanto al presidente Adolfo Suárez, con quien mantuvieron, a lo largo de todo el proceso negociador, dos entrevistas, como al Rey, a quien hicieron entrega de un documento circunstanciado sobre su postura y el papel que, a su juicio, podía jugar la Corona como fórmula integradora del pueblo vasco. Parecidos términos se contenían en otro documento que los senadores Unzueta y Zabala llevaron personalmente al Conde de Barcelona, en Estoril (Portugal). «Tanto el Rey como don Juan —señalaron fuentes próximas— comprendieron la idea, aunque no se pronunciaron sobre ella».

Pero si en el PNV había triunfado la línea de Garaikoetxea, y todos sus parlamentarios se dispusieron a defenderla, con mayor o menor entusiasmo personal, en UCD apareció la indecisión y la duda. Óscar Alzaga y Gabriel Cisneros capitanearon la columna de quienes se negaban a modificar una sola palabra de la disposición adicional ya aprobada por la Comisión, aunque ello significara que el PNV terminara rechazando la Constitución; Herrero R. de Miñón, Echevarría y Echanove, estos últimos diputados vascos, deseaban prolongar la negociación y dejar una *puerta de salida* al PNV, aun a costa de una cierta ambigüedad en el texto. Fernando Abril y José Pedro Pérez Llorca permanecieron dubitativos casi hasta el final. El problema se enconó además, dentro de UCD, por la actitud adoptada por los parlamentarios navarros que presionaron para que su provincia permaneciera lo más posible al margen del País Vasco y para atornillar al máximo los privilegios tributarios de que disfrutaban. Especialmente activo fue el senador Jaime Ignacio del Burgo, «cuyo nefasto protagonismo», según el PNV, y su «afán de hacer incompatibles las libertades forales navarras y las de los otros territorios vascos, nos causó un enorme daño». Los parlamentarios navarros de UCD llegaron a acudir directamente a la Moncloa para exponer a Suárez su particular criterio. «Nosotros nos enteramos de esa visita porque nos la contó el presidente», recuerda uno de los negociadores del partido gubernamental.

Decisiva fue también en la evolución del caso vasco la actitud de Jesús Viana, cabeza visible de UCD en el País Vasco, quien se alineó en el sector intransigente.

La difícil marcha de los contactos UCD-PNV, apoyada por el sector *pro vasquista* del partido gubernamental, fue seguida, de forma muy directa, por los socialistas, la Minoría Catalana y el PCE, dispuestos todos ellos a mediar y encontrar soluciones a mitad de camino. Durante esta etapa, los socialistas y especialmente Alfonso Guerra, Txiki Benegas y Gregorio Peces-Barba, fueron los intermediarios más asiduos. El propio Felipe González participó en un almuerzo de trabajo PNV-PSOE en el que cada uno expuso sus puntos de vista. Los socialistas se reafirmaron en su voluntad de encontrar una fórmula *transaccional* que salvaguardara su concepción del Estado —una sola soberanía, la del pueblo español en su conjunto, y un solo sistema tributario para todo el país—, pero dejara abierta la posibilidad de reconocer las instituciones tradicionales vascas y una más efectiva actualización de los Fueros.

La redacción a la que había llegado la Comisión Constitucional del Congreso, a juicio del foralista José Miguel de Azaola, era muy defectuosa. En un artículo publicado en *El País* el 12 de julio de 1978, Azaola escribía: «La disposición, tal y como está redactada, ampara lo mismo el fuero navarro, hoy vigente, que el de Aragón, derogado hace dos siglos y medio, o que otros que dejaron de regir hace más tiempo... Si se ha querido hacer una disposición tan general para evitar la sensación de privilegio que causaría la mención exclusiva de los territorios vascos, ¿por qué hay otra disposición consagrada únicamente a Navarra y otra a Ceuta y Melilla? Un problema peculiar requiere una solución también peculiar y nadie tiene por qué escandalizarse de ello.» Según Azaola, la segunda frase de la disposición le quitaba todo contenido real al reconocimiento general de los regímenes forales: «Esta segunda frase dispone [...] la actualización general del régimen foral *en el marco de la Constitución y de los estatutos de autonomía.* Esto, sencillamente, nos devuelve al articulado de la Constitución, ya que no añade a él nada nuevo. Si suprimiéramos, pues, la segunda frase, las cosas quedarían lo mismo. Tanto más cuanto que la disposición ni siquiera obliga a hacer la actualización: se limita a decir en qué marco habrá ésta de efectuarse "en su caso"; es decir, si se hace. Y si no se hace, pues... aquí no ha pasado nada.»

Esgrimiendo estos mismos argumentos, los diputados del PNV exigieron que se suprimiera la remisión al «marco general de la Constitución», a lo que se negó UCD. El jueves 13 de julio de 1978, se celebró en la sede de presidencia del Gobierno, Castellana 3, un almuerzo al que asistieron Fernando Abril, José Pedro Pérez Llorca, Óscar Alzaga, Gabriel Cisneros y Miguel Herrero R. de Miñón, por parte de UCD, y Xabier Arzallus, Pedro Sodupe, José Ángel Cuerda y Miguel Unzueta, por parte del PNV. Los parlamentarios vascos, que habían estudiado el día anterior con los socialistas las posibles opciones, plantearon la modificación de la disposición adicional junto con la de otros artículos del proyecto de Constitución. Deseaban que se consideraran transferibles ocho materias reservadas exclusivamente al Estado, y que se derogara el decreto que abolió los Fueros de 1839 y sus disposiciones adicionales, así como la Ley de 1876. UCD sólo aceptaba que se derogaran «en tanto y cuánto pudieran conservar alguna vigencia» ya que, según defendió Alzaga, la fórmula vasca suponía la vigencia de la legislación anterior a ambas leyes obligatorias, mientras que la de UCD, no. Alzaga y Cisneros se oponían también a que, de acuerdo con las pretensiones del PNV, se dijera que la Constitución *reconoce y garantiza* los derechos históricos de los territorios forales, en lugar de *«ampara y respeta»* como figura en el texto aprobado ya que, a su juicio, la palabra *reconoce* suponía la aceptación de un derecho anterior.

El portavoz del PNV, Arzallus, calificó la entrevista de «nada positiva», pero veinticuatro horas más tarde se mostró más optimista. Aquella misma noche se celebró una nueva reunión, esta vez en unas oficinas cedidas por Blas Camacho y con la presencia del PSOE. La reunión duró hasta las seis de la madrugada. En UCD presionaron los partidarios de un acuerdo con los nacionalistas vascos y se estudiaron algunas fórmulas transaccionales que incluían la posibilidad de que «el Estado transfiriera o delegara en las Comunidades autónomas, mediante ley orgánica, facultades correspondientes a materias de titularidad estatal que, por su propia naturaleza, sean susceptibles de transferencia o delegación» (artículo 150). Con muchas precauciones *—posibilidad, ley orgánica,* materias que *por su propia naturaleza...—* se ampliaba el margen de competencias asumibles por las comunidades, tal y como deseaba el PNV. Quedaba pendiente, sin embargo, la redacción concreta de la disposición adicional en la que se reconocían los regímenes forales. La esperanza de llegar a un acuerdo se mantuvo, durante algunos días, en medio de febriles negociaciones en las que los socialistas desempeñaron un papel importante.

El viernes 14 de julio de 1978, los negociadores de los tres partidos políticos implicados se reunieron en el despacho de José Pedro

Pérez Llorca. No asistió en esta ocasión Fernando Abril, requerido por otras cuestiones de su departamento. Se barajaron varias fórmular transaccionales para la disposición adicional. Una de ellas, sugerida por Peces-Barba, contó con la aprobación inicial de UCD y PNV: se suprimía la mención al «marco de la Constitución», pero se añadiría que la actualización de los Fueros se llevaría a cabo a través de los estatutos de autonomía *para su incorporación al ordenamiento jurídico.*

Pérez Llorca, reflejando el pensamiento de Abril, introdujo un nuevo elemento en la negociación al exigir, como punto de partida para la confirmación del acuerdo, que el PNV votara en contra de la enmienda del diputado *abertzale* Francisco Letamendía sobre el derecho de autodeterminación de los distintos pueblos de España, así como que remediara en el primer trámite formal en que fuera posible, su anterior voto de abstención en el artículo segundo del proyecto de Constitución relativo a la unión de España. Pese a que se rumoreó en los pasillos del Congreso que el PNV se había negado a aceptar la primera exigencia, lo cierto es que los nacionalistas vascos la aceptaron plenamente, como lo demuestra el que votaran en contra de su paisano Letamendía cuando llegó el momento. Un diputado centrista explicó que, pese a la aceptación formal del PNV, no disminuyeron los recelos en su partido sobre la actitud *de fondo* de los peneuvistas, ya que éstos habían afirmado en alguna ocasión que el derecho de autodeterminación de los pueblos era anterior a las constituciones y no tenía por qué recogerse necesariamente en éstas.

La reunión se levantó en un ambiente de moderado optimismo. Los representantes vascos se trasladaron inmediatamente a Bilbao para exponer el acuerdo a que habían llegado y lo hicieron «muy contentos», según palabras de Marcos Vizcaya. El lunes 17 de julio de 1978 se celebró una reunión del Euskadi Buru Batzar para debatir este acuerdo y, aunque se plantearon posturas contrarias al mismo, el máximo órgano del PNV decidió respaldar a sus negociadores.

Aquel mismo día, los parlamentarios vascos Arzallus, Sodupe, Cuerda, Vidarte y Unzueta se reunieron, de nuevo en el despacho de Pérez Llorca, con Herrero R. de Miñón, Cisneros, Viana y el propio Pérez Llorca, así como con Peces-Barba y Txiki Benegas. Los socialistas acudieron acompañados por un militante de su partido, Francisco Fernández Marugán, técnico en temas fiscales y un alto cargo del Ministerio de Hacienda. Los nacionalistas vascos comunicaron que Juan Ajuriaguerra, máxima figura política de su partido, deseoso de ayudar a que se disiparan las dudas de UCD sobre la aceptación por parte del PNV del texto íntegro de la Constitución, estaba dispuesto a remitir una carta al presidente de las Cortes en la que valoraría muy positivamente la Constitución. La carta podía hacerse pública cuando se considerara oportuno. Ajuriaguerra, como ya se ha dicho, se encontraba enfermo y no podía participar directamente en las negociaciones. Se acordó que la carta autógrafa del *León de Euskadi* sería publicada en cuanto el Congreso ratificara el acuerdo y en un acto en el que, a fin de darle la máxima solemnidad, estarían presentes todos los líderes políticos.

Sin embargo, todos los proyectos se derrumbaron estrepitosamente cuando se incorporó a la reunión Fernando Abril. El vicepresidente del Gobierno y el propio presidente Suárez se acercaban cada día más a las tesis del sector intransigente, al igual que el portavoz del grupo parlamentario, Pérez Llorca. Abril rechazó la fórmula socialista (fórmula que, a través de Herrero R. de Miñón, se había considerado aceptable por el ministro de Justicia, Landelino Lavilla) y anunció que no podría existir ningún acuerdo si el PNV no hacía manifestación pública y tajante sobre su plena aceptación de la unidad de España y la existencia de una única soberanía. El Gobierno y UCD temían que el texto de la disposición adicional permitiera, pasados unos días, dobles interpretaciones por parte de los nacionalistas vascos. «No basta que el PNV diga en Madrid que acepta la Constitución y la unidad de España —dijo un destacado diputado centrista—. Es imprescindible que cuando sus parlamentarios vuelvan a Bilbao o a San Sebastián no puedan ofrecer otra interpretación del texto aprobado que la acordada aquí.»

Los parlamentarios del PNV abandonaron la reunión convencidos de que la negociación había quedado definitivamente rota por causas que ellos desconocían y en los pasillos del Congreso se extendió la creencia de que sería imposible llegar a un acuerdo. Se comentó que el presidente Suárez había mantenido varias conversaciones telefónicas con el Rey a fin de explicarle la situación y se rumoreó que altos cargos militares habían expresado sus deseos de ser informados sobre la actitud de UCD ante la reivindicación foral vasca. Se creyó ver una confirmación de estos rumores en las visitas que altos cargos militares habían realizado en aquellas fechas al palacio de la Zarzuela y al de la Moncloa. El PNV se esforzó en desmentir estas preocupaciones y señaló que varias personalidades de su partido habían hecho llegar su visión del tema a instancias castrenses sin que hubieran recogido ninguna impresión desfavorable. No pudo confirmarse que determinados mandos militares solicitaran información ni que el PNV mantuviera contactos satisfactorios con ellos. Aunque un alto dirigente de UCD llegó a afirmar que habían existido *llamadas a la responsabilidad* por parte de sectores ajenos a la vida parlamentaria, el partido gubernamental y los partidos de la oposición —especialmente socialistas y comunistas— negaron reiteradamente este extremo.

El *climax* en las negociaciones PNV-Gobierno se alcanzó el miércoles 19 de julio de 1978. Los negociadores del PNV se reunieron en una sala del palacio del Congreso, mientras que los de UCD, presididos por Fernando Abril, lo hicieron en otra, en un intento desesperado de llegar a un acuerdo ya que, al día siguiente, el pleno de la Cámara habría de votar la disposición adicional sobre los Fueros. Los socialistas, especialmente Alfonso Guerra, Txiki Benegas y Peces-Barba, actuaron de intermediarios, trasladando de una sala a otra papeles, propuestas y contrapropuestas. UCD partió de un planteamiento muy estricto: podemos volver a considerar lo relativo al Título VIII, pero no la disposición adicional. Aceptó, sin embargo, escribir en un papel cuatro fórmulas para dicha disposición que considerarían aceptables. La cuartilla fue trasladada a los parlamentarios del PNV por Alfonso Guerra y tras cuarenta y cinco minutos de tensa discusión interna, los peneuvistas —que consultaron a su vez con Elías Galdós— aceptaron la primera de ellas: la reintegración foral se efectuaría *según* lo dispuesto en el artículo 140 de la propia Constitución. Todo parecía, al fin, solucionado. Alfonso Guerra, a petición de los diputados vascos, algo escarmentados, decían, por las continuas contradicciones de UCD, firmó la cuartilla y la llevó inmediatamente a Fernando Abril. En UCD, sin embargo, la repentina respuesta de los nacionalistas sentó muy mal. El partido gubernamental había decidido ya no modificar la disposición adicional y sus cuatro propuestas habían sido presentadas como una mera maniobra ante la opinión pública. El vicepresidente se trasladó a un salón inmediato para telefonear —es de suponer que a la Moncloa— y regresó a los cinco minutos con expresión seria: «Señores, no existe acuerdo si el PNV no acepta la expresión *en el marco de la Constitución.*»

Los diputados del Partido Nacionalista Vasco reaccionaron con indignación y abandonaron el palacio de la carrera de San Jerónimo. Pérez Llorca en una rueda de prensa convocada a los pocos minutos, dijo, ante cerca de medio centenar de periodistas, que los nacionalistas vascos se negaban a aceptar la fórmula según la cual la reintegración foral se realizaría «en el marco de la Constitución», y acusó al PNV de modificar en el último momento propuestas centristas.

La actitud real de Unión de Centro Democrático quedó al descubierto al día siguiente ante el pleno de la Cámara. El pleno se inició en medio de una fuerte tensión y todos los parlamentarios daban ya como segura la ruptura entre ambos partidos. Por eso sorprendió la intervención del diputado Íñigo Aguirre, quien, a propósito de una enmienda sobre autonomía educativa, afirmó: «Tenemos la intención de seguir presentes aquí. Los vascos somos consecuentes y mientras existan posibilidades de llegar a fórmulas aceptables para nuestro pueblo seguiremos en la brecha.» Todos los ojos se volvieron hacia el portavoz del grupo, Xabier Arzallus, quién subió a la tribuna para explicar que su partido acababa de presentar una enmienda *in voce,* que la mesa de la Cámara, con el voto en contra de los socialistas, había decidido no aceptar por defecto procedimental. «La enmienda, señores —dijo Arzallus—, es idéntica a la propuesta que nos hizo el Gobierno a última hora de ayer. Aceptamos que se hable del *marco de la Constitución.*»

La operación del PNV fue perfecta y en las filas de UCD cundió el desánimo y la consternación: una vez más, el partido gubernamental, ahora en público tuvo que retractarse y sus responsables anunciaron que retiraban la oferta efectuada dieciocho horas antes. Al fin, los centristas reconocieron la realidad: no estaban dispuestos a que se modificara una sola palabra del texto aprobado en la Comisión. Fernando Abril y Rafael Arias Salgado asumieron la responsabilidad: «Preferimos que se interprete que hemos roto un compromiso antes que dar vía libre a una fórmula ambigua.» Los responsables de UCD aceptaron, en términos generales, que su partido había enfocado erróneamente la negociación porque se sentó a la mesa sin exigir previamente un acuerdo *inequívoco* sobre los puntos de partida.

La enmienda del PNV fue, finalmente, sometida a votación, después de varias horas de negociaciones internas en UCD con la intervención de dos ministros, Francisco Fernández Ordóñez y Joaquín Garrigues Walker, que expresaron su temor de que el grupo vasco se sintiera *contra las cuerdas* si, alegando razones puramente técnicas, se le impedía, incluso, hablar en la tribuna del hemiciclo. Al mismo tiempo, y como muestra de buena voluntad, se aceptó incluir una disposición derogatoria de las leyes de 1839 y 1876, «en tanto y cuanto pudieran conservar alguna vigencia» y en lo que afectaran a las provincias de Álava, Guipúzcoa y Vizcaya, es decir, dejando claramente al margen a Navarra, según exigían los diputados centristas de aquella provincia, la única con régimen foral vigente.

Como estaba previsto, los ocho diputados del PNV se ausentaron del hemiciclo cuando el pleno del Congreso votó globalmente el texto constitucional. «Nuestro partido no ha decidido aún qué actitud tomar —señalaron los portavoces peneuvistas— y nosotros no podemos prejuzgar nada, ni tan siquiera podemos abstenernos formalmente.»

EL SENADO TAMBIÉN FRACASÓ

Si en el Congreso las conversaciones fueron protagonizadas por PNV y UCD, y los socialistas sirvieron de mediadores, en el Senado la situación se planteó de muy distinto modo y fueron el PSOE y el PNV los auténticos negociadores. Pero tampoco los socialistas supieron poner la guinda a la Constitución y fracasaron en su planteamiento de la reivindicación foral vasca. Casi se podría afirmar que el tema vasco contribuyó en las primeras sesiones plenarias de esta Cámara a reforzar el consenso final UCD-PSOE, y a poner de manifiesto una coincidencia de fondo en el enfoque de la estructura del Estado. Y si en el Congreso fue UCD el partido que se retractó en el último momento, en la Cámara Alta el PSOE desempeñó un papel muy similar, aunque por motivos diferentes, como ahora se verá.

El debate del Título VIII en la Comisión Constitucional del Senado dio origen a un duro enfrentamiento entre los dos partidos mayoritarios. El 13 de septiembre de 1978, UCD hizo prosperar varias enmiendas que suponían un serio recorte del modelo autonómico pactado en la Cámara Baja.

Los socialistas, irritados y tal vez como *castigo* para el grupo centrista, votaron al día siguiente a favor de la enmienda de los senadores vascos por la que se modificaba, muy favorablemente para las tesis peneuvistas, la ya famosa disposición adicional. Su asombro no tuvo límite, sin embargo, cuando comprobaron que la enmienda prosperaba, al contar también con el apoyo de tres senadores por designación real: Carlos Ollero, Luis Sánchez Agesta y Antonio Pedrol. Un tema que parecía definitivamente *cerrado* saltó nuevamente a la palestra por este procedimiento tan insólito.

La sesión del 14 de septiembre, en la Comisión Constitucional del Senado, pasará a los anales de la historia parlamentaria de nuestro país como un ejemplo de la incoherencia de algunos grupos: la enmienda aprobada suponía, incluso, mayores ventajas desde el punto de vista del PNV que la rechazada en el Congreso. Decía así: «La Constitución *reconoce y garantiza* los derechos históricos de los territorios forales, cuya reintegración y actualización se llevará a cabo entre las *instituciones representativas de dichos territorios y el Gobierno*. A este efecto, se derogan, *en cuanto pudiera suponer abolición de los derechos históricos,* las leyes de 25 de octubre de 1839 y 21 de julio de 1876 y demas disposiciones abolitorias. El estatuto de autonomía que se elabore para la incorporación de los derechos históricos al ordenamiento jurídico será sometido a referéndum de los territorios afectados y al voto de ratificación de las Cortes Generales y, caso de ser ulteriormente aprobado, será promulgado como ley. En ningún caso podrá ser lesionada la foralidad actualmente vigente de Álava y de Navarra. Su modificación se acomodará a este mismo procedimiento.»

Este texto fue propuesto por el senador vasco Miguel Unzueta como enmienda *in voce,* una vez derrotada, por once votos en contra, diez a favor y tres abstenciones la inicial del grupo, idéntica a la presentada en el Congreso. Sometida a votación la enmienda *in voce* sólo UCD (doce senadores) votó en contra. Socialistas, Senadores Vascos, Entesa dels Catalans, Progresistas y Socialistas Independientes, Grupo Independiente, Agrupación Independiente y Grupo Mixto, con un total de trece miembros, se pronunciaron a favor. La votación tuvo que repetirse debido a un equívoco involuntario protagonizado por el presidente de la Comisión, el socialista José Federico de Carvajal, pero siguió arrojando el mismo balance.

Las mutuas felicitaciones que, al término de la sesión, se prodigaron los senadores que habían apoyado al PNV, ocultaban una realidad muy distinta: los socialistas comprendieron en ese mismo instante que su impetuosidad les había jugado una mala pasada y que habían dado por supuesto que los senadores por designación real votarían en contra o se abstendrían, sin tomar la mínima precaución de asegurarse previamente de ello. El diputado Gregorio Peces-Barba, que siguió con inquietud los resultados de la votación, se apresuró a señalar que si el PSOE había votado a favor de la enmienda peneuvista había sido sólo para forzar a UCD a abrir una nueva negociación y no porque estuviera de acuerdo con su contenido. Sin embargo, los que se vieron envueltos en la madeja de conversaciones y entrevistas fueron los socialistas, ya que, inteligentemente, el grupo gubernamental se mantuvo, en todo lo posible, al margen. «UCD expresó su opinión contraria —alegaron— y el responsable de la situación es el PSOE. A él solo le corresponde aclararla.»

Al iniciarse los debates en el pleno de la Cámara Alta se pusieron inmediatamente de manifiesto las tensiones entre los socialistas y el PNV, mientras que se reforzaba el consenso UCD-PSOE. Los nacionalistas vascos, en mítines y reuniones, acusaron a los socialistas de enrarecer las relaciones entre ambos partidos deliberadamente y de mantener una actitud incoherente. En una concentración celebrada en Vitoria, Xabier Arzallus pronunció palabras muy duras: «Desconfiamos plenamente de Madrid porque llevamos más de un siglo bajo su bota. Aquel que quiera guardar sus intereses, ahí tiene a UCD, y aquel que toma sus derechos particulares, dejando de lado el espíritu de su pueblo, ahí tiene a los otros partidos.» El PSOE se dio por aludido y respondió también con gran rudeza. Enrique Múgica declaró: «La arrogancia que pretende convertir al PNV en la expresión de Euskadi sólo puede encubrir la debilidad de quienes el 15 de junio de 1977 obtuvieron menos apoyo popular que nosotros.»

Formalmente, los socialistas propusieron al PNV presentar ante el pleno del Senado una nueva enmienda a la disposición adicional, pero todos sus textos fueron rechazados por los nacionalistas vascos ya que, según Carlos Garaikoetxea, tenían los mismos defectos que los que ofreció UCD en el Congreso. Por su parte, UCD, que resistió tenazmente la invitación del PSOE a sumarse a las negociaciones, se limitó a reafirmarse en su opinión inicial: no consentiría que los derechos históricos vascos se negociaran fuera de la Constitución. A finales de septiembre, Fernando Abril se reunió en Castellana 3, con el secretario general de su partido, Rafael Arias Salgado, y con representaciones de los comités de UCD en las tres provincias vascas, así como con el senador navarro Jaime Ignacio del Burgo, y los portavoces parlamentarios en el Congreso y en el Senado, Pérez Llorca y Jiménez Blanco, respectivamente. Arias Salgado, que se había entrevistado previamente con el presidente Suárez para exponerle el contenido de las nuevas negociaciones, hizo público el acuerdo final de su partido: «La Constitución puede albergar en su seno el reconocimiento de los derechos históricos de los pueblos que integran España, concretamente de los vascos; la concreción y actualización de esos derechos puede tomar la forma tradicional de un estatuto de autonomía; el estatuto puede ser inicialmente negociado entre el Gobierno y las instituciones representativas del País Vasco, pero todo ello, indefectiblemente, no debe salir de la Constitución.»

La postura del partido gubernamental no había cambiado, pues, un ápice y se vislumbraba ya su rotunda oposición a que el pleno de la Cámara Alta modificara el texto de la disposición adicional. UCD comunicó a los socialistas que se negaba a participar directamente en las conversaciones con el PNV y que sólo intervendría de forma interpuesta.

El lunes 2 de octubre, Alfonso Guerra, Gregorio Peces-Barba y Francisco Ramos se reunieron en una cena de trabajo con Fernando Abril, José Pedro Pérez Llorca y Antonio Jiménez Blanco. Por su parte, el presidente del PNV, acompañado por Elías Galdós, Marcos Vizcaya y Pedro Sodupe, se entrevistó con el secretario general del PCE, Santiago Carrillo, acompañado, a su vez, por Roberto Lerchundi, el secretario general del partido comunista de Euskadi, y Jordi Solé Tura. «Personalmente —afirmó Marcos Vizcaya— le estamos agradecidos a los comunistas por la actitud comprensiva que adoptaron. Solé Tura fue siempre un gran apoyo, aunque, claro, tuvo que seguir la estrategia general de su partido.»

Ninguna de las dos reuniones ofreció un resultado positivo, como tampoco la que se celebró a continuación en la oficina del grupo parlamentario socialista con asistencia por parte del PSOE de Txiki Benegas, Gregorio Peces-Barba, Alberto Maturana, Ramón Sáinz de Varanda, Gabriel Urralburu y Luis Alberto Aguiriano, y por parte del PNV de Carlos Garaikoetxea, Elías Galdós, Marcos Vizcaya y Pedro Sodupe.

El último intento fuera del palacio del Senado —según los socialistas— tuvo lugar el miércoles 4 de octubre y fue protagonizado, con gran irritación del PSOE, que no fue convocado, por Fernando Abril y Carlos Garaikoetxea. La entrevista fue mantenida en el más absoluto secreto, y tanto Garaikoetxea como Abril la desmintieron.

Fernando Abril fue también el protagonista de una serie de incidentes en los pasillos del Senado, cuando el Pleno de la Cámara inició el debate de la disposición adicional. El vicepresidente del Gobierno rechazó, en medio de un ambiente de gran tensión y de idas y venidas de los intermediarios, todas y cada una de las propuestas transaccionales que llegaron a su escaño y se mantuvo inflexible: había que volver al texto aprobado por el Congreso.

Abril discutió públicamente, y a grandes voces, con los senadores por designación real Luis Olarra y Juan Ignacio Uría, partidarios de que UCD aceptara una última propuesta elaborada por Alfonso Osorio. Uría llego a espetar al vicepresidente del Gobierno: «Tú serás el único responsable», a lo que Abril respondió con visible irritación: «¡Ya está bien!» No menos tumultuosa fue su conversación con el portavoz de Progresistas y Socialistas Independientes, Manuel Villar Arregui, que finalizó cuando Fernando Abril dio un sonoro puñetazo en el pupitre de su escaño.

Finalmente, y derrotadas todas las propuestas transaccionales, se aprobó la vuelta al texto de la disposición adicional primera que había ratificado el Congreso, con el siguiente balance: 129 votos a favor (UCD, seis senadores del PSI y varios senadores reales, entre ellos los tenientes generales Díez Alegría y Salas Larrazábal, el almirante Gamboa y los señores Azcárate, Marías, Ortega y Fuentes Quintana), 13 en contra (Senadores Vascos, Xirinacs y el único senador comunista, Mateo) y 78 abstenciones (socialistas, Entesa, varios senadores del PSI y varios por designación real, entre ellos Olarra, Cela, Ollero, Sánchez Agesta y Osorio).

Concluyó así la discusión parlamentaria de uno de los puntos más conflictivos de toda la Constitución o, al menos, el punto concreto por el que el PNV, días después, recomendó a sus militantes y simpatizantes que se abstuvieran en el referéndum constitucional. En el informe reservado que el Euskadi Buru Batzar remitió a todas sus asambleas municipales y regionales en aquellos días se afirmaba: «La disposición adicional primera ampara y respeta los derechos históricos, pero subordina su actualización general al marco de la Constitución y de los Estatutos de Autonomía. Esta disposición, al vincular estrechamente la actualización de los derechos históricos al marco de la Constitución, deja sin una dimensión política real y práctica tal actualización, no produciéndose una diferenciación entre la situación jurídico política que de ella pudiera derivarse y la establecida de modo general para las Comunidades Autónomas.»

«En definitiva, el texto de esta disposición —añade el informe más adelante— no se traducirá en una situación política diferente a la que pudiera crearse en base al Título VIII de la presente Constitución, no dando origen más que a un reconocimiento puramente formal de los derechos históricos. La propuesta del PNV, que tantas vicisitudes experimentó en el transcurso de los debates constitucionales, representaba el entronque de la problemática inapreciable para proceder a la normalización de la vida política y social de nuestro país. El reconocimiento y actualización de los derechos históricos, en términos aceptables para el partido, no se reducía, únicamente, a una cuestión de principio sino que poseía un alcance político práctico, en cuanto que posibilitaba el acceso a situaciones de poder sumamente importantes a las que nunca renunciará el pueblo vasco.» Un último párrafo de dicho informe reservado puede resultar esclarecedor: «En la citada propuesta, el partido aportaba una concepción del Estado diferente a la mantenida por los grupos mayoritarios y compatible con la afirmación de soberanía originaria del pueblo vasco.» Éstas fueron, muy posiblemente, las mismas razones por las que tanto UCD como el PSOE se negaron a apoyar con todas sus consecuencias la postura de los parlamentarios peneuvistas: la disposición adicional que ellos proponían significaba una concepción del Estado distinta de la defendida por los dos grupos mayoritarios, poco dispuestos, por otra parte, a admitir que los distintos pueblos de España poseen una soberanía originaria.

APROXIMACIÓN A LOS FUEROS VASCOS

«La Constitución ampara y respeta los derechos históricos de los territorios forales. La actualización general de dicho régimen foral se llevará a cabo, en su caso, en el marco de la Constitución y de los Estatutos de Autonomía.» Así reza la disposición adicional primera de la Constitución. Este texto —a juicio del Partido Nacionalista Vasco— no supone, en absoluto, ninguna garantía respecto a la reinstauración de los Fueros Vascos. En torno a éstos giró, como hemos dicho, toda la negociación PNV-Gobierno.

Pero ¿qué son los Fueros Vascos?, ¿cómo nacieron?, ¿cuál es su contenido?, ¿hasta cuándo rigieron? La televisión, la radio, los periódicos y revistas han introducido en nuestro vocabulario dos palabras mágicas cuyo significado desconocen el 90 por 100 de los españoles.

Nuestro propósito en las páginas que siguen no es —no puede serlo— un estudio profundo o innovador de la historia vasca, por otra parte insuficientemente estudiada y aclarada, incluso para historiadores, sociólogos o economistas. Queremos aquí exponer muy simplificadamente —aun sabiendo los riesgos en que cualquier simplificación incurre por aquello de que simplificar suele ser equivalente a falsificar— unos datos, los que creemos más básicos, para ayudar a una mejor comprensión de la reinvindicación peneuvista y su marco histórico. De antemano solicitamos la benevolencia de quienes a lo largo de muchos años han intentado, e intentan, proyectar algo de luz sobre un capítulo muy importante y desconocido de nuestra historia. Vaya en nuestro descargo la mera intención divulgadora de nuestro trabajo.

Decía Cánovas del Castillo que, si los pueblos sin historia son felices, «felicísimos han sido los vascos durante siglos y siglos». En el territorio hoy formado por Guipúzcoa, Vizcaya y Álava radicaban en los primeros siglos de nuestra era tres tribus: várdulos, caristios y autrigones, cuyo origen no está establecido aún científicamente, como tampoco el de los vascones, asentados en lo que ahora es Navarra. Persiste aún una áspera polémica entre quienes creen ver una procedencia indoeuropea o ibera y los que la niegan.

Protegidos por su peculiar orografía, especialmente los várdulos y caristios, vivieron grandemente desconectados del resto de la península, sin que, incluso, la romanización cultural, lenta pero profundísima en otras zonas de España, les dejara una huella estable, excepto en la zona sur de Navarra (la Ribera) y en las tierras llanas de Álava. La cristianización fue, igualmente, tardía, y aunque dependiera mucho de las zonas, puede aventurarse que hasta el siglo VIII o IX el País Vasco no fue completamente cristianizado. En la *Historia eclesiástica de España,* del jesuita García Villada, se afirma: «De los diez primeros siglos no se encuentra rastro alguno de cristianismo ni en Guipúzcoa ni en Vizcaya. La suposición de que evangelizara este territorio San Saturnino no descansa sobre base alguna sólida. El obispo de Pamplona no logró ensanchar su diócesis más allá de Alsasua y San Sebastián; y el de Calahorra no penetró arriba de Vitoria y las Encartaciones. Cuando en el 804 el obispo Juan, de acuerdo con Alfonso II, funda la diócesis de Valpuesta, se interna hasta Amurrio y Orduña, pero sin pasar más adelante.» Claudio Sánchez Albornoz [1], cree identificar con vascos los «mayus» (paganos) que, según las crónicas árabes, lucharon en ocasiones contra los musulmanes, alineados con tropas astures. Otros autores, sin embargo, acercan las fechas de la cristianización a etapas anteriores.

Poco se sabe de la etapa visigótica, excepto, tal vez, que desaparecieron los términos tribales. Según Sánchez Albornoz, los vascones invadieron la depresión vasca y llevaron su lengua, el euskera, a los otros territorios. Las cuatro provincias vascas actuales formaban una comunidad —«Euskal-Erría», la denomina Gregorio Monreal—, en oposición con Toledo. Para Miguel de Unamuno, por el contrario, «nunca que se sepa hemos formado una unidad política» [2].

Poco se sabe, tampoco, de la Alta Edad Media. En los siglos VIII a XII se crea la monarquía pamplonesa (que comprendía el territorio de Guipúzcoa), pero existen teorías contrapuestas sobre la situación de Álava y Vizcaya. Para unos, estuvieron vinculadas al reino de Oviedo, mientras que para otros fue al de Pamplona. «El Alto Medievo —escribe Monreal [3]— guarda un silencio desesperante sobre lo que puede ser la organización de la comunidad en las distintas zonas del

---

[1] *Vascos y navarros en su primera historia,* Eds. del Centro, Madrid, 1974.

[2] *La raza vasca y el vascuence,* Espasa-Calpe, Madrid, 1968.

[3] *Cultura vasca,* Erlin, San Sebastián, 1977.

país; sin embargo, la escasísima información conocida es de un extraordinario valor, ya que permite afirmar que la primigenia configuración institucional de territorios como las Encartaciones, Ayala, Vizcaya, Durango, Oñate y Álava, se realiza bajo la cúpula institucional navarra. Creo que esta circunstancia puede explicar que cuando esos territorios pasan a la órbita castellana, el régimen político ya consolidado presenta una manifiesta atipicidad respecto de las realidades políticas y administrativas castellanas bajomedievales.»

Según Monreal, fue en este período cuando aparece *un rosario* de señoríos, caracterizados, en parte, por la electividad del señor.

En enero de 1200, Alfonso VIII ocupa el territorio de Álava, según unos, militarmente, según otros, por entrega voluntaria. Sea como fuere, puede afirmarse, sin grandes dudas, que en el siglo XIII existen ya cuatro territorios diferenciados: el reino de Navarra (que permanecerá como reino independiente hasta que lo ocupe militarmente Fernando el Católico, en 1512), el señorío de Vizcaya, la provincia de Guipúzcoa y la hermandad de Álava. A partir de este momento —y por mero afán de simplificar— eludiremos la historia del reino de Navarra y nos limitaremos a la de los otros tres territorios.

Mientras que para algunos historiadores puede fijarse prácticamente la fecha exacta en que se sellan los respectivos pactos con la Corona de Castilla (1200 en el caso de Guipúzcoa, 1332 en el de Álava y ya en el reinado de Juan I el de Vizcaya), para otros estas afirmaciones son muy arriesgadas y resulta irrelevante establecer la fecha del pacto originario, porque lo importante es que existía esa conciencia pactista y que fue ganando más fuerza aún en la Edad Moderna.

Nos limitaremos, pues, a reseñar que en el siglo XIII existían las Juntas Generales o sus equivalentes en los respectivos territorios y que los sucesivos reyes de Castilla tenían conciencia de su obligación de respetar los Fueros —usos y costumbres— de esos territorios. Las Juntas Generales, por su parte, asumían también una serie de obligaciones con respecto a cada rey, ya que el *pacto* no se suscribía con la *Corona* sino con las personas concretas que la representaban. Esa fórmula de *pacto* no fue puesta en duda, como veremos después, hasta principios del siglo XIX.

El inicio de la codificación del derecho romano en Castilla y León, aconsejó a las Juntas Generales de Guipúzcoa, Vizcaya y Álava, en distintas fechas, a favorecer la compilación, en parte, de sus Fueros. Compilación, insistimos, en ningún caso exhaustiva ya que, por ejemplo, el Fuero Viejo de Vizcaya, de 1452, no habla en absoluto de la forma de elección de la Junta General o de la organización municipal. La primera compilación del Fuero de Álava data de 1417 y de 1375 la de Guipúzcoa. Posteriores actualizaciones no alcanzaron nunca el grado de exhaustivas o completas y muchos aspectos de derecho consuetudinario no fueron jamás recogidos en letra, manuscrita o impresa.

Examinaremos ahora, brevemente, cómo se elegían las Juntas Generales y cuáles eran sus competencias, sin que sea posible generalizar para los tres territorios en cuestión. Existe, sí, un denominador común para todos ellos: la gran autonomía e independencia de los municipios, cuyos alcaldes eran, generalmente, elegidos por todos los vecinos en asambleas generales («a cruz parada», se les denominó en algunas zonas, porque se celebraban, al parecer, en el pórtico o ante una iglesia). Los apoderados o representantes de esos municipios para las Juntas Generales podían ser esos mismos alcaldes o bien elegirse directamente para la ocasión, según los casos. En *Vizcaya,* el régimen de representación varió a lo largo de los años hasta quedar la Junta integrada por los alcaldes de los municipios y las villas (el Fuero permitía al rey crear veinte villas en todo el territorio, previo consentimiento de la Junta, así como concederles un fuero municipal especial), seis delegados de las Encartaciones y otros del Duranguesado. Algo parecido sucedía en *Guipúzcoa,* mientras que en *Álava* la peculiar organización municipal —hermandades locales— introduce alguna variante, aunque los *procuradores* (uno o dos) que llevan su representación a la Junta, son también elegidos por la hermandad respectiva.

En cuanto a las competencias de las Juntas Generales, resulta menos complicado reseñar cuáles *no* eran sus competencias. Sabiendo qué aspectos principales se reservan a la Corona, o mejor dicho, al rey, quedan, por exclusión, explicadas las competencias de la Junta.

Hay tres campos fundamentales en los que el rey se reserva derechos: la Administración de Justicia, los impuestos y la Defensa.

a) *Administración de Justicia:* La justicia se administraba, como en el resto de España, en nombre del rey o del señor (en el caso de Vizcaya). En materia civil, la primera instancia —en el caso de Guipúzcoa y Vizcaya— la constituían los propios alcaldes, mientras que en materia criminal intervenía el corregidor. La segunda instancia, en ambos casos, la constituían el corregidor y los diputados, conjuntamente. En Álava, el procedimiento fue distinto ya que las Juntas Generales estaban capacitadas para elegir cuatro jueces y en segunda instancia se apelaba al propio diputado general (figura de la que hablaremos más adelante). La última instancia, en el caso de Vizcaya, se agotaba en una sala especial de la chancillería de Valladolid (la sala de Vizcaya, que contaba con su propio juez mayor). En Álava y Guipúzcoa, la última instancia se agotaba en los mismos órganos que para el resto del reino.

De cualquier forma, los jueces tenían que aplicar las particulares leyes de cada uno de estos tres territorios. Merece destacarse que los vizcaínos tenían *estatuto personal,* es decir, que un vizcaíno que cometiera un delito fuera de Vizcaya era juzgado por la mencionada Sala especial de Valladolid.

b) *Impuestos:* Guipúzcoa pagaba al rey de Castilla una cantidad fija, denominada *alcabala,* que se establecía de mutuo acuerdo, al igual que Álava. En Vizcaya se abonaban al señor rentas anuales por determinados caseríos, por cada quintal de hierro que salía de sus ferrerías, etc. Parece, sin embargo, que estas cantidades, en los tres casos, eran prácticamente simbólicas y que por esta razón se les denominaba provincias *exentas.* Historiadores vascos defienden, sin embargo, que las tres provincias aportaban cantidades importantes al erario del rey mediante lo que se llamó *donativos* solicitados por el monarca a las Juntas, y que tenían un carácter estrictamente voluntario. Según el citado Gregorio Monreal, las peticiones fueron *reiteradísimas* y concedidas en su gran mayoría. Lo cierto es que no se ha cuantificado aún el importe global, ni se han establecido comparaciones fidedignas con las cantidades que aportaban obligatoriamente al erario público otras provincias.

El comercio en las tres provincias vascas fue, hasta el siglo XVIII, completamente libre. Es decir, los vascos podían importar y exportar libremente, ya que en sus puertos y pasos fronterizos no existían aduanas. Las aduanas se establecieron en el interior, de forma que si pretendían introducir estos productos en otras zonas del país, cotizaran.

c) *Defensa:* La defensa del territorio de las tres provincias vascas estaba encomendada a las respectivas Diputaciones, capacitadas para movilizar las milicias municipales. Cada caserío estaba obligado a aportar en esos casos una persona (padre por hijo, se denominaba esta fórmula). Las compañías formadas así, eran mandadas por el alcalde de uno de los municipios, elegido por y entre sus compañeros. La jefatura efectiva de este ejército correspondía al diputado general, aunque, en última instancia, el jefe supremo era el rey. Ahora bien, el monarca no podía delegar esa jefatura en nadie, sino que, en todo caso, debía asumirla personal y directamente.

Federico de Zabala señala que la situación del País Vasco, en los límites de los Estados español y francés, y las continuas guerras entre ambos, hizo que las fuerzas militares vascas no fueran las únicas que defendían su territorio, sino que, a su lado, el rey envió en muchas ocasiones otras. Pero ambas fuerzas mantenían su independencia y régimen propio. «Ambas concordaban las operaciones a realizar —explica—, pero no mediante orden o mandato imperativo, sino por vía de aviso y advertimiento.»

El propio Federico Zabala proporciona un ejemplo de esta singular situación. Durante la guerra de 1794 entre España y Francia, Carlos IV envió a Guipúzcoa un ejército al mando del general Ventura Caro. El general Caro avisó a la Junta General que sus propias tropas y los tres tercios que la Junta había enviado a la frontera no eran suficientes: «Lo que aviso a V. S. a fin de que se halle enterada del riesgo que nos amenaza y pueda disponer que sus naturales concurran armados, Padre por Hijo...» Añade el comunicado que los tercios vascos se han negado a cruzar el río Bidasoa, «cuya conducta ha impedido que las tropas desalojen al Enemigo de los puestos que ocupa frente a Irún y aun tomarles su artillería».

La respuesta de la Junta General no se hizo esperar. «Teniendo en cuenta lo agraviada que se halla la provincia, con los considerables gastos que la motivan la manutención de los tres tercios... sin que pueda encontrar más cantidades ni discurrir más arbitrios que gravar, teniendo además noticia de que van llegando al ejército refuerzos de Castilla y otras partes y no haberse verificado la invasión anunciada tanta veces... resolvemos que, a fin de mes, *se retiran dos de los tres tercios,* a menos que la Diputación, adquiriendo noticias más exactas acerca de los designios del enemigo de invadir la frontera... resuelva otra cosa.»

La Junta General se había acogido a los fueros, según los cuales los naturales de Guipúzcoa (como los de Vizcaya o Álava) no estaban obligados más que a defender su propio territorio y sólo cuando éste fuera atacado o invadido o existieran pruebas *ciertas y seguras* de ello.

Al igual que sucedía en el capítulo de los Impuestos, en realidad la aportación militar vasca fue mayor de lo estrictamente establecido, ya que el rey solicitaba a menudo que las Diputaciones levantaran regimientos a los que armaba y vestía de su particular hacienda y enviaba a donde se le solicitara. Se trata, sin embargo, de una aportación voluntaria y los soldados de estos regimientos lo eran también; en cuanto tales, cobraban soldada. Nuevamente resulta difícil cuantificar la importancia de esta ayuda voluntaria, ya que tampoco existen estudios fidedignos sobre la materia.

Hemos hablado antes de las peculiares leyes vascas. En determinadas materias, el derecho real era sólo subsidiario. Así, por ejemplo, las tres provincias vascas contaron con su Derecho penal propio. El Fuero Viejo de Vizcaya, de 1452, establece, por ejemplo, las siguientes garantías: *Inviolabilidad del domicilio:* nadie podía acercarse más allá de cuatro brazas de un caserío contra la voluntad de sus moradores; *Derecho al juez natural:* nadie podía ser detenido, excepto por el juez competente; *Derecho a la integridad física:* Nadie podía ser sometido a tormento. Puesto que en el resto de España los hijosdalgos no podían ser torturados, los vizcaínos se consideraron a sí mismos *notorios hijosdalgos* por el hecho de haber nacido en ese territorio o llevar diez años residiendo en él; *Protección de la fama:* ninguna persona podía denunciar a otra, sólo podía denunciar *el hecho* presuntamente delictivo. Si el juez aceptaba una denuncia con nombres propios, podía ser castigado; *Derecho a elegir la cárcel:* el vizcaíno condenado por un delito tenía un plazo de treinta días para elegir la cárcel en la que deseaba cumplir la pena que le había sido impuesta. Si el juez ignoraba este derecho, era multado y la mitad del importe de la multa iba a parar a manos del preso perjudicado.

Parecidos extremos establecían los fueros de Guipúzcoa y Álava. En Guipúzcoa, por ejemplo, la condición de hijosdalgos se extendía a todos los naturales de la provincia que probasen ser originarios de ella, o dependientes de casas y solares.

La importancia de la casa o solar en el derecho privado vasco es fundamental. Tanto en Vizcaya como en Guipúzcoa toda la legislación civil tendía a lograr que el caserío —la casa y sus tierras— permaneciera indiviso. Se establece así el mayorazgo y la reversión troncal, que consiste en el regreso a la familia de origen de los bienes aportados en matrimonio, en caso de que éste fallezca sin herederos.

Las leyes, normas o disposiciones dictadas por las Juntas Generales debían sancionarse por el rey, pero, a su vez, los decretos o leyes del rey debían aprobarse por la Juntas, recibir el *pase foral* o *sobrecarta,* según se llamaba a este trámite en una provincia o en otra. En el caso que se considerara que determinada ley real incurría en una vulneración de los Fueros, las Juntas decretaban, siguiendo una fórmula medieval, que se obedecieran *pero no se cumplieran.*

Las Juntas Generales se reunían cada determinado período de tiempo. En Guipúzcoa, cada año; en Vizcaya, cada dos y en Álava, cada tres. Entre estos períodos funcionaban las Diputaciones Generales, organismos ejecutivos colegiados que nacieron en distintas fechas, según se trate de una provincia u otra. El «presidente de la Diputación» recibía en Álava el título de diputado general y él, al igual que los restantes diputados, era responsable ante la junta, que, al término de su mandato, podía someterlo a juicio. Los diputados generales se sometían, generalmente, a *vacaciones forales,* es decir, períodos en los que no podían ser reelegidos. Las Diputaciones Generales de Guipúzcoa y Vizcaya mantuvieron una estructura similar.

Todo lo expuesto hasta aquí estuvo plenamente en vigor hasta el siglo XIX. La Constitución de 1812, elaborada por las Cortes de Cádiz, constituyó el primer embate serio contra esta situación, al afirmar que en *todo* el reino se debían aplicar las mismas leyes, con lo que indirectamente quedaban suprimidos los Fueros. Pero antes de que pudiera ponerse en práctica esta supresión, Fernando VII, en 1814, los restableció en toda su extensión.

El trienio liberal —fueron casi siempre los liberales los más decididos opositores de los Fueros— supuso la vuelta a la Constitución de Cádiz, en 1820. Tampoco en esta ocasión hubo tiempo para aplicarla, al menos en cuanto a la efectiva supresión de los Fueros se refiere. En 1824 se restablecieron formalmente —en la práctica no habían sido *tocados*— y al iniciarse la I Guerra Carlista estaban plenamente en vigor. La nueva Constitución progresista de 1837 volvió a la carga; y reconoció los Fueros *siempre y cuando* no se salieran del marco de la propia Constitución. En la práctica significaba una abolición total. Una vez más, la Constitución no se aplicó y sólo en 1841 un decreto del general Espartero, firmado en Vitoria, viene a afectar, de verdad, a la singular organización de las tres provincias vascas: se suprimieron las Juntas, las Diputaciones y los jueces forales y se establecieron en el País Vasco los partidos judiciales, ya existentes en el resto de España. Diez meses antes, en enero del mismo año, Espartero había suprimido el derecho de *pase foral* o sobrecarta. Mientras las Juntas Generales de Guipúzcoa, Álava y Vizcaya se negaron rotundamente a aplicar este decreto, las Cortes de Navarra negociaron con el Gobierno y lograron la Ley Paccionada de 1841, aún vigente.

Las Juntas Generales de las otras tres provincias vascas siguieron, pese a todo, funcionando —proseguía la guerra carlista— y fueron nuevamente legalizadas en 1843, al acceder los moderados al Gobierno. Continuó en vigor, pese a todo, la organización judicial introducida por el general isabelino.

En 1868 Isabel II se exilia. La llegada de Amadeo I y la posterior implantación de la I República no evitaron dos nuevas guerras carlistas, como tampoco evitó el enfrentamiento la proclamación de Alfonso XII, «rescatado» por el general Martínez Campos, quien se sublevó en Sagunto. Alfonso XII, en enero de 1875, lanzó en Peralta una proclama en la que aseguraba a los carlistas: «Soltar las armas y volveréis... a disfrutar los privilegios...»

Los carlistas fueron definitivamente derrotados en febrero de 1876. Las Cortes redactaron un decreto abolitorio de los Fueros que fue sancionado por el rey el 21 de julio de ese año. El País Vasco quedó sometido a la ley de reclutamiento militar y se le incorporó al sistema tributario general, si bien se autorizó al Gobierno a otorgar la reforma tributaria lo más posible a las costumbres de las provincias de Guipúzcoa, Álava y Vizcaya. Nacen así los conciertos económicos, que fueron negociados con el Gobierno por comisiones gestoras, ya que las Juntas Generales y Diputaciones respectivas se negaron a poner en práctica el decreto abolitorio de los Fueros y fueron expresamente disueltas.

Las comisiones gestoras llegaron a un acuerdo a fin de que sus respectivas provincias tributaran una cantidad fija anual, cantidad que recaudaban las nuevas diputaciones provinciales, elegidas según lo que disponían las leyes que regían para toda España.

Los conciertos económicos de Vizcaya y Guipúzcoa fueron suprimidos en 1939 por el general Franco, quien declaró a estas dos provincias «traidoras» por haber combatido a favor de la República. Álava y Navarra, que estuvieron a su lado, los vieron respetados y aún están vigentes en la actualidad.

Éste ha sido un brevísimo acercamiento a la historia y contenido de los Fueros Vascos, reclamados por el PNV, durante el proceso constituyente. Resulta evidente que el Partido Nacionalista Vasco no proponda la vuelta a la literalidad de los mismos: le parecían inaplicables en el plano militar (aunque, tal vez, se podría intentar —afirmaban los nacionalistas vascos— que los residentes en Euskadi cumplan el servicio militar en sus respectivas provincias) y tampoco reivindicaban las peculiaridades de su derecho penal, ampliamente rebasado por los derechos y garantías reconocidos en la Constitución 78. Defendía, por el contrario, la viabilidad de las Juntas Generales y Diputaciones forales, aunque señalaba que habría que actualizar el sistema de elección, ya que, por ejemplo, en la Junta General de Vizcaya, Bilbao tenía la misma representación —un voto— que el último municipio de la provincia, independientemente del número de sus habitantes. Pero, con tanta o mayor insistencia defendía la vigencia de los conciertos económicos, negociables directamente entre el Gobierno y las Instituciones vascas, es decir, las Diputaciones Generales.

Este era, sin duda, el punto de mayor fricción con los restantes partidos parlamentarios, que temían la creación de «paraísos fiscales» donde se radicaran muchas empresas de ámbito nacional a fin de evadir impuestos.

Y en el fondo quedaba latente otra cuestión primordial para los partidos políticos mayoritarios: la reinstauración de los Fueros ¿suponía el reconocimiento de un *pacto* entre la Corona (o las Cortes) y los territorios vascos? Un pacto *entre iguales* —afirmaba UCD— suponía admitir que el pueblo vasco tenía soberanía y, en cuanto tal pueblo soberano, se reservaba el derecho a la autodeterminación. El PNV rechazaba este planteamiento y afirmaba aceptar sin reservas la existencia de una sola soberanía, la del pueblo español *en su conjunto.* La idea de *pacto,* señalaba, afecta a la concepción del Estado, pero no pone en duda la existencia del mismo.

4. LOS PADRES DE LA CONSTITUCIÓN

CONTRASTE EN GRIS

La Constitución del 1978 fue elaborada por un Parlamento con predominio ideológico socialista-socialdemócrata. El nivel de ingresos anuales de la mayor parte de los 350 diputados y 248 senadores que participaron en su redacción o aprobación se sitúa entre los tres millones y las 750.000 pesetas de 1978. La extracción social de los parlamentarios apunta preferentemente a la clase alta y media, dato que se refuerza con el de haber cursado casi todos ellos estudios superiores y ejercer profesiones de consideración social elevada (abogados, médicos, profesores, funcionarios). Es reducido, aunque significativo, el número de parlamentarios constituyentes que sufrieron cárcel por motivos políticos durante el franquismo, y notablemente mayor el de quienes fueron detenidos. La práctica de la religión dividió aquel Parlamento en dos grandes porciones, siendo mayor la de los practicantes, pero sin gran diferencia sobre los no practicantes y dudosos. Las edades predominantes de los primeros parlamentarios posfranquistas oscilaron entre los 36 y los 45 años.

Esta es la ficha sociológica de las Cortes que elaboraron durante quince meses la Constitución española, según se desprende de los resultados de una encuesta realizada para este libro entre los parlamentarios constituyentes. La falta de identidad social entre el colectivo de representantes y el pueblo español representado es sólo una muestra de la ficción política que significa considerar a los parlamentarios como la imagen real, a escala reducida, de los ciudadanos de un Estado. Frente al perfil *aristocrático* de la clase política, en su conjunto, datos del informe FOESSA correspondientes a la década de los setenta muestran que sólo una escasísima parte de la población española había pasado de la enseñanza primaria; un reducidísimo número de hogares españoles superaba las 700.000 pesetas de ingresos anuales, y una ínfima proporción de españoles se dedicaba a profesiones liberales, predominantes entre los «padres de la Constitución».

Junto a la comprobación de este contraste global entre el pueblo soberano y sus legítimos representantes políticos, la encuesta realizada nos permite hacer una disección de la estructura social de cada una de las Cámaras que elaboraron la Constitución y, lo que acaso sea más interesante, de los grupos parlamentarios que las integraron, en torno a los cuales giró el proceso constituyente.

En las páginas siguientes ofrecemos los resultados de esta encuesta, obtenidos mediante la ponderación de los datos correspondientes a las respuestas recibidas. Del total de 598 cuestionarios distribuidos entre los miembros de ambas Cámaras, respondieron 220, de ellos 149 diputados (sobre un total de 350) y 71 senadores (sobre 248).

El procedimiento de ponderación de los resultados, basado en las encuestas contestadas en cada grupo, significa que el margen de error es mayor en los casos que existen escasas respuestas, ya que son éstas los únicos elementos de juicio que se han proyectado sobre el total de los miembros del grupo, mientras que cuando son numerosas las respuestas de los integrantes del grupo, contamos con mayor cantidad de datos directos del universo contemplado y, en consecuencia, el margen de error es mínimo. De ahí que una primera valoración de la encuesta tenga que advertir que, en términos generales, los resultados que afectan a los grupos de izquierda son más precisos y ajustados a la realidad, en virtud del mayor número de encuestas contestadas por sus parlamentarios. Un ejemplo puede ilustrar esta apreciación. Del Grupo Comunista del Congreso hemos obtenido 18 respuestas —del total de 20 diputados que lo integraron—, por lo que contamos prácticamente con todos los datos requeridos para perfilar con el máximo rigor las características de sus miembros indagadas por nuestra encuesta, mientras que de los 16 diputados de Alianza Popular sólo logramos que respondieran 4, por lo que será más aleatorio el diseño referido a los 16 a no ser que los 4 que respondieron fueran exactamente representativos de la totalidad de sus colegas de grupo.

El predominio de respuestas de la izquierda no implica una desviación de la imagen global del Parlamento, ya que la ponderación de los resultados tiene muy en cuenta el número total de miembros de cada grupo parlamentario y es ese peso numérico el que en definitiva influye sobre la estimación de cada Cámara y de las Cortes. Las desviaciones posibles —dependientes especialmente del grado de representatividad, dentro de su grupo, de quienes contestaron— son particularmente apreciables, pues, en el análisis por grupos.

Con estas salvedades y advertencias, en las páginas que siguen pretendemos ofrecer al lector un conjunto de datos que le ayuden a conocer al elemento decisivo de la Constitución 78: *quién* la hizo. La noticia de la elaboración parlamentaria del texto constitucional no agota su alcance político en el conocimiento de los votos obtenidos por cada partido ni en el número de escaños que ocupa cada grupo parlamentario, ni siquiera en la trayectoria de cada grupo durante los trabajos constituyentes. El protagonismo de los diputados y senadores en la elaboración de la Constitución —a través de las enmiendas, discursos, argumentos y, en definitiva, de los votos— hace indispensable, para un más cabal entendimiento de la misma, medir hasta donde sea posible la edad, profesión, procedencia geográfica, origen social y familiar, nivel económico y de estudios, religiosidad, grado de represión padecida, e ideología de cada uno de los hombres y mujeres que hicieron una Constitución para los españoles.

MODERADAMENTE JÓVENES

La edad predominante —o *la moda,* como dicen los estadísticos— en las Cortes que elaboraron la Constitución, se encuentra en el intervalo comprendido entre los 36 y 45 años (37,1 por 100), seguida de cerca por el de 46 a 55 (30 por 100). Por Cámaras, el Congreso de los Diputados constituyente fue *más joven* (el 43,5 por 100 de sus miembros contaban entre 36 y 45 años, seguido por el 28 por 100 de quienes tenían de 46 a 55 años), mientras que el Senado, respondiendo al origen histórico de las asambleas así denominadas, fue de edad *más avanzada* (fueron mayoría, un 34,3 por 100, los senadores de 46 a 55 años, seguidos de un 27,4 por 100 con edades entre los 36 y 45 años). Por los demás, la pirámide de edades de aquel Congreso contó con un 18,8 por 100 de diputados con edades comprendidas entre 25 y 35 años, mientras que sólo un 3,4 por 100 de senadores tenía esa edad; por el contrario, el Senado acogió en su seno un 1,7 por 100 de miembros con más de 75 años de edad, de los que sólo había en el Congreso un 0,3 por 100, y un 4,6 por 100 de entre 66 y 75 años, que en el Congreso no superaba el 1 por 100.

En términos generales, puede afirmarse que las edades de los parlamentarios que elaboraron la Constitución coinciden con las de quienes ostentan los mayores grados de responsabilidad en la sociedad española, pero están por encima de la media de edad de la población, que era de 33 años en 1970. En todo caso, la edad media de los parlamentarios de 1978 está más próxima a esa media de edad de la población que la de las llamadas Cortes orgánicas [1].

Según datos del *Anuario estadístico de España* para 1976 (editado por el Instituto Nacional de Estadística), la distribución de los 34.000.000 de españoles que figuraban en el censo oficial de 1970 por grupos de edad, permite comprobar que, aunque la edad media de la población total se fija en los 33 años, el grupo de edad más numeroso es el de 15 a 24 años —más de 5.000.000 de españoles—, seguido del de 35 a 44, el de 25 a 34, el de 45 a 54 y, casi iguales, los de cinco a nueve y más de 65 años.

Por grupos parlamentarios, UCD y los socialistas contaron con la mayor proporción de diputados constituyentes entre 36 y 45 años, seguidos, en el caso de UCD, por los de 46 a 55, y en el caso de los socialistas, por los de 25 a 35. En el Senado, UCD aumenta notablemente su edad, predominando los senadores pertenecientes a este grupo

---

[1] Según el trabajo de Bernardo Díaz Nosty, la media de edad de las Cortes democráticas —47 años para ambas Cámaras, 44,2 para el Congreso y 49,6 para el Senado— ofrece mayor similitud con las de 1910 que con las de 1968, X Legislatura de las Cortes de Franco, en la que la media de edad se elevó a 53 años. *Radiografía de las nuevas Cortes,* Equipo de Documentación Política, Sedmay, Madrid, 1977, pp. 44-45.

de edades de 46 a 55 años, seguidos de los de 56 a 65; los socialistas aumentan también su edad en esta Cámara, si bien mantienen el número mayor de sus miembros entre 36 y 45 años, seguido por el de 46 a 55.

El segundo y tercer grupo del Parlamento constituyente, el Comunista y el de Alianza Popular, contaron con edades muy superiores. El Grupo Comunista tenía diputados en todas las edades que hemos considerado —desde 25 a 35 hasta más de 75—, pero el mayor número de ellos contaba entre 56 y 65 años. Alianza Popular polarizó a sus diputados en torno a esta última edad y a la de 46 a 55 años.

NACIERON EN PROVINCIAS

El lugar de nacimiento de los parlamentarios constituyentes es un dato que se comporta de modo coherente en ambas Cámaras y, en términos generales, en lo que se refiere a los grupos más significativos del Congreso y del Senado. A los efectos de este trabajo, hemos dividido la geografía española en tres grandes zonas, atendiendo a una escala muy elemental que desciende desde la máxima configuración urbana —Madrid y Barcelona—, pasando por un segundo estadio de zona urbana —las capitales de las restantes provincias—, hasta terminar en lo que denominamos «otros núcleos de población», que corresponde, por lo general, a zonas de estructura preferentemente rural.

De acuerdo con este esquema, los resultados globales de nuestra encuesta muestran que el 42 por 100 de los parlamentarios constituyentes proceden, por razón de nacimiento, de zonas rurales, mientras que un 38,9 por 100 han nacido en capitales de provincia distintas de Madrid y Barcelona. De estas dos capitales proviene un 18,4 por 100. La coincidencia de proporciones por Cámaras es casi idéntica: un 41,8 por 100 de diputados y un 41,9 por 100 de senadores proceden de «otros núcleos de población»; un 18,5 por 100 de diputados y un 18,3 por 100 de senadores son naturales de Madrid o de Barcelona, y un 39,6 por 100 de diputados y un 38 por 100 de senadores nacieron en «otras capitales de provincia».

Por grupos parlamentarios, se detecta un ligero predominio de los parlamentarios socialistas nacidos en capitales de provincia —sobre todo, en el Congreso— y sólo los diputados de Alianza Popular y los senadores de designación real (cuyas coincidencias podrán observarse no sólo en éste, sino en muchos otros casos) proceden preferentemente de Madrid o Barcelona. En el Grupo Comunista destaca la procedencia rural de sus miembros: 17 de sus 20 diputados nacieron en «otros núcleos de población».

HIJOS DE CLASE ACOMODADA

El origen social y familiar de los autores de la Constitución lo hemos extraído de un solo dato, quizá no absolutamente revelador, pero sí suficientemente significativo: la profesión del padre. De acuerdo con la estratificación que hemos adoptado —y de la que sólo nos parece discutible la inclusión de la profesión militar en la clase alta y media alta, porque habría que especificar la graduación—, más de la mitad de los parlamentarios (55,1 por 100) pertenecen a la clase alta y media alta. De éstos, un 31,5 por 100 son hijos de profesionales liberales; un 13,2 por 100 de empresarios grandes y medios, un 4,5 por 100, de propietarios agrícolas grandes y medios, y un 5,9 por 100, de militares. La clase media, según la encuesta, está representada en el Parlamento constituyente por el 24,3 por 100 de sus miembros, de los cuales un 8,1 por 100 son hijos de pequeños empresarios, un 2 por 100, de pequeños agricultores y un 14,2 por 100 de empleados o funcionarios. Por último, el origen proletario —hijos de obreros— de los parlamentarios alcanza, en nuestro análisis, un 16,60 por 100 de miembros de ambas Cámaras distribuidos así: un 9,3 por 100, obreros especializados, un 4,2 por 100, obreros sin especializar, y un 3,1 por 100, trabajadores agrícolas.

Por Cámaras, el *status* social y familiar de los senadores es, en términos generales, más alto que el de los diputados. Veamos: los senadores cuyo origen es de clase alta y media alta supone un 62,8 por 100, divididos, según la profesión del padre, del modo siguiente: hijos de profesionales liberales, 35 por 100; de empresarios grandes y medios, 13,6 por 100; de propietarios agrícolas grandes y medios, 7,3 por 100, y de militares, 6,9 por 100. En el Congreso, en cambio, los diputados de esa misma clase son prácticamente un 50 por 100, estratificados así: hijos de profesionales liberales, 29 por 100; de empresarios grandes y medios, 12,7 por 100; de propietarios agrícolas grandes y medios, 2,8 por 100, y de militares, 5,2 por 100.

El nivel de diputados procedentes de la clase media es muy similar al de senadores: 24,9 por 100 en el primer caso, y 23,3 por 100 en el segundo.

Una diferencia más notable entre ambas Cámaras se produce de nuevo respecto a los parlamentarios constituyentes de origen social y familiar trabajador. Sólo el 11,7 por 100 de los senadores son hijos de trabajador; de ellos 2,8 por 100 de obrero especializado, 6,1 por 100 de obrero sin especializar, y 2,8 por 100 de trabajador agrícola, mientras que un 20,7 por 100 de los diptuados proceden de familia proletaria. De ellos, un 13,5 por 100 son hijos de obrero especializado; un 2,9 por 100, de obrero sin especializar, y un 4,3 por 100, de trabajador agrícola.

La importancia de la clasificación de los parlamentarios en función de su origen social y familiar se pone especialmente de manifiesto si la comparamos con la estructura de producción de la población activa española, que según el informe FOESSA era la siguiente en 1970[2].

		Porcentaje de población activa
Clase alta y media alta:		
Capitalistas compradores de fuerza de trabajo	2,3%	
Profesiones liberales	0,4%	
Empresarios agrarios	0,2%	
Suma	2,9%	2,9%
Clase media:		
Campesinos familiares	19,9%	
Artesanos	12,6%	
Asalariados del sector público	7,1%	
Suma	39,6%	39,6%
Clase trabajadora:		
Asalariados vendedores de fuerza de trabajo	49,7%	
Asalariados de empresas agrarias	7,8%	
Suma	57,5%	57,5%
Total estructura productiva		100,0%

Según nuestra encuesta, por grupos parlamentarios, los diputados de Alianza Popular y los senadores de designación real son los de más *alta cuna:* ninguno de ellos tiene un origen social y familiar por debajo de la clase alta y media alta. En el otro extremo hay que situar al Grupo Comunista, que pese a contar con diputados procedentes de familias de clase media y de clase alta y media alta, en su mayor parte lo son de la clase trabajadora. En menor medida, ocurre igual con los diputados del PNV.

[2] *Síntesis actualizada del III Informe FOESSA*, Madrid, 1978, p. 391.

En el resto de los grupos parlamentarios de ambas Cámaras predomina, por lo general, el origen de clase alta (especialmente el padre con profesión liberal, que en el Congreso alcanza el 29 por 100 de los diputados, y en el Senado, el 35 por 100 de sus miembros), seguido de media y trabajadora. Una excepción que debe señalarse es la del grupo de socialistas del Congreso: la proporción de diputados de clase alta y media alta (11,5 por 100 sobre el total del Congreso) casi empata con la de procedentes de clase trabajadora (10,9 por 100).

ESTUDIARON EN LA UNIVERSIDAD

El nivel de estudios de nuestros parlamentarios constituyentes fue muy elevado, sobre todo si se le compara con el del resto de la población española. Un 83,2 por 100 del total de diputados y senadores cursaron estudios superiores; un 10,3 por 100, estudios medios, y sólo un 6,4 por 100 no pasaron de los estudios primarios.

La proporción es muy parecida en ambas Cámaras, aunque, como de costumbre, los senadores son más *selectos*. Un 83,9 por 100 de ellos estudiaron en la Universidad o escuelas especiales superiores; un 10,5 por 100, estudios medios, y sólo un 5,5 por 100 se quedó en los estudios primarios. Los diputados que cursaron exclusivamente estudios primarios fueron un 7,1 por 100; un 10,2 por 100 alcanzaron los estudios medios, y un 82,5 por 100 tuvieron acceso a los estudios superiores.

La valoración de estos datos puede deducirse de compararlos en el grado de formación del total de los españoles. Según el censo de 1970, referido a los ciudadanos que ya dejaron de estudiar, los porcentajes de nivel de estudios son los siguientes [3].

Población española que no ha pasado del nivel de la enseñanza primaria	87,7%
Población española que alcanzó la enseñanza de segundo grado	8,5%
Población española que llegó a la enseñanza superior	3,8%
Total	100,0%

Por grupos parlamentarios, partiendo de que en todos ellos predominan las personas con estudios superiores, es de señalar que en el Grupo Comunista, la Minoría Catalana y el PNV, los diputados

[3] *Síntesis...*, cit., p. 73.

que sólo cursaron estudios primarios siguen en importancia numérica a los que cursaron estudios superiores. También, es destacable que los diputados de Alianza Popular y los senadores de designación real tuvieron acceso, todos ellos, a la enseñanza superior.

ABUNDAN LOS ABOGADOS Y LOS PROFESORES

Aunque muchos de los diputados y senadores habían sido «liberados» por sus respectivos partidos y estaban dedicados íntegra o preferentemente a la política, es posible, atendiendo a su profesión originaria, distribuir a los parlamentarios que elaboraron la Constitución 78 de acuerdo con su situación personal en la estructura ocupacional. El resultado de la encuesta muestra que ambas Cámaras estaban integradas por una gran mayoría de profesionales liberales —muy especialmente abogados—, que alcanzan un 43,2 por 100, seguidos por un 20 por 100 dedicados a la docencia. En el Congreso de los Diputados, la proporción de profesionales liberales es algo mayor (43,4 por 100) que en el Senado (42,9 por 100), mientras que los docentes son más numerosos en la Cámara alta (21,2 por 100) que en la baja (18,9 por 100).

Dentro de nuestra clasificación, los empleados —categoría en la que hemos agrupado no sólo a los administrativos al servicio público o privado, sino también una serie de dedicaciones laborales en industrias y servicios que no pueden considerarse estrictamente obreras— tienen un puesto en el Parlamento que se mide en un 19,6 por 100 (18,6 por 100 en el Congreso y 20,9 por 100 en el Senado), mientras que los funcionarios —categoría asimilable en nuestro estudio a los profesionales liberales, puesto que tienen un nivel de titulación similar— significan un 5,7 por 100 (5,9 por 100 en el Congreso y 5,6 por 100 en el Senado).

Por último, destaca —dejando a un lado las profesiones liberales, burocráticas e intermedias—, la equivalencia entre la proporción de empresarios (2,5 por 100) y de trabajadores (2,8 por 100) que accedieron a las Cortes, sobre todo si recordamos la cuantificación de unos y otros en la estructura de producción española que era en 1970, según el informe FOESSA antes citado, de 2,5 por 100 para los empleadores y 57,5 por 100 para los asalariados. Tanto la proporción de empresarios como la de trabajadores era más elevada en el Congreso de los Diputados (4,1 por 100 y 3,6 por 100, respectivamente) que en el Senado (0,6 por 100 empresarios y 1,7 por 100 trabajadores).

Para ilustrar sobre el abanico de profesiones de la población española, ofrecemos un cuadro de la estructura ocupacional de la población activa, que aunque no se corresponde exactamente con nuestra clasificación profesional de los parlamentarios, comprende categorías asimilables, ya que los técnicos titulados son afines a nuestros profesionales liberales y funcionarios; los técnicos sin titular, a los empleados de nuestra clasificación, y los obreros cualificados y los peones y aprendices se identifican con lo que hemos designado como trabajadores. El cuadro, elaborado por el Instituto Nacional de Estadística, recoge datos de 1972[4].

Técnicos titulados	2,5%
Técnicos sin titular	4,2%
Administrativos	17,4%
Obreros cualificados	38,8%
Peones y aprendices	37,1%
Total	100,0%

Por grupos parlamentarios, el predominio de los profesionales liberales se da tanto entre los diputados como entre los senadores constituyentes centristas y socialistas, si bien en el caso de los socialistas de una y otra Cámara se registra una notable presencia de docentes de enseñanza superior y de enseñanza media. La profesión docente predominaba sobre la liberal en los diputados de Alianza Popular y senadores de designación real. En las restantes minorías del Congreso y del Senado predominaba la profesión liberal, con excepción del Grupo Comunista, único del Parlamento en el que, aunque no con mucha diferencia sobre las demás dedicaciones profesionales, fueron más numerosos los diputados trabajadores que los de las restantes categorías. A estos les siguieron en importancia numérica los empleados y los profesionales liberales.

ECONÓMICAMENTE DESAHOGADOS

El 40,6 por 100 de los parlamentarios constituyentes percibían unos ingresos anuales entre uno y tres millones de pesetas. Entre los senadores el citado porcentaje se eleva al 47,4 por 100, y entre los diputados desciende al 35,9 por 100. La siguiente categoría de ingresos anuales es la de 750.000 a un millón de pesetas, que percibe el 25 por 100 de los parlamentarios (el 27,6 por 100 de los miembros del Congreso y el 21,4 por 100 de los senadores). En nuestro análisis hemos excluido el sueldo percibido por los parlamentarios en calidad de tales, que se aproximó a un 1.200.000 pesetas anuales, por entender que consti-

[4] *Síntesis...*, cit., p. 558.

tuiría un favor de homogenización inconveniente para establecer las diferencias económicas individuales entre unos y otros. En todo caso, muchos de los parlamentarios constituyentes, dejaron de percibir sus habituales ingresos personales o profesionales y sólo cobraban el sueldo como diputado o senador. En otros casos, en fin, la percepción que correspondía al diputado o al senador la recibía el partido que corría con los gastos de mantenimiento del parlamentario y su familia. A los efectos de nuestra encuesta, son los ingresos personales percibidos por los parlamentarios —con independencia de que durante el desempeño del cargo legislativo fueran sustituidos por correspondientes como miembros de las Cortes, o bien acumulados a éstos— los que nos interesan.

Los datos comparativos con los ingresos familiares anuales de la población española pueden observarse en el siguiente cuadro, referido a 1975[5].

Ingresos superiores a 700.000 ptas. (302.600 hogares) ...	3,4%
Ingresos entre 287.000 y 700.000 ptas. (1.434.400 h.) ...	16,1%
Ingresos entre 147.000 y 287.000 ptas. (3.565.800 h.) ...	39,9%
Ingresos inferiores a las 147.000 ptas, (3.629.400 h.)	40,6%
Total	100,0

Por grupos parlamentarios, UCD mantuvo en ambas Cámaras constituyentes el predominio de los ingresos anuales de uno a tres millones de pesetas, seguidos por los de 750.000 a un millón, y no contó con un solo diputado o senador que percibiera menos de 500.000 pesetas anuales. Entre los socialistas, en cambio, predominaron los sueldos anuales de 750.000 a un millón de pesetas, con «tendencia a la baja» tanto en el Congreso como en el Senado. Los miembros de las minorías nacionalistas del Congreso —catalana y vasca— y la porción más numerosa de senadores elegidos coincidían en percibir ingresos de 750.000 a un millón de pesetas anuales, con «tendencias al alza», es decir, a la categoría inmediatamente superior: sueldos de un millón a tres millones de pesetas al año.

Los parlamentarios más *pobres* eran los diputados comunistas, tres cuartas partes de los cuales afirmaron recibir al año ingresos inferiores a las 500.000 pesetas. En contraste con ellos, tanto los diputados de Alianza Popular como los senadores de designación real se configuraron como los más *ricos*. Ninguno de ellos bajaba del millón de pesetas. La *moda* predominante en ambos grupos era el sueldo anual

---

[5] *Síntesis...*, cit., pp. 407 ss.

comprendido en el intervalo que va de un millón a tres millones de pesetas, con tendencia, en ambos casos, al alza, es decir, a sueldos anuales superiores a los tres millones de pesetas.

OCHENTA SUFRIERON LAS CÁRCELES DE FRANCO

Abordamos en este apartado de nuestra encuesta, la proporción de parlamentarios constituyentes sometidos a situaciones represivas durante el anterior régimen a causa de sus ideas o actuaciones políticas. En números redondos, 80 sufrieron las cárceles de Franco.

La medición del grado de represión sufrido durante el franquismo ofrecía el problema de que la subjetividad de las víctimas u otros factores emocionales impidieran obtener datos reales. Muchos de los padecimientos —físicos, psíquicos, familiares, culturales— desencadenados por la dictadura no son mensurables. Optamos por atenernos a hechos objetivos que no agotan las represiones sufridas, pero que nos sirven de indicador, partiendo de uno de los elementos social e individualmente más nocivo: la privación de libertad personal.

Quedan fuera de este análisis otras circunstancias dramáticas como incluso la condena a muerte, afortunadamente no consumada, de alguno de los parlamentarios constituyentes. Con el criterio de obtener un resultado cuantificable y que abarcara al máximo posible de parlamentarios objeto de represión, limitamos nuestra pregunta al tiempo de cárcel padecido y al número de detenciones sufridas. En el primer caso consideramos que lo decisivo es el número de años o meses transcurridos sin libertad, mientras que en el trance de la detención en prisión preventiva o condenatoria, reviste más significación el número de veces que se ha experimentado esa situación.

Un 86,6 por 100 de los parlamentarios constituyentes no estuvo en la cárcel (un senador de UCD puntualizó un tanto puntillosamente: «No como recluso, sí como abogado») y un 74 por 100 no fue nunca detenido. Estuvieron, pues, en la cárcel, el 13,4 por 100, y fueron alguna vez detenidos el 25,6 por 100. El nivel de parlamentarios que no fueron encarcelados es inferior en el Congreso (83 por 100) que en el Senado (91,5 por 100), e igual ocurre con el volumen de parlamentarios que no fueron nunca detenidos en el pasado, que para los diputados es del 68,1 por 100 y para los senadores del 83,5 por 100.

En cuanto al volumen de tiempo de cárcel padecido, predomina globalmente el período de uno a cinco años (5,8 por 100 sobre el total de parlamentarios de ambas Cámaras), seguido por el de menos de un año, de seis a diez años, de once a veinte años y por el de más de veinte años de cárcel.

Del total de parlamentarios con experiencia personal de detenciones policiales, son más los que fueron detenidos de dos a cinco veces (un 11,5 por 100), seguidos de quienes sólo lo fueron una vez (10,8 por 100). A más distancia están los que lo fueron de seis a diez veces (un 3 por 100) y por último, quienes sufrieron detenciones de once a quince veces (un 0,1 por 100).

Por grupos parlamentarios, los diputados de Alianza Popular y los senadores de designación real no registran ningún período de permanencia en cárcel y los parlamentarios de Unión de Centro Democrático resultan afectados en muy escasa medida (los senadores, en absoluto, y los diputados en una proporción muy reducida). Los partidos de izquierda —en proporción mayor los comunistas, seguidos de los socialistas de una y otra Cámara— son los diputados que ofrecen un volumen mayor de permanencia en las cárceles franquistas. En el caso de los comunistas resulta afectado, en mayor o menor medida, prácticamente todo el grupo; casi la mitad de los socialistas (los del Senado registran el máximo tiempo de permanencia en cárceles, con períodos totales superiores a los veinte años) pasaron también por las cárceles de la dictadura. Las restantes minorías del Congreso y del Senado sufrieron niveles menores de represión.

En cuanto al número de detenciones, ni un sólo grupo parlamentario se salvó, si bien resultaron afectados en escasísimas proporciones los parlamentarios de la derecha y el centro y con mayor intensidad los grupos nacionalistas y minorías progresistas. Más de la mitad de los parlamentarios socialistas y prácticamente todos los comunistas fueron objeto de detenciones, en número de veces diferentes, pero muy apreciables.

MÁS DE LA MITAD VA A MISA

La importancia que ha revestido el *hecho religioso* a lo largo de la elaboración de la Constitución y en el momento inmediatamente anterior a su aprobación popular en referéndum (baste recordar la influencia que los analistas de las actitudes de voto atribuyeron a la carta pastoral del cardenal primado Marcelo González Martín —lo que se denominó el *marcelazo*— sobre el total de «noes» y votos en blanco producidos el 6 de diciembre de 1978), otorga un valor apreciable para la indagación del grado de religiosidad personal de los *padres* de la Constitución. La delicadeza del tema y la frecuente indefinición sobre esta materia, nos llevaron a reflexionar sobre qué tipo de pregunta podría facilitarnos el conocimiento del dato sin atentar contra la intimidad de las conciencias ni provocar inconvenientes precauciones en la respuesta. Optamos por renunciar a inquirir sobre la creencia o no creencia en Dios o sobre el grado de vinculación a la Iglesia católica o a otra confesión y obviamos cualquier planteamiento que pudiera introducir en la respuesta el *sentimiento religioso*. Objetivamos al máximo la pregunta, con lo que la respuesta se hacía más fácil, porque siempre es menos problemático describir una conducta, aunque sea propia, que definir un sentimiento o una creencia. Con ello además obteníamos la actitud *social* que nos interesaba conocer de los parlamentarios, sin adentrarnos —lo cual no era necesario para nuestro trabajo ni nos interesaba— en la profundidad de las conciencias. Así pues, preguntamos a los diputados y senadores constituyentes: «¿Practica la religión?»

Los resultados globales, una vez realizada la ponderación de las respuestas obtenidas, fueron un 57,1 por 100 de «síes» y un 35,2 por 100 de «noes», con un margen de un 4,5 por 100 de dudosos («¡Ni sí ni no!» contestó impetuosamente un diputado) y un 3 por 100 de «No contesta». Por Cámaras, el Senado constituyente se configura más religioso, con un 66,3 por 100 de practicantes, frente a un 26,9 por 100 de no practicantes, un 3,3 por 100 de dudosos y otra proporción igual de quienes no contestaron. En el Congreso que elaboró la Constitución, los practicantes son mayoría absoluta por muy escasa diferencia, un 50,8 por 100 frente a un total de no practicantes del 40,8 por 100, un 5,4 por 100 de dudosos, y un 2,9 por 100 que prefirieron no contestar.

La comparación de estos datos con el nivel de práctica religiosa entre los españoles no podemos realizarla, porque sería preciso formular la misma pregunta y contar con un número representativo de respuestas entre nuestros compatriotras. Por otra parte, el grado de secularización y aun de evolución hacia el agnosticismo —incluso entre personas que profesaron el nacionalcatolicismo— es un hecho palpable pero difícilmente mensurable en términos científicamente válidos y suficientemente actualizados. De todos modos, como referencia para nuestros lectores, reproducimos el siguiente cuadro sobre la evolución del grupo religioso en España de 1970 a 1975, con la salvedad —hecha por los propios autores de los datos— de que la muestra elegida es distinta en uno y otro año [6]:

	1970	1975
Creen	80%	63%
Dudan	14%	17%
No creen	5%	5%
No se lo plantean	—	8%
No responden	1%	7%
Total	100%	100%

6 *Síntesis...*, cit., p. 306.

En nuestra encuesta, el análisis de los resultados por grupos parlamentarios muestra un predominio de los practicantes, sin fisuras, dudas ni vacilaciones, en Alianza Popular, que se sitúa en cabeza de la religiosidad parlamentaria constituyente, porque ni siquiera sus habituales acompañantes, los senadores de designación real, muestran una tan abrumadora unanimidad en la práctica religiosa. Los dos grandes bloques del Parlamento, UCD y PSOE, se reparten respectivamente la hegemonía en el grupo de los «síes» y los «noes», pero tanto centristas como socialistas cuentan con minorías de parlamentarios en su seno que no siguen la *moda* del partido. En el caso de UCD, debemos exceptuar a los senadores, entre los que sólo existen practicantes o quienes no contestan a esta pregunta.

El único grupo parlamentario de las Cortes constituyentes que no contó entre sus miembros ni con un solo practicante de la religión fue el comunista. Sin embargo, no podemos afirmar que todos ellos fueran tajantemente no practicantes. Hemos tenido que valorar entre los dudosos a un diputado comunista que, a la respuesta que se le pedía —«sí» o «no»—, tras optar por el «no», añadió, refiriéndose a la religión, «...pero la respeto», obviedad que nada tiene que ver con la pregunta formulada pero que entendemos la matiza o de algún modo expresa una reserva que no queremos dejar de registrar.

En las minorías nacionalistas del Congreso constituyente predominaron los practicantes, de forma más notable en el PNV. También los senadores reales ofrecían un número mayor de practicantes, aunque registraron una proporción no desdeñable de quienes no practicaban la religión. Los grupos Progresistas y Socialistas Independientes y Entesa dels Catalans distribuyeron sus senadores por partes iguales entre practicantes y no practicantes, con ligero predominio de estos últimos en la Entesa.

SOCIALISTAS MÁS SOCIALDEMÓCRATAS, MAYORÍA ABSOLUTA

Dentro del abanico ideológico en que se distribuyen los parlamentarios constituyentes, los resultados de nuestra encuesta indican que, al margen de las concretas formaciones partidarias en que cada uno se integró, la opción ideológica más elegida por los miembros de ambas Cámaras fue la socialista (un 31,7% sobre el total de parlamentarios). En el Congreso de los Diputados, el predominio ideológico socialista se cifró en un 34,9 % que, complementado con el 18,1 por 100 de diputados que se confesaron socialdemócratas, habrían bastado para garantizar —con el 53 por 100 de los votos— la mayoría absoluta a una hipotética formación gubernamental de características afines a ambas ideologías.

En el Senado, el predominio ideológico socialista registró un menor nivel (28 por 100), seguido por la opción liberal (19 por 100), el grupo de los ideológicamente independientes (18,8 por 100) y los democratacristianos (12,1 por 100) y socialdemócratas (11,4 por 100).

Particular interés ofrece la división ideológica dentro de cada grupo parlamentario, excepto en los que, como el comunista, puede considerarse ideológicamente más monolítico. En contraste con los 20 diputados comunistas que optaron por la ideología comunista, los datos reales deducidos de las respuestas a esta pregunta de nuestra encuesta, indican que de los 159 diputados con que oficialmente contó UCD, 55 se declararon socialdemócratas, 39 liberales, 32 de UCD, 20 democratacristianos y 13 «independientes» (estos últimos tal vez se podrían sumar a aquellos que se proclamaron ideológicamente «de UCD»). En el Senado, la división ideológica de UCD ofreció un predominio liberal, con 37 senadores que optaban por esta ideología, seguidos por 29 democratacristianos, 17 «de UCD», 13 independientes y 12 socialdemócratas.

En los diversos grupos parlamentarios socialistas, el predominio de la ideología «socialista» era claro, si bien se registra una indudable tendencia hacia la etiqueta «socialdemócrata». En el Grupo de Socialistas del Congreso (que coincidía políticamente con el PSOE), de 107 diputados, 102 se declaraban socialistas y cinco optaron por la ideología socialdemócrata. En cambio, en los Socialistes de Catalunya (grupo, al parecer, situado algo más a la izquierda que el PSOE), de 18 diputados, 17 se declaraban socialistas y uno nacionalista). Los 49 socialistas del Senado (coinciden, a nivel de partido, con el PSOE) se dividían en 46 socialistas y tres socialdemócratas.

El Grupo parlamentario Comunista no sólo mantenía cohesionados ideológicamente a sus diputados, sino que adhería, además, a esta ideología, un senador del Grupo de Progresistas y Socialistas Independientes y dos de Entesa dels Catalans, sumando un total de 23 parlamentarios ideológicamente comunistas. En cambio, en Alianza Popular, del total de sus 16 diputados, sólo 12 identificaban su ideología con la de AP, mientras que cuatro se proclamaban liberales. Este *déficit* se compensaba, en parte, con tres senadores del grupo mixto que se identificaban con la ideología de AP, dando un total de 15 parlamentarios afines a Alianza Popular.

En las minorías prevalecía la ideología «nacionalista», si bien la intensidad cuantificable de esta definición política es mayor entre los vascos que entre los catalanes. Todos los parlamentarios del PNV se declararon nacionalistas, mientras que de los nueve de la Minoría Catalana, sólo cuatro coincidieron en esta identificación política, tres se proclamaron liberales, uno socialdemócrata y otro socialista. Por lo que se refiere a Entesa dels Catalans, de sus 13 senadores, sólo cuatro se declararon nacionalistas, mientras que siete se identificaron como socialistas y dos como comunistas. Teniendo en cuenta los parlamentarios de otros grupos no específicamente nacionalistas que se declararon como tales —dos del Grupo Mixto del Congreso y otro de Socialistes de Catalunya—, el total de miembros de ambas Cámaras constituyentes que habría que considerar identificado políticamente con posiciones primordialmente nacionalistas, se eleva a 19. El abanico ideológico se abre de modo más notable en aquellos grupos que, por su propia configuración reglamentaria como *mixtos,* constituyen un «cajón de sastre» de parlamentarios sin otra ubicación posible, o en aquellos cuya existencia se debe a coincidencia de sus miembros en una posición ajena a los grandes partidos, pero no siempre indiferente ideológicamente. Los casos más característicos de esta última situación se produjeron en el Senado constituyente, donde ni el Grupo de Progresistas y Socialistas Independientes ni los senadores reales dejaban de albergar en su seno las más variadas corrientes ideológicas, por lo general no cristalizadas en partidos políticos. Los 22 senadores del PSI quedaron distribuidos así, con arreglo a las opciones ideológicas por las que se inclinaban: 12 socialistas, cinco socialdemócratas, dos liberales, dos independientes, y un comunista. Los 41 senadores reales se dividieron en 27 independientes, siete liberales y siete socialdemócratas. Por último, los Grupos Mixtos de ambas Cámaras diversificaron así la orientación ideológica de sus miembros: de los 13 diputados, tres se *apuntaron* a la socialdemocracia y los 10 restantes se distribuyeron por parejas en las ideologías liberal, democratacristiana, socialista, nacionalista y, si se la puede considerar «ideología», independiente; de los siete senadores, cuatro se identificaron como independientes y tres con Alianza Popular.

LAS RESPUESTAS, CON NOMBRES Y APELLIDOS

Al margen de las cifras frías a que hemos dejado reducidos a los *padres constituyentes* en las páginas precedentes, el colectivo de 220 parlamentarios que respondieron a nuestros cuestionarios —y las incidencias producidas hasta lograrlo— ofrece un rico y variado muestrario de rasgos humanos y políticos que deseamos trasladar al lector, en nuestro propósito de aproximarle al conocimiento más completo de los autores de la Constitución.

Nuestra insistencia cerca de los diputados y senadores para que aceptaran someterse al «pequeño examen sociológico» que suponía nuestra encuestra, obtuvo mejores resultados, como ya quedó dicho, en las alas izquierdas de ambas Cámaras. Ni las cartas ni los contactos personales lograron arrancar de algunos grupos de la derecha contestaciones en el grado deseado. En Alianza Popular se plantearon, al parecer, problemas de intimidad ofendida ante nuestras preguntas.

Contábamos con cuatro respuestas cuando insistimos al portavoz del grupo, Manuel Fraga, para que influyera sobre el resto de sus compañeros. Nos respondió que no pensaba imponer la disciplina parlamentaria en este asunto. No le pedíamos tanto; simplemente que «aconsejara». Fraga —que sí había contestado a la encuesta— dejó zanjada la cuestión con estas clarificadoras y expresivas palabras, pronunciadas en la sala de los Pasos Perdidos del palacio de la carrera de San Jerónimo: «Que cada uno haga lo que le salga de las pelotas.»

Algunos parlamentarios impugnaron parte de nuestro cuestionario. Así, Miquel Roca, de la Minoría Catalana, rehusó contestar a la pregunta sobre la práctica o no de la religión, porque «la pregunta —nos escribió, cordialmente— no es constitucional». El fino ponente constitucional se refería, sin duda, al número 2 del artículo 16, donde dice: «Nadie podrá a ser *obligado* a declarar sobre su ideología, religión o creencias.» Miquel Roca no dejó, en cambio, de confesar su ideología nacionalista. Otros no respondieron a alguna de las preguntas, sin explicar las razones de su silencio.

Un caso particular de despiste, atribuible quizá a un deformado subconsciente burocrático, lo protagonizaron cinco parlamentarios de UCD (los diputados Javier Aguirre, Manuel Bermejo, César Augusto Escribano y José Antonio González y el senador Juan Antonio Graíño) y dos socialistas (el diputado Juan Francisco Delgado y el senador Alberto Javier Pérez Ferré), quienes, a continuación del enunciado «profesión que figura en el DNI», contestaron con el número correspondiente a sus respectivos Documentos Nacionales de Identidad...

Una de las cuestiones que produjeron observaciones que revisten cierto pintorequismo por parte de los parlamentarios fue el tema religioso. Al margen de las respuestas que reflejan una comprensible situación de duda, se produjo un deseo de «explicación» que en ocasiones parecía innecesario. Así, cuando el comunista Ramón Tamames declaró no practicar la religión y añadió: «pero la respeto»; o cuando el socialista José Luis Sáenz Cosculluela se proclamó «creyente sin prácticas religiosas», o Donato Fuejo «agnóstico»; o el senador socialista, antiguo párroco, Celso Montero, dijo practicar la religión, «pero sin regularidad legal; cuando responde a una vivencia personal o comunitaria...». Otros redujeron la cuestión al absurdo, como el diputado centrista Gonzalo Payo, que contestó negativamente y añadió: «a veces»; o su compañero de grupo, Nicolás Díaz-Saavedra, que respondió: «¡Ni sí ni no!».

La identificación ideológica también proporcionó respuestas curiosas. Dos senadores del Grupo de Progresistas y Socialistas Independientes que pertenecían a un partido tenido por democratacristiano, Izquierda Democrática (Manuel Villar Arregui —presidente entonces de ID— y Alfonso Moreno de Acevedo), se proclamaron respectivamente, socialdemócrata y socialista. Otro senador del mismo grupo parlamentario, Nicolás de Benito Cebrián, se declaró socialista, pero puntualizó su identificación «ideológicamente con opciones de socialismo avanzado; funcionalmente con ningún partido». Otro senador, éste del grupo socialista, Juan José Laborda Martín, optó por la ideología socialista, «lo que quiere decir —nos ilustró—, haber pasado por el pensamiento liberal».

En Unión de Centro Democrático, la opción por una u otra ideología se presentaba más problemática para los parlamentarios de sendos grupos. Algunos, como Raimundo Clar, diputado, lo solucionó «apuntándose» a tres: «liberal-socialdemócrata-democratacristiano». Por su parte, Ricardo de la Cierva se proclamó senador «cóctel» («como mis electores»), y Antonio Rodríguez Reguera «ecléctico, pero no independiente; soy hombre de partido». El senador Manuel Iglesias Corral, que fue fiscal general de la República y que pasó a UCD desde el grupo mixto durante el debate constitucional, se declaró «independiente».

Entre los parlamentarios que se identificaron con la resultante ideológica de UCD, figuran Alberto Estella, Manuel Ángel Fernández Arias, Modesto Fraile, Nicolás Díaz-Saavedra —liberal «dentro de UCD»—, José Antonio Otero Madrigal, José Manuel Piñeiro, Juan Manuel Reol —«liberal UCD»—, José Luis López Henares y Félix Pérez y Pérez.

Por lo general, los senadores dieron más explicaciones. Ricardo de la Cierva, por ejemplo, contestó a la pregunta sobre el nivel de ingresos (más de tres millones de pesetas anuales) sin dejar de puntualizar que «depende de la venta de mis libros». Jesús Durbán estuvo en la cárcel «como abogado». Celso Montero no estuvo en la cárcel ni detenido, pero sí fue molestado por la policía, que le negó «el certificado de buena conducta preceptivo para sacar el carné de conducir». Ramón Rubial, presidente del PSOE y del Consejo General Vasco y vicepresidente segundo del Senado, tornero mecánico de profesión, con un nivel de estudios primario, hijo de obrero especializado, nos explicó que, además de los 19 años de cárcel que sufrió de 1937 a 1957, y el posterior destierro a Las Hurdes, hasta 1968, y el juicio del TOP (Tribunal de Orden Público) en 1968, ya antes, durante la República, había conocido la privación de libertad, durante meses, a causa de la revolución de octubre, en 1934.

Había en el Senado constituyente, además de Rubial, varios socialistas con muchos años de lucha a sus espaldas, que se sentaban en los últimos escaños de su grupo, con la garrota entre las piernas y no solían perderse un debate. Uno de ellos, Justo Martínez Amutio, logroñés de 82 años, hijo de militar, profesionalmente jefe de talleres y de equipos de montajes, nos relató sus problemas, desde los 16 años, como militante de UGT y PSOE y la represión de que ya entonces fue objeto por la dictadura de Primo de Rivera: en 1924 fue desterrado a Valencia, donde le detuvieron en tres ocasiones.

Nos contó la persecución que también sufrió durante la República y, después de la guerra, su detención en el puerto de Alicante, en cuyo reformatorio pasó seis meses, y tres años y medio en la prisión provincial de Albacete, de donde fue trasladado al campo de trabajo «Pantano del Generalísimo». En mayo de 1945 fue detenido con otros militantes del PSOE y de la UGT, privado de libertad durante tres meses y medio «y torturado en los interrogatorios con otros más». Nuevas detenciones en 1948 —63 días— y en 1952 —42 días— y, después, «continuas llamadas a las jefaturas de policía para someterme a interrogatorios en número que ya no recuerdo...», nos confió este viejo militante socialista.

Una biografía tan cargada de vicisitudes contrasta con las de la mayoría de los senadores, incluso los de su propio grupo socialista. Y muestra cómo las responsabilidades políticas no tienen por qué corresponderse con un elevado nivel social y cultural. Justo Martínez Amutio, desde su formación educativa elemental y de Escuela Industrial, fue, durante la guerra civil, agregado en la embajada de la República en París y más tarde gobernador civil de Albacete y de la zona militar de su división territorial, cargos de los que dimitió al hacerlo el Jefe de Gobierno, Francisco Largo Caballero. Después, ingresó como técnico en la Subsecretaría de Armamento del Ministerio de Defensa Nacional de la República, y al terminar la guerra ya era director de fabricación e inspector de la zona de Andalucía-Levante Sur. «No era cargo político —nos explicó el viejo socialista—, sino técnico; pero los cuatro inspectores éramos de la confianza del jefe del Gobierno como militantes socialistas.»

También los socialistas del Congreso constituyente ofrecían el mayor índice de protagonismo político anterior a la guerra civil dentro de la izquierda parlamentaria presente en aquella Cámara. Por parte comunista, prácticamente, sólo Dolores Ibarruri y Santiago Carrillo (Carrillo se refirió a sus detenciones de 1933, 1934 y 1936 y a su cargo de «ministro» del Gobierno Giral en el exilio) tuvieron actividad política en aquella época. El viejo socialista Alfonso Fernández Torres no alcanzó a ver en vigor la Constitución que apoyó con su voto: un lamentable accidente ferroviario acabó con su vida a mediados de diciembre de 1978, cuando se dirigía a su tierra jiennense, de regreso de un Pleno del Congreso.

Josep Andreu Abelló, socialista catalán, ocupó la presidencia del Tribunal de Casació de Cataluña. Su compañero Francisco Ramos Molins, que contabilizó diez años y medio de cárcel durante el franquismo, nos relató sus detenciones por actividades políticas ya en 1929, 1932 y 1934. Manuel Turrión narró así su singular capacitación profesional, partiendo de una base de enseñanza primaria: «...alcancé conocimientos en academias, guerra y cárceles para poder ser jefe técnico en empresas donde se precisaba dibujo, matemáticas superiores, etc.». Sócrates Gómez —secretario general del PSOE en la clandestinidad— padeció quince años de cárcel.

La otra cara del socialismo con presencia en las Cámaras y con un protagonismo importante en la elaboración de la Constitución tenía, por edad y por talante, menos lucha detrás y más futuro político por delante. Eran los jóvenes de la ejecutiva y los altos responsables del PSOE, con predominio del «clan andaluz», entre quienes no abundan víctimas especiales de la represión franquista y sí hombres cuya principal actividad política, aunque clandestina, fue más o menos tolerada. El propio Felipe González, en otro tiempo *Isidoro,* apenas cuenta con unas pocas detenciones; y el número dos, Alfonso Guerra, ni siquiera eso. Luis Gómez Llorente sufrió medio año de cárcel. Gregorio Peces-Barba, hijo (el padre, de la anterior ola, senador constituyente, padeció seis años de cárcel), estuvo confinado durante tres meses. Francisco Bustelo permaneció en la cárcel durante un año, otro más en prisión atenuada, y siete en el exilio. Enrique Múgica, treinta meses de cárcel y otros tantos confinado. Son las excepciones. Los jóvenes leones del socialismo español —profesores, abogados, catedráticos, y no torneros como Rubial, maestros de obras como Turrión o especialistas industriales, como Martínez Amutio—, lucharon en la Universidad, en sus profesiones y en la calle en demanda de la democracia y la libertad cuando ya desde la propia dictadura los sectores incipientemente reformistas o tecnócratas hacían esfuerzos por injertar en el régimen conceptos de normal circulación en la Europa a la que nos abocaba la necesaria expansión del sistema económico de libre mercado. Ni siquiera un *enfant terrible* del socialismo renovado, Pablo Castellano, registra en su expediente político el paso por la cárcel, aunque sí fue objeto de las inevitables detenciones de aquella época: en su caso cuatro, entre 1956 y 1975. En todo caso, la represión adoptaba fórmulas más sutiles que en los viejos tiempos del régimen y buscaba apartar a los socialistas, cual «manzanas podridas» de los influyentes ambientes —funcionariado, docencia, abogacía— en que se movían. La apertura de expediente fue uno de los procedimientos más al uso. El abogado Carlos Navarrete sufrió expediente disciplinario por razones políticas. Joan Reventós fue expulsado de la docencia universitaria. Valgan como ejemplos.

De lo que no cabe duda es de que la máxima condensación de padecimientos por razones políticas la registraron en el Parlamento constituyente los 20 diputados del Grupo Comunista, cuya media de años de cárcel se aproximaba a los cinco, dejando a un lado los años de exilio —Carrillo, Solé Tura—, las condenas a muerte —Solé Barberá—, las multas —Tamames— y las innumerables detenciones, de las que sólo se salvó uno de los 20 diputados: Emerit Bono. La mayoría de estas detenciones se producen en los años sesenta y setenta, cuando otros sectores de la oposición democrática, aunque en la clandestinidad, comienzan a levantar cabeza. La actividad política de los que habían de ser diputados en ambientes por lo general obreros —sin descartar la acción en medios profesionales e intelectuales, que es, por lo general, más reciente—, es la clave del grado de represión sufrida, junto a la extracción social baja. Los tecnócratas de los años sesenta y los propios reformistas de los setenta —12 de febrero incluido— aceptaban algún soplo democratizador, pero experimentaban terror ante la posibilidad de la clase obrera organizada. Muchas de las profesiones de los que alcanzarían a ser diputados comunistas muestran la clave de la persecución padecida, más que la propia ideología, sobre la que el franquismo no establecía demasiadas distinciones. Todo cabía en el saco sin fondo de los masones y comunistas, genéricamente «los rojos». Manuel Benítez Rufo, transportista campesino; Francisco Cabral, «del campo»; Marcelino Camacho, fresador; Cipriano García, obrero de artes gráficas; Juan Ramos Camarero, metalúrgico; Fernando Soto Martín, chapista, no podían esperar condescendencia sin cambiar de actividad. Junto a Simón Sánchez Montero, traductor, que sufrió dieciséis años de cárcel, la mayoría de los citados suman el máximo de privación de libertad padecida por el Grupo: Camacho, casi catorce años; Benítez, doce; Cipriano García, seis y medio; Fernando Soto, cuatro años. Por lo demás, de poco podía valer a Santiago Carrillo la profesión de «periodista» que figuraba en su DNI. Por razón de edad, algún diputado comunista, como Josep Maria Riera —veintiséis años, «estudiante» según el DNI—, no tuvo prácticamente tiempo de conocer la represión franquista, aunque ya en 1972 tuvo ocasión de ser detenido, con veinte años de edad.

El perfil humano y político de estos diputados es radicalmente otro del de quienes se sentaron en los escaños de Alianza Popular. Eran las dos Españas, frente a frente. Con los datos de nuestra encuesta en la mano, obreros, hijos de obreros, tuvieron como colegas a catedráticos, hijos de empresarios, diplomáticos, doctores ingenieros e hijos de profesionales liberales. Con unos ingresos personales que, por lo general, no sobrepasaban las 500.000 pesetas anuales, los diputados comunistas tuvieron a pocos metros a unos compañeros de Parlamento con retribuciones anuales que se aproximaban o sobrepasaban los 3.000.000 de pesetas. Y en el aspecto político, quienes pasaron docenas de años en las cárceles franquistas, estuvieron junto a colaboradores directos de Franco: un vicepresidente del Gobierno y ministro de la Gobernación, otro vicepresidente del Gobierno y ministro de Trabajo, dos ministros de Asuntos Exteriores, otros dos de Obras Públicas, un ministro de la Presidencia, un comisario del Plan de Desarrollo... Por citar sólo un caso directo, de menor cuantía, el diputado constituyente Manuel Fraga, había enviado a la cárcel, en 1976, durante mes y medio, al después también diputado Ramón Tamames. Que los diputados comunistas y aliancistas trabajaran juntos en la elaboración de la Constitución y obtuvieran algún grado de acuerdo sobre ella, fue la prueba más patente de las posibilidades de consenso y de superación de una etapa desdichada de nuestra historia reciente.

De los parlamentarios centristas que contestaron a nuestra encuesta, entre los que no se encuentran los grandes jefes de filas ni los ministros ni quienes, al igual que algunos de los diputados de AP, tuvieron importantes responsabilidades durante el franquismo, el colectivo presenta cierta homogeneidad social —burguesía alta y media— y profesional —predominio de abogados y otras profesiones de formación universitaria— y una desahogada situación económica.

Unos pocos parlamentarios de UCD llegaron al proceso constituyente con algunas pequeñas cicatrices de la etapa de la dictadura. Óscar Alzaga, diputado de ideología democratacristiana, fue varias veces detenido y confinado durante el estado de excepción de 1969; León Buil Giral, también diputado, de ideología socialdemócrata, fue molestado dos veces por la policía, por considerarle de la oposición; José Antonio Otero Madrigal, diputado de UCD con origen en el Partido Popular, fue detenido en 1952, en un control policial; José Luis Ruiz Navarro, diputado de ideología democratacristiana y secretario primero del Congreso constituyente, estuvo desterrado seis meses en la isla de Hierro; Antonio Vázquez Guillén, diputado que se identificó como socialdemócrata, fue sancionado por el Tribunal de Orden Público durante el ejercicio de su actividad profesional como abogado. La mayoría de los parlamentarios de UCD contestaron negativamente a la pregunta sobre el tiempo de cárcel o el número de detenciones padecidas. El senador Ricardo de la Cierva —historiador del franquismo; director general de Cultura Popular con Franco; célebre por un famoso artículo titulado «¡Qué error, que inmenso error!», referido al nombramiento de Adolfo Suárez como presidente del Gobierno, y meses más tarde senador por Murcia de UCD y, después, consejero del propio Suárez para Asuntos Culturales y más tarde ministro de Cultura del mismo— nos sorprendió con su respuesta afirmativa a la pregunta de si había sido detenido. Junto al «sí», Ricardo de la Cierva explicaba: «A los nueve años, en septiembre de 1936, en Madrid y Alicante (zona republicana)».

EPÍLOGO

La vida, mutable e imprevista en su propia naturaleza, me proporciona ahora la felicidad de escribir el epílogo de este libro, Crónica secreta de la Constitución. Obra de la que son autores Soledad Gallego-Díaz y Bonifacio de la Cuadra, mis dos más admirados periodistas desde que yo, terminando el quinto curso de derecho, cruzaba el patio de la facultad de Granada con las prisas de llegar al kiosko de la plaza para comprar El País. El periódico que adelantaba los acontecimientos políticos sin duda inesperados cada día, y de los que daban cuenta, con extraordinaria solvencia, estos dos periodistas.

Este libro, fruto de la capacidad e iluminada inteligencia de sus autores, tuve ocasión de leerlo y estudiarlo en su primera edición, y darlo a conocer al alumnado de derecho, al impartir el derecho constitucional que en la década de los ochenta nos cambió las inquietudes personales a quienes vimos en la Constitución de 1978 las posibilidades de un cambio real en las condiciones materiales de nuestra existencia.

La entrada de esta obra a la literatura clásica del constitucionalismo, tiene que ver con su específico contenido, que rebasa la obra periodística para adentrarse en el análisis del objeto del derecho constitucional. Más allá de dar cuenta de lo que ocurre, el libro se adentra en el análisis de los preceptos y su relación con el sistema de relaciones políticas y el entramado de intereses del momento, ya histórico, de la redacción del texto constitucional. En ese sentido adquiere plena categoría de obra clásica, susceptible de ser consultada por los estudiosos de la disciplina constitucional y de cualquier investigación que en esta materia quiera aportar al estudio de la transición política, una visión de la situación social y jurídica de la que en ese momento se partía.

De modo que este libro tiene ahora la misma vigencia del momento de su publicación y su reedición resulta totalmente necesaria cuando se vuelve la mirada al constituyente de 1977 para cuestionar, justificar o revisar lo que entonces se hizo. Y en ese sentido, hay que valorar el consenso como la fórmula que en ese momento para los constituyentes permitía la mejor constitución posible, duradera y flexible.

Duradera porque tenía una vocación de perdurabilidad en el tiempo. La escasa tradición de la vigencia de las constituciones en nuestra historia, que no llegaba más allá del mantenimiento en el poder de la fuerza política que las imponía, y de ahí una buena parte del esfuerzo en favorecer acuerdos que fueran permeables a las diferentes opciones de gobierno.

Y esa vocación de permanencia exigía la elasticidad, la búsqueda de términos imprecisos, poco taxativos, de múltiples acepciones gramaticales, para permitir un desarrollo de sus preceptos que dejaran al legislador opciones muy amplias de regulación. Los acuerdos exigían un importante grado de indeterminación semántica, que favorecía posteriores desarrollos legislativos alternativos, a veces alejados incluso de la voluntad del constituyente, como ocurrió con la Ley 13/2005, de 1 de julio por la que se modifica el código civil en materia de derecho a contraer matrimonio. La Sentencia 198/2012, consideró ajustadas a las exigencias del art. 32 CE el matrimonio llevado a cabo por personas del mismo sexo.

La necesidad de que esta generación conozca los detalles de ese consenso, las condiciones en que se desenvolvió, hacen necesaria una «crónica secreta» de la Constitución, para dar cuenta de lo que cada fuerza política aplazaba en la consecución de sus intereses, para permitir la gobernabilidad del país. Y porque aplazar no significa renunciar, es importante también comprobar como algunos de los presupuestos ideológicos de algunos partidos políticos, que a lo largo de estos años se han ido olvidando, no han tenido causa en el consenso de la transición, sino en otras causas como un cambio de intereses o estrategias de los propios partidos.

El libro tiene la virtualidad de recordar algunos elementos de los acuerdos políticos en relación a los grupos de presión que en la España de la transición dificultaban la redacción del texto. Así, los artículos referidos a la Iglesia, al ejército, a los poderes económicos, de los que podemos recordar las reacciones que perturbaban la negociación política a través de las manifestaciones públicas en prensa, pero que tenían una importante trastienda en el documento que se estaba negociando.

La transición política fue una etapa de la historia de España que permitió el paso de una dictadura a una democracia en condiciones relativamente pacíficas, y con los condicionantes de toda transición pactada. A la muerte del dictador, la situación de incertidumbre, precaución, y miedo que se genera en la sociedad, condicionó a la vez que permitió, que las fuerzas políticas establecieran una solución de consenso, ante la eventualidad de otras posibilidades, que recordaban la guerra civil de 1936. Las dictaduras no son versátiles y no permiten, por lo general, las transiciones pacíficas. Así, en los años de 1975 a 1982, se transformaron las estructuras del Estado mediante fórmulas de pacto y consenso, que permitieron el paso de una dictadura a una democracia formal, cediendo cada una de las fuerzas políticas una parte de sus aspiraciones.

La valoración que esa etapa de la historia de España mereció entonces a la sociedad española fue positiva, y el consenso se consideró un triunfo político capaz de evitar una conflictividad incompatible con la paz y la reconciliación nacionales, e igualmente por parte del contexto internacional y europeo. La entrada de España en la Comunidad Europea, hoy Unión Europea, era la inequívoca señal de que los constituyentes habían satisfecho las exigencias de que España se acreditaba como un país europeo en línea con Alemania, Francia, Italia e Inglaterra.

A quienes consideran que la transición fue fruto de la cobardía de algunos y del abuso de otros o peor aún, que sin revolución no tañen las campanas, habría que preguntarles de que otra manera España estaría en el concierto mundial, de que otra manera y método, que hubiera producido un resultado mejor al de la Constitución Española de 1978.

Esta Constitución contiene un nivel institucional y una formulación de los derechos fundamentales, que supera en garantías, por ser posterior en el tiempo, a las establecidas en las constituciones italiana, francesa y alemana.

No fue la transición política un entreguismo de clase, ni una jugada de cartas marcadas. Las personas de mi generación que estuvieron en la calle, convendrán conmigo en que esa transición derramó sangre que regó algunos de los artículos hoy en vigor, como el art, 15 CE que prohíbe la tortura, o el art. 28 CE, que constitucionalizó el derecho a la libertad sindical, o el reconocimiento del derecho de huelga. De todo esto daba cuenta *El País*; lo saben quiénes pertenecen a la generación de la transición política, en la que se encuadraban dos de sus mejores periodistas, Soledad Gallego-Díaz y Bonifacio de la Cuadra, que eran conscientes entonces de que su profesionalidad les llevaba cada día a intentar dar la noticia que se negociaba al mismo tiempo en el Parlamento y en los despachos nocturnos. Y fruto de aquel trabajo diario, es el libro que ahora leemos.

Quienes vivimos la transición, podemos contar con voz propia lo que vimos. El miedo, la angustia del vacío que de repente provocaba la nueva situación, el proceso de suplantación de los que esperaban para repetir la hazaña, la incertidumbre del futuro de la legalidad establecida, los acontecimientos que se generaban de los que se habían tenido que hacer los dormidos, los que volvían con la cautela de asomarse poco a poco a la vida que les había sido prohibida en su propia tierra. Algunos, con el temor de volver a vivir el hambre y la guerra, la muerte propia de la que entonces se salvaron. Ese era un espacio del pensamiento, o el pensamiento de parte de la sociedad, y junto a este, la emergencia de una sociedad que era otra, que esperaba y se preparaba para un momento que no era imprevisible, sino que estaba siendo anunciado desde hacía algunos años. Partidos políticos pendientes de legalizar, desde el exilio y desde el interior, amagando en publicaciones o en actos públicos, liderando manifestaciones y pidiendo libertades, y mujeres organizadas en asociaciones feministas. Había un mundo en el subsuelo del país que afloraba, al tiempo que la dictadura moría.

Y también con esa voz propia, la inseguridad de proyectos de vida que podían extraviarse con la arbitrariedad de unos poderes públicos que al tiempo que retiraban unos carteles u octavillas en la universidad, podían detener a quienes los distribuían. La inseguridad frente a los cierres de las universidades, las durezas de la represión de las huelgas de los obreros, y las manifestaciones casi constantes ya desde meses antes de la necrológica. Las torturas a las personas detenidas, la represión de los sindicatos ilegales, la relación entre la clase obrera y las fuerzas sociales, estudiantes e intelectuales. Y esa voz, en un principio dispersa, confluyó en Platajuntas y Plataformas, y se fue prácticamente unificando en las peticiones de amnistía, derechos humanos e instituciones democráticas.

Quien dice ahora que fue una transición fácil, prácticamente una entrega de la izquierda sin ajustes de cuentas, no asistió a las manifestaciones en las que mataron a militantes de organizaciones sindicales y partidos políticos, desde 1976 en adelante, como a María Norma Mendaca, en Santurce, en la semana pro amnistía, a J.M. Zabala, militante de CC.OO en Fuenterrabía, a Bartolomé García, en Fuenterrabía, el 8 de septiembre, a S. Navas y J. Nuin en Santesteban, o a A. Almazan el 15 de diciembre en Sestao. No vivió la semana negra del 23 al 28 de enero de 1977, donde se produce la muerte de M. Luz Nájera, estudiante, en Madrid, seguida de la matanza de Atocha la tarde noche del 24 de enero de 1977, o el asesinato nunca aclarado de Javier Verdejo en la playa de Almería la noche del 13 de agosto del mismo año, mientras escribía Pan, trabajo y libertad.

Y no fueron solamente las fuerzas de orden público quienes tomaron la calle. Hubo un terrorismo de estado y de las fuerzas de extrema derecha e izquierda, que coadyuvaron al mantenimiento sostenido de la violencia. Este terrorismo ultra también asesinaría a Yolanda González, a manos de un comando de extrema derecha, y el terrorismo de ETA mantuvo un pulso que se prolongó, como se sabe, hasta bien entrado el siglo XXI.

El uso de la tortura, la represión en el ejercicio del derecho de manifestación, los expedientes sancionadores en la Universidad, los despidos por alteración de orden público, dan cuenta del clima de conflictividad vivido en aquellos años, en los que se alternaban a partes iguales, el temor y la esperanza. Pero muchas vidas se malograron, por un asesinato terrorista, o por un familiar afectado de los daños colaterales de una explosión, muchas personas quedaron inválidas o traumatizadas de por vida.

Hubo violencia, la transición en España no fue pacífica para todas las personas, tuvo víctimas, olvidadas ahora, pero que contribuyeron a esa transición con su sufrimiento o con su vida. Y el antiguo régimen claro que cedió, nadie dirá que no se disolvieron las Cortes franquistas y se aprobó una Constitución...

Esa Constitución cumple ahora 40 años de vigencia, la más larga en la Historia constitucional de España, que ha servido para facilitar la convivencia ciudadana. Dice la teoría general del derecho, que una norma puede ser tanto más eficaz cuánto menos cerrado sea su sentido porque admite un mayor número de opciones interpretativas. Así, el art, 15 del texto constitucional al reconocer a «todos» el derecho a la vida permitió una legislación sobre el aborto, al designar con este término ambiguo, un derecho cuya interpretación admitía varios sentidos. Y la apertura del Título VIII derivó en un estado autonómico lo que se creían particularidades históricas de algunos territorios. El consenso permitió que la Constitución hiciera posibles gobiernos del más variado signo político, con leyes que han podido regular muy diversas materias, sin incurrir en inconstitucionalidad, y cuando lo ha sido, corregidas o derogadas por el Tribunal Constitucional.

La interpretación de la Constitución, a cargo del Tribunal Constitucional encargado de su control, ha permitido expandir el sentimiento constitucional revisando el ordenamiento jurídico para su conformidad dentro de la unidad de un sistema, sin rupturas ni alteraciones, sino en una adecuación progresiva y pacífica. No se podrá saber cuánta efectividad tuvo un tribunal que consideró la naturaleza normativa de la Constitución, por encima de los textos programáticos anteriores, que reafirmó las exigencias constitucionales de la plena efectividad de los Derechos Fundamentales de aplicación directa, contribuyó en términos muy expansivos al desarrollo de las autonomías territoriales, depuró el ordenamiento jurídico anterior sin necesidad de rupturas, y desarrolló una dogmática jurídica basada en la jurisprudencia de valores.

La redacción de la Constitución tuvo entonces un seguimiento muy intenso a través de la prensa escrita, que contribuyó a la llegada de la democracia, con más objetividad que la TVE, entonces en régimen de monopolio. Y alguna de esa prensa surgía entonces con extraordinaria vitalidad, como El País, en plena transición, en 1976, para liderar el cambio de régimen.

Con los mejores periodistas, las mejores plumas, jóvenes que creían en un periodismo independiente, que todavía creen, y que hoy siguen siendo fieles a la verdad. Un mundo de fanáticos de ese periódico, leíamos cada mañana en un acto de fe, lo que decía por Bonifacio de la Cuadra, nombre pequeño en un recuadro, al que yo leía con dedicación a veces en voz alta, en una sala de togas, abarrotada de abogados laboralistas que esperaban su turno para entrar a juicio.

Soledad Gallego-Díaz ha sido siempre una mujer comprometida con ella misma, sin duda la forma más honrada de compromiso, de inteligencia lúcida, y hoy, luce su brillantez en la recuperación de un modelo de periodismo que dio mucha gloria a la empresa a la que dedicó su vida. Como Bonifacio, Soledad persiguió aquel texto porque la sociedad española de 1978 tenía derecho a saber cuáles serían las siguientes décadas de su vida. Y con su logro, subieron la profesión adonde nunca había estado hasta entonces, al valor de la verdad. «La verdad, son los hechos», dijo en 2018, en el Foro de Nueva Economía, la primera mujer directora del periódico que fue el paradigma de la transición política.

La Constitución que pudo abordar con éxito estas décadas de consolidación democrática de la sociedad española, ha de adaptarse a las generaciones y urgencias que hoy demanda un mundo enteramente nuevo en derechos, ecología, animalismo, tecnología y protección social, además de la dimensión territorial que, en un desarrollo autonómico que desbordó las intenciones del constituyente, ha reformado en algunas Comunidades Autónomas sus estatutos. La interpretación constitucional que el Tribunal Constitucional ha venido llevando a cabo con las limitaciones propias de una función jurisdiccional ha permitido en general una adecuación progresiva del texto constitucional, pero la exigencia de una reforma en un tiempo que ya parece exigible, evitará que un órgano de control de constitucionalidad pueda excederse en interpretaciones y aplicaciones normativas propias de la iniciativa de los poderes del estado que deben abordar estas reformas.

La reforma de esta Constitución no debe temerse ni rechazarse, sino enmarcarse en las posibilidades que su Título XI prevé, y dentro de las opciones que permite. Esa exigencia de reforma puede ser técnica, de alteración de la ubicación de algunos de sus preceptos, pero además debe responder también a la sociedad que hoy vivimos.

Han transcurrido los años suficientes para evaluar si este texto debe ser revisado, más allá de las reformas puntuales exigidas por la Unión Europea. Las exigencias de una sociedad diferente permiten pensar en una reforma constitucional en los términos en que deba ser abordada y para las modificaciones necesarias en algunas materias. La configuración de los derechos fundamentales, en el desarrollo de una sociedad tecnológica, que se desenvuelve en un estado social, con exigencias para las minorías, prestaciones sociales y compensación de las desigualdades, exige una protección reforzada de algunos de los principios rectores, que deben pasar a ser derechos de especial protección: la salud, el derecho a las pensiones dignas, a la habitacionalidad, como un derecho a la vivienda, o la configuración de una perspectiva de género en la Constitución, para permitir el desarrollo de la igualdad real, junto con la distribución territorial del Estado, recogiendo el desarrollo de un Estado autonómico que estaba apenas apuntado en la Constitución y cuya evolución desbordó la previsión constitucional, resultan ineludibles desde hace algunos años, como una forma de adecuar la norma a la realidad social. La línea de sucesión a la Jefatura del Estado, resulta ser igualmente una cuestión que debe ser considerada en un estatus de igualdad, así como la integración, al menos estética, de que España pertenece a la Unión Europea.

Algunos de los problemas que preocupaban al constituyente ya no están en la sociedad de hoy, al menos con la importancia de aquellos años. Se suprimió la pena de muerte y la obligatoriedad de la prestación del servicio militar. Pero otros problemas permanecen y no han sido todavía resueltos en términos satisfactorios para una parte importante de la sociedad, como las relaciones entre el Estado y la Iglesia Católica, la regulación de los derechos de las mujeres a su propio cuerpo, o la distribución territorial del Estado en algunas Comunidades Autónomas.

Quienes vivimos los años de aquel delicado proceso, solo podremos agradecer a la clase política del momento su generosidad, tolerancia e inteligencia para llevar a cabo lo que la sociedad española de hace cuarenta años demandaba.

Gracias a los constituyentes, a la clase política que trajo la democracia a España y a la institución que proyectó el sentimiento constitucional en todos los poderes públicos, debemos la sociedad que hoy tenemos, muchos hombres, y algunas mujeres, que renunciaron a posiciones particulares para construir una sociedad para todas las personas. Supieron conectar con las exigencias de un pueblo que valoró la paz y el diálogo, y aprobar en referéndum un texto constitucional que entonces superaba los estándares de su entorno geográfico, al punto de permitir la entrada en la entonces Comunidad Europea, en condiciones de igualdad con los demás países. España pasó a ser un país moderno, respetuoso con los derechos humanos y con un funcionamiento regular de sus instituciones democráticas.

Y ahora, gracias a la reedición de este libro, y gracias por tanto a Soledad Gallego-Díaz y a Bonifacio de la Cuadra, podemos actualizar el pensamiento político de la Constitución y de su proceso creativo.

MARÍA LUISA BALAGUER
Madrid, octubre de 2018.

APÉNDICE:
LA CONSTITUCIÓN DE 1978
Y SU PRIMER BORRADOR
PARLAMENTARIO

En el presente Apéndice incluimos los documentos que significan el *alfa* y *omega* del proceso constituyente español: el primer borrador elaborado por la ponencia parlamentaria durante la primera lectura, dedicada a convertir en un solo texto los distintos borradores de los partidos, y el texto final de la Constitución de 1978 vigente. El borrador inicial, fruto de las aportaciones parlamentarias y celosamente ocultado a la opinión pública, contenía, junto a numerosas imperfecciones técnicas, un compendio de la voluntad constituyente en su estado *puro,* sin la *contaminación* de la calle ni el efecto de las presiones institucionales y de todo tipo que después recibió. El texto constitucional vigente ofrece una mayor decantación jurídica y técnica, y muestra el resultado final de aquella originaria voluntad política parlamentaria. Entre noviembre de 1977, en que se produjo la filtración de aquel primer borrador conjunto, y noviembre de 1978 —una vez aprobado por las Cámaras el texto que había de someterse a referéndum de los españoles el 6 de diciembre— transcurrió el año decisivo para la elaboración de la Constitución española, a cuyas vicisitudes dedicamos la mayor parte de este libro.

Para que el lector alcance a comprender con mayor comodidad las modificaciones introducidas entre uno y otro texto, publicamos ambos en paralelo, enfrentando los artículos o los párrafos dedicados a la regulación de cuestiones comunes o análogas. En la columna de la izquierda se inserta el texto constitucional vigente y en la de la derecha se ofrecen las redacciones correspondientes del borrador inicial. Cuando el texto legal vigente no tiene objeto de comparación, dejamos en blanco el espacio correspondiente. Seguimos la sistemática de la Constitución, y adaptamos a ella los artículos o, en ocasiones, párrafos del borrador inicial. Debemos advertir que, además de la diferente redacción alcanzada por los distintos temas en uno y otro documento, tiene gran importancia la situación del precepto en cada caso, ya que es desigual el efecto jurídico que produce. Por ejemplo, es más fuerte la protección jurisdiccional de las libertades y derechos reconocidos en la Sección 1.ª del Capítulo 2.º del Título I, que la de los *principios* contenidos en el Capítulo 3.º del mismo Título, según se deduce del artículo 53 de la Constitución.

TEXTO CONSTITUCIONAL

DON JUAN CARLOS I, REY DE ESPAÑA, A TODOS LOS QUE LA PRESENTE VIEREN Y ENTENDIEREN,

SABED: QUE LAS CORTES HAN APROBADO Y EL PUEBLO ESPAÑOL RATIFICADO LA SIGUIENTE CONSTITUCIÓN:

PREÁMBULO

La Nación española, deseando establecer la justicia, la libertad y la seguridad y promover el bien de cuantos la integran, en uso de su soberanía, proclama su voluntad de:

Garantizar la convivencia democrática dentro de la Constitución y de las leyes conforme a un orden económico y social justo.

Consolidar un Estado de Derecho que asegure el imperio de la ley como expresión de la voluntad popular.

Proteger a todos los españoles y pueblos de España en el ejercicio de los derechos humanos, sus culturas y tradiciones, lenguas e instituciones.

Promover el progreso de la cultura y de la economía para asegurar a todos una digna calidad de vida.

Establecer una sociedad democrática avanzada, y

Colaborar en el fortalecimiento de unas relaciones pacíficas y de eficaz cooperación entre todos los pueblos de la Tierra.

En consecuencia, las Cortes aprueban y el pueblo español ratifica la siguiente

CONSTITUCIÓN

TÍTULO PRELIMINAR

Artículo 1

1. España se constituye en un Estado social y democrático de Derecho, que propugna como valores superiores de su ordenamiento jurídico la libertad, la justicia, la igualdad y el pluralismo político.

BORRADOR
DE LA CONSTITUCIÓN
(Artículos de contenido común)

Artículo 1

1. España se constituye en un Estado democrático y social de derecho que propugna como valores superiores de su ordenamiento jurídico la libertad, la justicia, la igualdad y el respeto al pluralismo político.

TEXTO CONSTITUCIONAL	BORRADOR DE LA CONSTITUCIÓN (Artículos de contenido común)
2. La soberanía nacional reside en el pueblo español, del que emanan los poderes del Estado. 3. La forma política del Estado español es la Monarquía parlamentaria.	2. La soberanía reside en el pueblo, que la ejerce de acuerdo con la Constitución. 3. La forma política del Estado español es la Monarquía parlamentaria en los términos delimitados en la Constitución.
Artículo 2 La Constitución se fundamenta en la indisoluble unidad de la Nación española, patria común e indivisible de todos los españoles, y reconoce y garantiza el derecho a la autonomía de las nacionalidades y regiones que la integran y la solidaridad entre todas ellas.	**Artículo 2** La Constitución reconoce y la Monarquía garantiza el derecho a la autonomía de las diferentes nacionalidades y regiones que integran España, la unidad del Estado y la solidaridad entre sus pueblos.
Artículo 3 1. El castellano es la lengua española oficial del Estado. Todos los españoles tienen el deber de conocerla y el derecho a usarla. 2. Las demás lenguas españolas serán también oficiales en las respectivas Comunidades Autónomas de acuerdo con sus Estatutos. 3. La riqueza de las distintas modalidades lingüísticas de España es un patrimonio cultural que será objeto de especial respeto y protección.	**Artículo 4** El castellano es la lengua oficial del Estado. Todos los españoles tienen el deber de conocerlo y el derecho a usarlo. Las restantes lenguas de España serán también oficiales en el ámbito de las nacionalidades y regiones que las asuman como tales, en sus respectivos regímenes autonómicos. España reconoce en la riqueza de las distintas modalidades lingüísticas del Estado un patrimonio cultural que debe ser objeto de especial respeto y protección.
Artículo 4 1. La bandera de España está formada por tres franjas horizontales, roja, amarilla y roja, siendo la amarilla de doble anchura que cada una de las rojas. 2. Los Estatutos podrán reconocer banderas y enseñas propias de las Comunidades Autónomas. Estas se utilizarán junto a la bandera de España en sus edificios públicos y en sus actos oficiales.	**Artículo 8** La bandera de España es la de los colores rojo y gualda. Junto a ella podrán utilizarse las banderas y enseñas que se establecerán en los regímenes autonómicos y las demás que la ley autorice.
Artículo 5 La capital del Estado es la villa de Madrid.	**Artículo 9** La capital del Estado es la villa de Madrid. Podrán establecerse por ley servicios centrales en otras localidades de España.
Artículo 6 Los partidos políticos expresan el pluralismo político, concurren a la formación	**Artículo 5** Los partidos políticos expresan el pluralismo democrático, concurren a la orga-

TEXTO CONSTITUCIONAL

y manifestación de la voluntad popular y son instrumento fundamental para la participación política. Su creación y el ejercicio de su actividad son libres dentro del respeto a la Constitución y a la ley. Su estructura interna y funcionamiento deberán ser democráticos.

Artículo 7

Los sindicatos de trabajadores y las asociaciones empresariales contribuyen a la defensa y promoción de los intereses económicos y sociales que les son propios. Su creación y el ejercicio de su actividad son libres dentro del respeto a la Constitución y a la ley. Su estructura interna y funcionamiento deberán ser democráticos.

Artículo 8

1. Las Fuerzas Armadas, constituidas por el Ejército de Tierra, la Armada y el Ejército del Aire, tienen como misión garantizar la soberanía e independencia de España, defender su integridad territorial y el ordenamiento constitucional.

2. Una ley orgánica regulará las bases de la organización militar conforme a los principios de la presente Constitución.

Artículo 9

1. Los ciudadanos y los poderes públicos están sujetos a la Constitución y al resto del ordenamiento jurídico.

BORRADOR DE LA CONSTITUCIÓN
(Artículos de contenido común)

nización y a la expresión de la voluntad popular y son instrumentos fundamentales para la participación política del pueblo. Se forman y ejercen sus actividades libremente dentro del respeto a la Constitución y a la ley.

Artículo 6

Los sindicatos de trabajadores, las organizaciones profesionales y las asociaciones empresariales, contribuyen a la defensa de los intereses económicos y sociales que les afecten. Se forman y ejercen su actividad libremente dentro del respeto a la Constitución y a la ley.

TÍTULO

Fuerzas Armadas, de Orden Público y estados de excepción

Artículo 123

1. Las Fuerzas Armadas, constituidas por el Ejército de Tierra, la Armada y el Ejército del Aire, tienen como misión garantizar la soberanía e independencia de España, defender su integridad territorial y proteger el ordenamiento constitucional.

2. Una ley Orgánica regulará los principios básicos de la Organización Militar dentro de los de la presente Constitución y la composición y funciones de una Junta Superior (de la Defensa), como órgano asesor del Gobierno en los asuntos relativos a la Defensa, así como de una Junta de Jefes de Estado Mayor, como órgano colegiado superior del mando militar de las Fuerzas Armadas.

Artículo 13

Todos los poderes públicos y los ciudadanos están sujetos a la ley y a los principios generales de este título y a cuantos se desprendan de la presente Constitución.

En particular, se reconocen los principios siguientes: el de publicidad y jerarquía normativa, el de legalidad, el de irretroactividad de las normas sancionadoras o restrictivas de derechos individuales o so-

TEXTO CONSTITUCIONAL

BORRADOR DE LA CONSTITUCIÓN (Artículos de contenido común)

ciales, el de seguridad jurídica, el de exclusión de la doble sanción por los mismos hechos y el de responsabilidad del Estado, en los casos de abuso y de desviación de poder, así como por los actos de sus órganos y funcionarios.

2. Corresponde a los poderes públicos promover las condiciones para que la libertad y la igualdad del individuo y de los grupos en que se integra sean reales y efectivas; remover los obstáculos que impidan o dificulten su plenitud y facilitar la participación de todos los ciudadanos en la vida política, económica, cultural y social.

Artículo 10

Para que la libertad y la igualdad del individuo y de los grupos en que éste desarrolla su personalidad sea real, corresponde a los órganos del Estado y a los de las autonomías promover las condiciones que las hagan efectivas, removiendo los obstáculos que impidan o dificulten su plenitud y la efectiva participación de todos los ciudadanos en la organización política, económica, cultural y social del país.

3. La Constitución garantiza el principio de legalidad, la jerarquía normativa, la publicidad de las normas, la irretroactividad de las disposiciones sancionadoras no favorables o restrictivas de derechos individuales, la seguridad jurídica, la responsabilidad y la interdicción de la arbitrariedad de los poderes públicos.

Véase final art. 13 del borrador.

TÍTULO I

De los derechos y deberes fundamentales

Artículo 10

1. La dignidad de la persona, los derechos inviolables que le son inherentes, el libre desarrollo de la personalidad, el respeto a la ley y a los derechos de los demás son fundamento del orden político y de la paz social.

Artículo 16

1. Se reconoce la dignidad intangible de la persona humana.
2. Se garantiza el libre desarrollo de la personalidad dentro del respeto a la ley y a los derechos de los demás.
3. Los derechos inviolables de la persona son fundamento del orden político y de la paz social.
4. El reconocimiento, respeto y protección de estos derechos informará la legislación positiva, la práctica judicial y toda la acción de los poderes públicos.

2. Las normas relativas a los derechos fundamentales y a las libertades que la Constitución reconoce, se interpretarán de conformidad con la Declaración Universal de Derechos Humanos y los tratados

Artículo 7

1. Las normas generales de Derecho Internacional tienen fuerza de ley en el ordenamiento jurídico interno.
2. Los tratados internacionales, váli-

TEXTO CONSTITUCIONAL

y acuerdos internacionales sobre las mismas materias ratificados por España.

CAPÍTULO PRIMERO

De los españoles y los extranjeros

Artículo 11

1. La nacionalidad española se adquiere, se conserva y se pierde de acuerdo con lo establecido por la ley.

2. Ningún español de origen podrá ser privado de su nacionalidad.

3. El Estado podrá concertar tratados de doble nacionalidad con los países iberoamericanos o con aquellos que hayan tenido o tengan una particular vinculación con España. En estos mismos países, aun cuando no reconozcan a sus ciudadanos un derecho recíproco, podrán naturalizarse los españoles sin perder su nacionalidad de origen.

BORRADOR DE LA CONSTITUCIÓN
(Artículos de contenido común)

damente celebrados, tendrán, una vez publicados, jerarquía superior a la de leyes.

Sus disposiciones no pueden ser derogadas, modificadas o suspendidas, sino, según las formas propuestas en los mismos, o de acuerdo con las normas generales de Derecho Internacional.

3. La atribución a organizaciones internacionales, mediante tratado de competencias previstas por la Constitución, podrá ser otorgada mediante ley votada por la mayoría de 3/5 del total de los diputados, siempre que se efectúe en régimen de paridad.

Véase arts. 93 y 96.1 del texto legal vigente.

Artículo 12

La nacionalidad española se adquiere y se pierde de acuerdo con las disposiciones del Derecho Civil.

Artículo 14

1. Nadie puede ser privado de la nacionalidad más que con arreglo a la ley.

2. La extradición de los españoles sólo se concederá en cumplimiento de un tratado y siempre que exista reciprocidad efectiva. En ningún caso se concederá la extradición de los españoles por delitos políticos.

3. Los extranjeros residentes en España quedarán amparados por las libertades públicas del presente título en los términos que la ley establezca. Solamente los españoles serán titulares de derechos políticos.

El Estado dirigirá su acción exterior a la protección eficaz de los españoles en país extranjero, y en especial de los emigrantes, y a conseguir que gocen de los derechos, libertades y prestaciones que aseguren su más amplia equiparación a los ciudadanos del país en que residan.

4. La condición jurídica del extranjero se regula por ley y por los tratados, siempre atendiendo al principio de efectiva reciprocidad.

TEXTO CONSTITUCIONAL

BORRADOR
DE LA CONSTITUCIÓN
(Artículos de contenido común)

5. Todos los ciudadanos mayores de edad tienen derecho a acceder, en condiciones de igualdad, a las funciones y cargos públicos en las condiciones y con los requisitos que señalan las leyes.

6. El Estado podrá negociar tratados de doble nacionalidad con los países de cultura ibérica, o que hayan tenido especiales vinculaciones históricas con España.

Véase art. 13 del texto legal vigente.

Artículo 12

Los españoles son mayores de edad a los dieciocho años.

Artículo 13

1. Los extranjeros gozarán en España de las libertades públicas que garantiza el presente Título en los términos que establezcan los tratados y la ley.

2. Solamente los españoles serán titulares de los derechos reconocidos en el artículo 23, salvo lo que, atendiendo a criterios de reciprocidad, pueda establecerse por tratado o ley para el derecho de sufragio activo en las elecciones municipales.

3. La extradición sólo se concederá en cumplimiento de un tratado o de la ley, atendiendo al principio de reciprocidad. Quedan excluidos de la extradición los delitos políticos, no considerándose como tales los actos de terrorismo.

4. La ley establecerá los términos en que los ciudadanos de otros países y los apátridas podrán gozar del derecho de asilo en España.

Véase art. 14 del borrador en p. 202.

Artículo 11

Queda garantizado, en los términos que la ley establezca, el asilo de los ciudadanos de otros países perseguidos en los mismos, por su defensa de los derechos y libertades democráticas reconocidos en la Constitución.

CAPÍTULO SEGUNDO

Derechos y libertades

Artículo 14

Los españoles son iguales ante la ley, sin que pueda prevalecer discriminación alguna por razón de nacimiento, raza, sexo, religión, opinión o cualquier otra condición o circunstancia personal o social.

Artículo 15

Todos los ciudadanos son iguales ante la ley, sin discriminación por razón de sexo, de raza, de nacimiento, de religión, de opinión o de cualesquiera otras condiciones personales o sociales.

TEXTO CONSTITUCIONAL	BORRADOR DE LA CONSTITUCIÓN (Artículos de contenido común)
SECCIÓN 1.ª *De los derechos fundamentales y de las libertades públicas*	
Artículo 15 Todos tienen derecho a la vida y a la integridad física y moral, sin que, en ningún caso, puedan ser sometidos a tortura ni a penas o tratos inhumanos o degradantes. Queda abolida la pena de muerte, salvo lo que puedan disponer las leyes penales militares para tiempos de guerra.	**Artículo 20** 1. Todos tienen derecho a la vida y la integridad física. 2. Nadie puede ser sometido a tortura ni a penas o tratamientos inhumanos o degradantes.
Artículo 16 1. Se garantiza la libertad ideológica, religiosa y de culto de los individuos y las comunidades sin más limitación, en sus manifestaciones, que la necesaria para el mantenimiento del orden público protegido por la ley. 2. Nadie podrá ser obligado a declarar sobre su ideología, religión o creencias. 3. Ninguna confesión tendrá carácter estatal. Los poderes públicos tendrán en cuenta las creencias religiosas de la sociedad española y mantendrán las consiguientes relaciones de cooperación con la Iglesia Católica y las demás confesiones.	**Artículo 3** El Estado español no es confesional. Garantiza la libertad religiosa en los términos del artículo... **Artículo 17** 1. Se garantiza la libertad religiosa y de cultos, así como la de profesión filosófica o ideológica, con la única limitación del orden público protegido por las leyes. 2. Nadie podrá ser compelido a declarar sobre sus creencias religiosas.
Artículo 17 1. Toda persona tiene derecho a la libertad y a la seguridad. Nadie puede ser privado de su libertad, sino con la observancia de lo establecido en este artículo y en los casos y en la forma previstos en la ley.	**Artículo 18** 1. Se garantiza la libertad individual. Nadie podrá ser privado de su libertad, más que en los casos previstos por la ley y en la forma que ésta disponga.
2. La detención preventiva no podrá durar más del tiempo estrictamente necesario para la realización de las averiguaciones tendentes al esclarecimiento de los hechos, y, en todo caso, en el plazo máximo de setenta y dos horas, el detenido deberá ser puesto en libertad o a disposición de la autoridad judicial.	2. La detención preventiva no podrá durar más de 72 horas, y el detenido deberá ser puesto en libertad o a disposición de la autoridad judicial dentro de las veinticuatro horas siguientes a la de haberse practicado aquélla. Dentro de las expresadas 72 horas, deberá el juez dictar la oportuna resolución sobre la situación procesal del detenido.
3. Toda persona detenida debe ser informada de forma inmediata, y de modo que le sea comprensible, de sus derechos y de las razones de su detención, no pudiendo ser obligada a declarar. Se garantiza la asistencia de abogado al detenido	3. Toda persona detenida debe ser informada, en el plazo más corto, y en términos que le sean comprensibles, de las razones de su detención, no pudiendo ser compelida a prestar declaración sin la presencia de su abogado.

TEXTO CONSTITUCIONAL

en las diligencias policiales y judiciales, en los términos que la ley establezca.

4. La ley regulará un procedimiento de *hábeas corpus* para producir la inmediata puesta a disposición judicial de toda persona detenida ilegalmente. Asimismo, por ley se determinará el plazo máximo de duración de la prisión provisional.

Artículo 18

1. Se garantiza el derecho al honor, a la intimidad personal y familiar y a la propia imagen.
2. El domicilio es inviolable. Ninguna entrada o registro podrá hacerse en él sin consentimiento del titular o resolución judicial, salvo en caso de flagrante delito.
3. Se garantiza el secreto de las comunicaciones y, en especial, de las postales, telegráficas y telefónicas, salvo resolución judicial.
4. La ley limitará el uso de la informática para garantizar el honor y la intimidad personal y familiar de los ciudadanos y el pleno ejercicio de sus derechos.

Artículo 19

Los españoles tienen derecho a elegir libremente su residencia y a circular por el territorio nacional.

Asimismo, tienen derecho a entrar y salir libremente de España en los términos que la ley establezca. Este derecho no podrá ser limitado por motivos políticos o ideológicos.

Artículo 20

1. Se reconocen y protegen los derechos:

a) A expresar y difundir libremente los pensamientos, ideas y opiniones mediante la palabra, el escrito o cualquier otro medio de reproducción.

b) A la producción y creación literaria, artística, científica y técnica.

c) A la libertad de cátedra.

d) A comunicar o recibir libremente información veraz por cualquier medio de difusión. La ley regulará el derecho a la cláusula de conciencia y al secreto profesional en el ejercicio de estas libertades.

2. El ejercicio de estos derechos no

BORRADOR
DE LA CONSTITUCIÓN
(Artículos de contenido común)

4. La ley regulará el procedimiento de *hábeas corpus* y las responsabilidades de quienes infrinjan lo dispuesto en el presente artículo.

Artículo 21

1. Se garantiza el honor y la intimidad personal y familiar.
2. El dominio es inviolable. Ninguna investigación domiciliaria podrá realizarse sin mandato judicial.
3. Se garantiza el secreto de las comunicaciones postales, telegráficas y telefónicas, salvo mandato judicial.
4. (Informática, pendiente de redacción.)

Artículo 22

1. Se reconoce la libertad de residencia y movimiento.
2. La ley regulará el derecho de todos los españoles de entrar y salir libremente de España, que no podrá ser limitado por motivos políticos e ideológicos.

Artículo 23

1. Se reconoce el derecho a expresar y difundir la opinión, usando libremente la palabra, el escrito y la imagen, sin censura previa.
2. Se garantizará la protección de los derechos inherentes a la producción literaria, artística y científica.
3. Se reconoce la libertad de comunicar o recibir información objetiva y veraz por cualquier medio de difusión.
4. Los poderes públicos garantizarán el acceso a los medios de comunicación social de su propiedad o sometidos directa o indirectamente a su control, de los distintos grupos sociales y políticos, respetan-

TEXTO CONSTITUCIONAL

puede restringirse mediante ningún tipo de censura previa.

3. La ley regulará la organización y el control parlamentario de los medios de comunicación social dependientes del Estado o de cualquier ente público y garantizará el acceso a dichos medios de los grupos sociales y políticos significativos, respetando el pluralismo de la sociedad y de las diversas lenguas de España.

4. Estas libertades tienen su límite en el respeto a los derechos reconocidos en este Título, en los preceptos de las leyes que lo desarrollen y, especialmente, en el derecho al honor, a la intimidad, a la propia imagen y a la protección de la juventud y de la infancia.

5. Sólo podrá acordarse el secuestro de publicaciones, grabaciones y otros medios de información en virtud de resolución judicial.

Artículo 21

1. Se reconoce el derecho de reunión pacífica y sin armas. El ejercicio de este derecho no necesitará autorización previa.

2. En los casos de reuniones en lugares de tránsito público y manifestaciones se dará comunicación previa a la autoridad, que sólo podrá prohibirlas cuando existan razones fundadas de alteración de orden público, con peligro para personas o bienes.

Artículo 22

1. Se reconoce el derecho de asociación.

2. Las asociaciones que persigan fines o utilicen medios tipificados como delito son ilegales.

3. Las asociaciones constituidas al amparo de este artículo deberán inscribirse en un registro a los solos efectos de publicidad.

4. Las asociaciones sólo podrán ser disueltas o suspendidas en sus actividades en virtud de resolución judicial motivada.

BORRADOR
DE LA CONSTITUCIÓN
(Artículos de contenido común)

do el pluralismo de la sociedad y de las diversas lenguas de España.

5. Estas libertades tienen sus límites en los preceptos de las leyes y en el derecho al honor, a la intimidad y a la propia imagen.

No podrá acordarse el secuestro de publicaciones y demás impresos, salvo mandato judicial y por causa de delito.

Artículo 25

1. Los españoles tienen el derecho de reunión pacífica y sin armas.

2. Una ley regulará el derecho de reunión al aire libre y el de manifestación.

3. En los supuestos no contenidos en el apartado anterior no será necesario autorización previa.

Artículo 26

1. Se reconoce el derecho de asociación y de fundación sin necesidad de autorización previa.

2. Las asociaciones y fundaciones que atenten al orden constitucional o intenten fines condenados por la ley penal, son ilegales.

3. Las asociaciones y fundaciones constituidas al amparo de este artículo deberán inscribirse, a efectos únicamente de publicidad, en un registro creado a tal efecto.

4. Las asociaciones y fundaciones no podrán ser disueltas ni suspendidas en sus actividades, si no es en virtud de resolución judicial y firme.

TEXTO CONSTITUCIONAL

5. Se prohíben las asociaciones secretas y las de carácter paramilitar.

Artículo 23

1. Los ciudadanos tienen el derecho a participar en los asuntos públicos, directamente o por medio de representantes, libremente elegidos en elecciones periódicas por sufragio universal.

2. Asimismo, tienen derecho a acceder en condiciones de igualdad a las funciones y cargos públicos, con los requisitos que señalen las leyes.

Artículo 24

1. Todas las personas tienen derecho a obtener la tutela efectiva de los jueces y tribunales en el ejercicio de sus derechos e intereses legítimos, sin que, en ningún caso, pueda producirse indefensión.

2. Asimismo, todos tienen derecho al Juez ordinario predeterminado por la ley, a la defensa y a la asistencia de letrado, a ser informados de la acusación formulada contra ellos, a un proceso público sin dilaciones indebidas y con todas las garantías, a utilizar los medios de prueba pertinentes para su defensa, a no declarar contra sí mismos, a no confesarse culpables y a la presunción de inocencia.

La ley regulará los casos en que, por razón de parentesco o de secreto profesional, no se estará obligado a declarar sobre hechos presuntamente delictivos.

Artículo 25

1. Nadie puede ser condenado o sancionado por acciones u omisiones que en el momento de producirse no constituyan delito, falta o infracción administrativa, según la legislación vigente en aquel momento.

2. Las penas privativas de libertad y las medidas de seguridad estarán orientadas hacia la reeducación y reinserción social y no podrán consistir en trabajos forzados. El condenado a pena de prisión que estuviere cumpliendo la misma gozará de los derechos fundamentales de este Capí-

BORRADOR
DE LA CONSTITUCIÓN
(Artículos de contenido común)

5. Se prohíben, en todo caso, las asociaciones secretas y las de carácter paramilitar.

Véase art. 34 del texto legal vigente.

Véase art. 14 del borrador en p. 202.

Artículo 19

Nadie puede ser condenado por acciones u omisiones que en el momento de cometerse no constituyen infracción, según el ordenamiento jurídico vigente en aquel momento. Igualmente, no puede ser impuesta una pena más grave que la que era aplicable en el momento en el que se cometió la infracción.

TEXTO CONSTITUCIONAL

tulo, a excepción de los que se vean expresamente limitados por el contenido del fallo condenatorio, el sentido de la pena y la ley penitenciaria. En todo caso, tendrá derecho a un trabajo remunerado y a los beneficios correspondientes de la Seguridad Social, así como al acceso a la cultura y al desarrollo integral de su personalidad.

3. La Administración civil no podrá imponer sanciones que, directa o subsidiariamente, impliquen privación de libertad.

Artículo 26

Se prohíben los Tribunales de Honor en el ámbito de la Administración civil y de las organizaciones profesionales.

Artículo 27

1. Todos tienen el derecho a la educación. Se reconoce la libertad de enseñanza.

2. La educación tendrá por objeto el pleno desarrollo de la personalidad humana en el respeto a los principios democráticos de convivencia y a los derechos y libertades fundamentales.

3. Los poderes públicos garantizan el derecho que asiste a los padres para que sus hijos reciban la formación religiosa y moral que esté de acuerdo con sus propias convicciones.

4. La enseñanza básica es obligatoria y gratuita.

5. Los poderes públicos garantizan el derecho de todos a la educación, mediante una programación general de la enseñanza, con participación efectiva de todos los sectores afectados y la creación de centros docentes.

6. Se reconoce a las personas físicas y jurídicas la libertad de creación de centros docentes, dentro del respeto a los principios constitucionales.

7. Los profesores, los padres y, en su caso, los alumnos intervendrán en el control y gestión de todos los centros sostenidos por la Administración con fondos públicos, en los términos que la ley establezca.

8. Los poderes públicos inspeccionarán y homologarán el sistema educativo

BORRADOR DE LA CONSTITUCIÓN
(Artículos de contenido común)

Artículo 31

1. Se reconoce el derecho a la educación.

2. Los poderes públicos garantizan en condiciones de igualdad, el acceso de todos a la enseñanza, mediante una programación general de la educación y de las instituciones docentes de todos los niveles.

3. La enseñanza básica será obligatoria y gratuita.

4. Se reconoce la libertad de creación de escuelas, dentro del respeto a los principios constitucionales.

5. Los poderes públicos podrán inspeccionar el sistema educativo en su conjunto.

6. Los poderes públicos homologarán y podrán ayudar eficazmente a las escuelas que reúnan los requisitos que la ley establezca.

TEXTO CONSTITUCIONAL

para garantizar el cumplimiento de las leyes.

9. Los poderes públicos ayudarán a los centros docentes que reúnan los requisitos que la ley establezca.

10. Se reconoce la autonomía de las Universidades, en los términos que la ley establezca.

Artículo 28

1. Todos tienen derecho a sindicarse libremente. La ley podrá limitar o exceptuar el ejercicio de este derecho a las Fuerzas o Institutos armados o a los demás Cuerpos sometidos a disciplina militar y regulará las peculiaridades de su ejercicio para los funcionarios públicos. La libertad sindical comprende el derecho a fundar sindicatos y a afiliarse al de su elección, así como el derecho de los sindicatos a formar confederaciones y a fundar organizaciones sindicales internacionales o afiliarse a las mismas. Nadie podrá ser obligado a afiliarse a un sindicato.

2. Se reconoce el derecho a la huelga de los trabajadores para la defensa de sus intereses. La ley que regule el ejercicio de este derecho establecerá las garantías precisas para asegurar el mantenimiento de los servicios esenciales de la comunidad.

Artículo 29

1. Todos los españoles tendrán el de-

BORRADOR DE LA CONSTITUCIÓN
(Artículos de contenido común)

Artículo 35

1. Todos los españoles tienen el derecho y el deber al trabajo, pudiendo elegir libremente su profesión u oficio y a una remuneración suficiente y justa que satisfaga las necesidades de su vida personal y familiar.

2. La legislación laboral regula los contratos de trabajo individuales y colectivos, con arreglo al principio de una misma remuneración, sin distinción de sexo u otras consideraciones, por un trabajo de igual valor y clasificación.

3. Para hacer efectivos los derechos reconocidos en los párrafos anteriores los poderes públicos asumen la obligación prioritaria de fomentar una política que asegure el pleno empleo y la formación y readaptación profesional, velar por la seguridad e higiene en el trabajo, garantizar el descanso necesario, mediante limitaciones de la jornada laboral, vacaciones periódicas retribuidas y la promoción de centros adecuados, reconocer los derechos de negociación colectiva y de huelga, proteger y mantener un régimen público de Seguridad Social para todos.

4. Todos tienen derecho a sindicarse libremente. La libertad sindical comprende el derecho a fundar sindicatos, a afiliarse al de su elección y el derecho de los sindicatos a formar confederaciones y a fundar o a afiliarse a organizaciones sindicales internacionales y, en general, a las reconocidas por los convenios de la Organización Internacional del Trabajo. Nadie podrá ser obligado a afiliarse a un sindicato.

Véanse arts. 35, 37 y 52 del texto legal vigente.

Artículo 24

1. Todos los españoles tendrán el de-

TEXTO CONSTITUCIONAL

recho de petición individual y colectiva, por escrito, en la forma y con los efectos que determine la ley.

2. Los miembros de las Fuerzas o Institutos armados o de los Cuerpos sometidos a disciplina militar podrán ejercer este derecho sólo individualmente y con arreglo a lo dispuesto en su legislación específica.

BORRADOR DE LA CONSTITUCIÓN (Artículos de contenido común)

recho de petición o reclamación personal y colectiva por escrito en la forma y con los efectos que determine la ley.

No podrá ser ejercitado este derecho por las fuerzas e institutos armados o por los demás cuerpos sometidos a disciplina militar ni por quienes a ellos pertenezcan.

SECCIÓN 2.ª

De los derechos y deberes de los ciudadanos

TEXTO CONSTITUCIONAL

Artículo 30

1. Los españoles tienen el derecho y el deber de defender a España.

2. La ley fijará las obligaciones militares de los españoles y regulará, con las debidas garantías, la objeción de conciencia, así como las demás causas de exención del servicio militar obligatorio, pudiendo imponer, en su caso, una prestación social sustitutoria.

3. Podrá establecerse un servicio civil para el cumplimiento de fines de interés general.

4. Mediante ley podrán regularse los deberes de los ciudadanos en los casos de grave riesgo, catástrofe o calamidad pública.

BORRADOR DE LA CONSTITUCIÓN (Artículos de contenido común)

Artículo 29

1. Los españoles varones están sujetos a los deberes militares que fija la ley.

2. La ley reconocerá la objeción de conciencia. La ley la regulará con las debidas garantías, imponiendo otra prestación social.

TEXTO CONSTITUCIONAL

Artículo 31

1. Todos contribuirán al sostenimiento de los gastos públicos de acuerdo con su capacidad económica mediante un sistema tributario justo inspirado en los principios de igualdad y progresividad que, en ningún caso, tendrá alcance confiscatorio.

2. El gasto público realizará una asignación equitativa de los recursos públicos, y su programación y ejecución responderán a los criterios de eficiencia y economía.

3. Sólo podrán establecerse prestaciones personales o patrimoniales de carácter público con arreglo a la ley.

BORRADOR DE LA CONSTITUCIÓN (Artículos de contenido común)

Artículo 34

1. Todos tienen el deber de contribuir a levantar las cargas públicas atendiendo a su patrimonio, rentas y actividad de acuerdo con una legislación fiscal inspirada en los principios de equidad y progresividad y en ningún caso confiscatoria.

2. Toda prestación personal o patrimonial sólo podrá ser establecida con arreglo a una ley aprobada por las Cortes.

TEXTO CONSTITUCIONAL

Artículo 32

1. El hombre y la mujer tienen dere-

BORRADOR DE LA CONSTITUCIÓN (Artículos de contenido común)

Artículo 39

1. A partir de la edad núbil el hom-

TEXTO CONSTITUCIONAL

cho a contraer matrimonio con plena igualdad jurídica.

2. La ley regulará las formas de matrimonio, la edad y capacidad para contraerlo, los derechos y deberes de los cónyuges, las causas de separación y disolución y sus efectos.

Artículo 33

1. Se reconoce el derecho a la propiedad privada y a la herencia.

2. La función social de estos derechos delimitará su contenido, de acuerdo con las leyes.

3. Nadie podrá ser privado de sus bienes y derechos, sino por causa justificada de utilidad pública o interés social, mediante la correspondiente indemnización y de conformidad con lo dispuesto por las leyes.

Artículo 34

1. Se reconoce el derecho de fundación para fines de interés general, con arreglo a la ley.

2. Regirá también para las fundaciones lo dispuesto en los apartados 2 y 4 del artículo 22.

Artículo 35

1. Todos los españoles tienen el deber de trabajar y el derecho al trabajo, a la libre elección de profesión u oficio, a la promoción a través del trabajo y a una remuneración suficiente para satisfacer sus necesidades y las de su familia, sin que en ningún caso pueda hacerse discriminación por razón de sexo.

2. La ley regulará un estatuto de los trabajadores.

Artículo 36

La ley regulará las peculiaridades propias del régimen jurídico de los Colegios Profesionales y el ejercicio de las profesiones tituladas. La estructura interna y el funcionamiento de los Colegios deberán ser democráticos.

BORRADOR
DE LA CONSTITUCIÓN
(Artículos de contenido común)

bre y la mujer tienen derecho a contraer matrimonio y a crear y mantener en igualdad de derechos relaciones estables de familia.

2. El Decreto Civil regulará la(s) forma(s) del matrimonio, los derechos y deberes de los cónyuges, las causas de separación y disolución y sus efectos.

3. (Referente a la protección de la familia se podría incluir en segunda lectura.)

Artículo 33

1. Se reconoce el derecho a la propiedad privada y a la herencia.

2. La función social de estos derechos delimitará su contenido de acuerdo con las leyes.

3. Ningún español podrá ser privado de sus bienes, sino por causa justificada de utilidad pública o interés social, previa la correspondiente indemnización y de conformidad con lo dispuesto en las leyes.

Véase art. 26 del borrador en p. 206.

Véase art. 35 del borrador en p. 209.

TEXTO CONSTITUCIONAL	BORRADOR DE LA CONSTITUCIÓN (Artículos de contenido común)
Artículo 37 1. La ley garantizará el derecho a la negociación colectiva laboral entre los representantes de los trabajadores y empresarios, así como la fuerza vinculante de los convenios. 2. Se reconoce el derecho de los trabajadores y empresarios a adoptar medidas de conflicto colectivo. La ley que regule el ejercicio de este derecho, sin perjuicio de las limitaciones que pueda establecer, incluirá las garantías precisas para asegurar el funcionamiento de los servicios esenciales de la comunidad.	*Véase art. 35 del borrador en p. 209.*
Artículo 38 Se reconoce la libertad de empresa en el marco de la economía de mercado. Los poderes públicos garantizan y protegen su ejercicio y la defensa de la productividad, de acuerdo con las exigencias de la economía general y, en su caso, de la planificación.	**Artículo 36** 1. Se reconoce la libertad de empresa dentro de una economía de mercado. Los poderes públicos regulan y protegen su ejercicio y la defensa de la productividad de acuerdo con las exigencias de la economía general y de planificación democrática. 2. (Pendiente de redacción.) 3. Los poderes públicos promoverán eficazmente las diversas formas de participación en la empresa y facilitarán un marco legítimo adecuado para las empresas cooperativas y autogestionarias. *Véase art. 129.2 del texto legal vigente.*
CAPÍTULO TERCERO **De los principios rectores de la política social y económica**	
Artículo 39 1. Los poderes públicos aseguran la protección social, económica y jurídica de la familia. 2. Los poderes públicos aseguran, asimismo, la protección integral de los hijos, iguales éstos ante la ley con independencia de su filiación, y de las madres, cualquiera que sea su estado civil. La ley posibilitará la investigación de la paternidad. 3. Los padres deben prestar asistencia de todo orden a los hijos habidos dentro o fuera del matrimonio, durante su minoría de edad y en los demás casos en que legalmente proceda. 4. Los niños gozarán de la protección	**Artículo 27** 1. Los poderes públicos se comprometen a promover la protección económica jurídica y social de la familia, en particular por medio de prestaciones sociales, de disposiciones fiscales y de cualquier otra medida adecuada. 2. La madre y los hijos, iguales éstos ante la ley con independencia de su filiación, disfrutarán de protección especial del Estado y de todos los poderes públicos. 3. Los padres tienen para con los hijos habidos fuera del matrimonio los mismos deberes que respecto de los nacidos en él.

TEXTO CONSTITUCIONAL

prevista en los acuerdos internacionales que velan por sus derechos.

Artículo 40

1. Los poderes públicos promoverán las condiciones favorables para el progreso social y económico y para una distribución de la renta regional y personal más equitativa en el marco de una política de estabilidad económica. De manera especial realizarán una política orientada al pleno empleo.

2. Asimismo, los poderes públicos fomentarán una política que garantice la formación y readaptación profesionales; velarán por la seguridad e higiene en el trabajo y garantizarán el descanso necesario, mediante la limitación de la jornada laboral, las vacaciones periódicas retribuidas y la promoción de centros adecuados.

Artículo 41

Los poderes públicos mantendrán un régimen público de Seguridad Social para todos los ciudadanos, que garantice la asistencia y prestaciones sociales suficientes ante situaciones de necesidad, especialmente en caso de desempleo. La asistencia y prestaciones complementarias serán libres.

Artículo 42

El Estado velará especialmente por la salvaguardia de los derechos económicos y sociales de los trabajadores españoles en el extranjero, y orientará su política hacia su retorno.

Artículo 43

1. Se reconoce el derecho a la protección de la salud.

2. Compete a los poderes públicos organizar y tutelar la salud pública a través de medidas preventivas y de las prestaciones y servicios necesarios. La ley establecerá los derechos y deberes de todos al respecto.

3. Los poderes públicos fomentarán la educación sanitaria, la educación física y el deporte. Asimismo facilitarán la adecuada utilización del ocio.

BORRADOR DE LA CONSTITUCIÓN
(Artículos de contenido común)

Artículo 30

1. Se reconoce el derecho a la protección de la salud.

2. Compete a los poderes públicos la organización y tutela de la sanidad y la higiene, así como garantizar las prestaciones y servicios necesarios. La ley establecerá los deberes de todos en este punto.

3. Los poderes públicos promueven la educación física, el deporte y el descanso necesario.

TEXTO CONSTITUCIONAL	BORRADOR DE LA CONSTITUCIÓN (Artículos de contenido común)
Artículo 44 1. Los poderes públicos promoverán y tutelarán el acceso a la cultura, a la que todos tienen derecho. 2. Los poderes públicos promoverán la ciencia y la investigación científica y técnica en beneficio del interés general.	**Artículo 32** 1. Los poderes públicos promoverán y tutelarán el acceso de todos a la cultura y a la ciencia. 2. La ciencia y la investigación, así como su aplicación técnica, serán fomentadas por los poderes públicos.
Artículo 45 1. Todos tienen el derecho a disfrutar de un medio ambiente adecuado para el desarrollo de la persona, así como el deber de conservarlo. 2. Los poderes públicos velarán por la utilización racional de todos los recursos naturales, con el fin de proteger y mejorar la calidad de la vida y defender y restaurar el medio ambiente, apoyándose en la indispensable solidaridad colectiva. 3. Para quienes violen lo dispuesto en el apartado anterior, en los términos que la ley fije se establecerán sanciones penales o, en su caso, administrativas, así como la obligación de reparar el daño causado.	**Artículo 28** 1. Todos los españoles y residentes tienen el derecho a disfrutar y el deber de respetar el medio ambiente. 2. Los poderes públicos velarán por la existencia de condiciones de vida adecuada en una vivienda y en un medio de calidad que permita llevar una vida digna y gozar de bienestar, y tendrán la obligación de proteger y mejorar el medio ambiente para generaciones presentes y futuras. 3. Para los atentados más graves contra el medio ambiente se establecerán por ley sanciones penales y la obligación de reparar el daño producido. 4. Los poderes públicos salvaguardan la conservación y promueven el enriquecimiento del legado histórico, artístico y cultural de los pueblos de España y de los bienes que lo integran, sitos en su territorio, cualquiera que sea su régimen jurídico y su titularidad. La ley penal sancionará cualquier atentado a este patrimonio.
Artículo 46 Los poderes públicos garantizarán la conservación y promoverán el enriquecimiento del patrimonio histórico, cultural y artístico de los pueblos de España y de los bienes que lo integran, cualquiera que sea su régimen jurídico y su titularidad. La ley penal sancionará los atentados contra este patrimonio.	*Véase art. anterior.*
Artículo 47 Todos los españoles tienen derecho a disfrutar de una vivienda digna y adecuada. Los poderes públicos promoverán las condiciones necesarias y establecerán las normas pertinentes para hacer efectivo este derecho, regulando la utilización del suelo de acuerdo con el interés general para impedir la especulación.	*Ídem.*

TEXTO CONSTITUCIONAL	BORRADOR DE LA CONSTITUCIÓN (Artículos de contenido común)
La comunidad participará en las plusvalías que genere la acción urbanística de los entes públicos.	
Artículo 48 Los poderes públicos promoverán las condiciones para la participación libre y eficaz de la juventud en el desarrollo político, social, económico y cultural.	**Artículo 42** 1. Los poderes públicos promoverán las condiciones para la participación libre y eficaz de la juventud en el desarrollo político, social, económico y cultural. 2. Con este fin, fomentarán las organizaciones propias de los jóvenes.
Artículo 49 Los poderes públicos realizarán una política de previsión, tratamiento, rehabilitación e integración de los disminuidos físicos, sensoriales y psíquicos, a los que prestarán la atención especializada que requieran y los ampararán especialmente para el disfrute de los derechos que este Título otorga a todos los ciudadanos.	**Artículo 37** Las especiales circunstancias concurrentes en los disminuidos físicos o mentales y personas incapacitadas obligan a los poderes públicos a un reforzamiento del amparo que los derechos fundamentales de este título otorgan a todos los ciudadanos.
Artículo 50 Los poderes públicos garantizarán, mediante pensiones adecuadas y periódicamente actualizadas, la suficiencia económica a los ciudadanos durante la tercera edad. Asimismo, y con independencia de las obligaciones familiares, promoverán su bienestar mediante un sistema de servicios sociales que atenderán sus problemas específicos de salud, vivienda, cultura y ocio.	**Artículo 38** Los poderes públicos garantizarán el derecho de los ciudadanos que alcancen la tercera edad, a una estabilidad económica mediante pensiones adecuadas y a una asistencia especial.
Artículo 51 1. Los poderes públicos garantizarán la defensa de los consumidores y usuarios, protegiendo, mediante procedimientos eficaces, la seguridad, la salud y los legítimos intereses económicos de los mismos. 2. Los poderes públicos promoverán la información y la educación de los consumidores y usuarios, fomentarán sus organizaciones y oirán a éstas en las cuestiones que puedan afectar a aquéllos, en los términos que la ley establezca. 3. En el marco de lo dispuesto por los apartados anteriores, la ley regulará el comercio interior y el régimen de autorización de productos comerciales.	**Artículo 40** 1. Todos tienen derecho al control de la calidad de los productos y a una información fidedigna sobre los mismos. 2. Con este fin los poderes públicos fomentarán la participación de las organizaciones de consumidores. 3. La ley regulará el control de la organización del comercio interior, del régimen general de autorización de los productos comerciales y de la publicidad de los mismos.
Artículo 52 La ley regulará las organizaciones pro-	*Véase art. 35 del borrador en p. 209.*

TEXTO CONSTITUCIONAL

fesionales que contribuyan a la defensa de los intereses económicos que les sean propios. Su estructura interna y funcionamiento deberán ser democráticos.

CAPÍTULO CUARTO

De las garantías de las libertades y derechos fundamentales

Artículo 53

1. Los derechos y libertades reconocidos en el Capítulo segundo del presente Título vinculan a todos los poderes públicos. Sólo por ley, que en todo caso deberá respetar su contenido esencial, podrá regularse el ejercicio de tales derechos y libertades, que se tutelarán de acuerdo con lo previsto en el artículo 161, 1, *a)*.

2. Cualquier ciudadano podrá recabar la tutela de las libertades y derechos reconocidos en el artículo 14 y la Sección primera del Capítulo segundo ante los Tribunales ordinarios por un procedimiento basado en los principios de preferencia y sumariedad y, en su caso, a través del recurso de amparo ante el Tribunal Constitucional. Este último recurso será aplicable a la objeción de conciencia reconocida en el artículo 30.

3. El reconocimiento, el respeto y la protección de los principios reconocidos en el Capítulo tercero informarán la legislación positiva, la práctica judicial y la actuación de los poderes públicos. Sólo podrán ser alegados ante la Jurisdicción ordinaria de acuerdo con lo que dispongan las leyes que los desarrollen.

Artículo 54

Una ley orgánica regulará la institución del Defensor del Pueblo, como alto comisionado de las Cortes Generales, designado por éstas para la defensa de los derechos comprendidos en este Título, a cuyo efecto podrá supervisar la actividad de la Administración, dando cuenta a las Cortes Generales.

BORRADOR DE LA CONSTITUCIÓN (Artículos de contenido común)

Artículo 43

1. Los derechos y libertades establecidos en este título vinculan a todos los poderes públicos, y cualquier ciudadano podrá recabar su tutela ante los tribunales ordinarios por un procedimiento basado en los principios de preferencia y sumariedad.

2. Se establece un recurso extraordinario de amparo ante el tribunal de garantías constitucionales.

3. (Art. 43). Una ley orgánica regulará la institución del defensor del pueblo como alto comisario de las Cortes, para la defensa de los derechos comprendidos en este artículo. En todo caso podrá ejercer las acciones establecidas en los números 1 y 2 de este artículo.

TEXTO CONSTITUCIONAL

CAPÍTULO QUINTO

De la suspensión de derechos y libertades

Artículo 55

1. Los derechos reconocidos en los artículos 17, 18, apartados 2 y 3, artículos 19, 20, apartados 1, a) y d), y 5, artículos 21, 28, apartado 2, y artículo 37, apartado 2, podrán ser suspendidos cuando se acuerde la declaración del estado de excepción o de sitio en los términos previstos en la Constitución. Se exceptúa de lo establecido anteriormente el apartado 3 del artículo 17 para el supuesto de declaración de estado de excepción.

2. Una ley orgánica podrá determinar la forma y los casos en los que, de forma individual y con la necesaria intervención judicial y el adecuado control parlamentario, los derechos reconocidos en los artículos 17, apartado 2, y 18, apartados 2 y 3, pueden ser suspendidos para personas determinadas, en relación con las investigaciones correspondientes a la actuación de bandas armadas o elementos terroristas.

La utilización injustificada o abusiva de las facultades reconocidas en dicha ley orgánica producirá responsabilidad penal, como violación de los derechos y libertades reconocidos por las leyes.

TÍTULO II

De la Corona

Artículo 56

1. El Rey es el Jefe del Estado, símbolo de su unidad y permanencia, arbitra y modera el funcionamiento regular de las instituciones, asume la más alta representación del Estado español en las relaciones internacionales, especialmente con las naciones de su comunidad histórica, y ejerce las funciones que le atribuyen expresamente la Constitución y las leyes.

2. Su título es el de Rey de España y podrá utilizar los demás que correspondan a la Corona.

BORRADOR
DE LA CONSTITUCIÓN
(Artículos de contenido común)

Artículo 44

1. Los derechos reconocidos en los artículos podrán ser suspendidos cuando se acuerde la declaración de estado de excepción en los términos previstos por la Constitución.

2. Con arreglo a la ley y por sentencia firme de tribunales penales, procederá la privación temporal de los derechos de libertad de expresión, enseñanza, reunión, asociación y secreto de las comunicaciones por razones de seguridad del Estado, protección de la salud o de la moral y protección de los derechos y libertades de los demás ciudadanos.

TÍTULO III

De la Corona

Artículo 45

1. El Rey es el Jefe del Estado, símbolo de su unidad y permanencia. Arbitra y modera el funcionamiento regular de las instituciones; tutela los derechos y libertades reconocidos por la Constitución; asume la alta representación del Estado en las relaciones internacionales y ejerce las demás funciones que le otorguen expresamente la Constitución y las leyes.

2. Su título es el de Rey de España y podrá, además, utilizar los títulos tradicionales que correspondan a la Corona en las diversas partes del Estado.

TEXTO CONSTITUCIONAL

3. La persona del Rey es inviolable y no está sujeta a responsabilidad. Sus actos estarán siempre refrendados en la forma establecida en el artículo 64, careciendo de validez sin dicho refrendo, salvo lo dispuesto en el artículo 65, 2.

Artículo 57

1. La Corona de España es hereditaria en los sucesores de S. M. Don Juan Carlos I de Borbón, legítimo heredero de la dinastía histórica. La sucesión en el trono seguirá el orden regular de primogenitura y representación, siendo preferida siempre la línea anterior a las posteriores; en la misma línea, el grado más próximo al más remoto; en el mismo grado, el varón a la mujer, y en el mismo sexo, la persona de más edad a la de menos.

2. El Príncipe heredero, desde su nacimiento o desde que se produzca el hecho que origine el llamamiento, tendrá la dignidad de Príncipe de Asturias y los demás títulos vinculados tradicionalmente al sucesor de la Corona de España.

3. Extinguidas todas las líneas llamadas en Derecho, las Cortes Generales proveerán a la sucesión en la Corona en la forma que más convenga a los intereses de España.

4. Aquellas personas que teniendo derecho a la sucesión en el trono contrajeren matrimonio contra la expresa prohibición del Rey y de las Cortes Generales, quedarán excluidas en la sucesión a la Corona por sí y sus descendientes.

5. Las abdicaciones y renuncias y cualquier duda de hecho o de derecho que ocurra en el orden de sucesión a la Corona se resolverán por una ley orgánica.

Artículo 58

La Reina consorte o el consorte de la Reina no podrán asumir funciones constitucionales, salvo lo dispuesto para la Regencia.

Artículo 59

1. Cuando el Rey fuere menor de

BORRADOR DE LA CONSTITUCIÓN
(Artículos de contenido común)

3. La persona del Rey es inviolable y no está sujeta a responsabilidad. Sus actos, en el ejercicio de sus funciones, estarán siempre refrendados por la persona o personas a quienes corresponda, careciendo de eficacia sin dicho refrendo.

Artículo 46

1. La Corona de España es hereditaria, en los sucesores de S.M. don Juan Carlos I de Borbón. La sucesión en el trono seguirá el orden regular de primogenitura y representación, siendo preferida siempre la línea anterior a las posteriores; en la misma línea, el grado más próximo al más remoto; en el mismo grado, el varón a la hembra, y en el mismo sexo, la persona de más edad a la de menos. (Viaje del Rey al extranjero. Pendiente por no existir mayoría.)

2. Extinguidas todas las líneas no excluidas por ley, las Cortes proveerán a la sucesión de la Corona en la forma que más convenga a los intereses de España.

3. Las abdicaciones y renuncias y cualquier duda de hecho o de medio que ocurra en el orden de sucesión a la Corona se resolverá por una ley.

Artículo 48

1. El Rey es mayor de edad, a todos los efectos, a los dieciocho años.

2. El príncipe heredero es también mayor de edad a los dieciocho años.

3. El príncipe heredero, desde su nacimiento o desde que se produzca el hecho que origine el llamamiento, tendrá la dignidad de príncipe de Asturias y los demás títulos vinculados tradicionalmente al sucesor en la Corona de España y podrá tener los empleos militares que el Rey le confiera.

Artículo 47

El consorte del Rey o de la Reina no podrá asumir funciones constitucionales, salvo lo dispuesto para la regencia.

Artículo 49

Cuando el Rey fuera menor de edad, el padre o madre del Rey y, en su defecto,

TEXTO CONSTITUCIONAL

edad, el padre o la madre del Rey y, en su defecto, el pariente mayor de edad más próximo a suceder en la Corona, según el orden establecido en la Constitución, entrará a ejercer inmediatamente la Regencia y la ejercerá durante el tiempo de la minoría de edad del Rey.

2. Si el Rey se inhabilitare para el ejercicio de su autoridad y la imposibilidad fuere reconocida por las Cortes Generales, entrará a ejercer inmediatamente la Regencia el Príncipe heredero de la Corona, si fuere mayor de edad. Si no lo fuere, se procederá de la manera prevista en el apartado anterior, hasta que el Príncipe heredero alcance la mayoría de edad.

3. Si no hubiere ninguna persona a quien corresponda la Regencia, ésta será nombrada por las Cortes Generales, y se compondrá de una, tres o cinco personas.

4. Para ejercer la Regencia es preciso ser español y mayor de edad.

5. La Regencia se ejercerá por mandato constitucional y siempre en nombre del Rey.

Artículo 60

1. Será tutor del Rey menor la persona que en su testamento hubiese nombrado el Rey difunto, siempre que sea mayor de edad y español de nacimiento; si no lo hubiese nombrado, será tutor el padre o la madre, mientras permanezcan viudos. En su defecto, lo nombrarán las Cortes Generales, pero no podrán acumularse los cargos de Regente y de tutor sino en el padre, madre o ascendientes directos del Rey.

2. El ejercicio de la tutela es también incompatible con el de todo cargo o representación política.

Artículo 61

1. El Rey, al ser proclamado ante las Cortes Generales, prestará juramento de desempeñar fielmente sus funciones, guardar y hacer guardar la Constitución y las leyes y respetar los derechos de los ciudadanos y de las Comunidades Autónomas.

2. El Príncipe heredero, al alcanzar la mayoría de edad, y el Regente o Regentes al hacerse cargo de sus funciones, presta-

BORRADOR
DE LA CONSTITUCIÓN
(Artículos de contenido común)

el pariente más próximo a suceder en la Corona, según el orden establecido en la Constitución, entrará desde luego a ejercer la regencia y la ejercerá durante el tiempo de la minoría de edad del Rey.

Si no hubiese ninguna persona a quien corresponda la regencia, la nombrarán las Cortes y se compondrá de una, tres o cinco personas.

Para ejercer la regencia es preciso ser español y mayor de edad.

Artículo 50

Será tutor del Rey menor la persona que en su testamento hubiese nombrado el Rey difunto, siempre que sea mayor de edad y español de nacimiento; si no lo hubiese nombrado, será tutor el padre o la madre mientras permanezcan viudos. En su defecto, lo nombrarán las Cortes, pero no podrán estar reunidos los cargos de regente y de tutor sino en el padre, madre o ascendientes del Rey.

El ejercicio de la tutela es también incompatible con el de todo cargo o representación política.

Artículo 51

1. El Rey, al ser proclamado ante las Cortes, prestará juramento de desempeñar fielmente sus funciones, guardar y hacer guardar la Constitución y la ley y respetar y tutelar los derechos de los ciudadanos.

2. El príncipe heredero, al ser mayor de edad y el regente al hacerse cargo de sus funciones, prestarán el mismo jura-

TEXTO CONSTITUCIONAL

rán el mismo juramento, así como el de fidelidad al Rey.

Artículo 62

Corresponde al Rey:

a) Sancionar y promulgar las leyes.

b) Convocar y disolver las Cortes Generales y convocar elecciones en los términos previstos en la Constitución.

c) Convocar a referéndum en los casos previstos en la Constitución.

d) Proponer el candidato a Presidente de Gobierno y, en su caso, nombrarlo, así como poner fin a sus funciones en los términos previstos en la Constitución.

e) Nombrar y separar a los miembros del Gobierno, a propuesta de su Presidente.

f) Expedir los decretos acordados en el Consejo de Ministros, conferir los empleos civiles y militares y conceder honores y distinciones con arreglo a las leyes.

g) Ser informado de los asuntos de Estado y presidir, a estos efectos, las sesiones del Consejo de Ministros, cuando lo estime oportuno, a petición del Presidente del Gobierno.

h) El mando supremo de las Fuerzas Armadas.

i) Ejercer el derecho de gracia con arreglo a la ley, que no podrá autorizar indultos generales.

j) El Alto Patronazgo de las Reales Academias.

Artículo 63

1. El Rey acredita a los embajadores y otros representantes diplomáticos. Los representantes extranjeros en España están acreditados ante él.

2. Al Rey corresponde manifestar el consentimiento del Estado para obligarse internacionalmente por medio de tratados, de conformidad con la Constitución y las leyes.

3. Al Rey corresponde, previa autori-

BORRADOR DE LA CONSTITUCIÓN
(Artículos de contenido común)

mento del número anterior, así como el de fidelidad al Rey.

Artículo 52

Corresponde al Rey en el ejercicio de sus funciones arbitrales:

a) Nombrar al presidente del Gobierno en los términos previstos por el artículo... y poner fin a sus funciones, cuando aquél le presente la dimisión del Gobierno y nombrar y separar a los demás ministros a propuesta del presidente del Gobierno.

b) Convocar (prorrogar) y disolver las Cortes y convocar elecciones en los términos previstos en la Constitución.

c) Dirigir mensajes a las Cortes y a los ciudadanos en los supuestos de los artículos...

Artículo 53

Corresponde, además, al Rey:

a) La sanción y promulgación de las leyes.

b) Convocar referéndum en los casos previstos en la Constitución.

c) El mando supremo de las fuerzas armadas.

d) Expedir los decretos acordados en Consejo de Ministros, conferir los empleos civiles y militares y conceder o no las distinciones de todas clases con arreglo a las leyes.

e) Ejercer el derecho de gracia de toda clase de penas con arreglo a las leyes. *(Pendiente el tema sobre amnistía.)*

f) Presidir el Consejo de Ministros cuando ello sea necesario y ser informado por el presidente del Gobierno en cuanto a los asuntos de Estado se refiere.

Artículo 54

1. El Rey acredita a los embajadores y otros representantes diplomáticos. Los representantes extranjeros en España están acreditados ante él.

2. (Referente a Tratados Internacionales pendientes de redacción.)

3. Al Rey corresponde declarar la guerra y concluir la paz, previa autorización de las Cortes.

TEXTO CONSTITUCIONAL

zación de las Cortes Generales, declarar la guerra y hacer la paz.

Artículo 64

1. Los actos del Rey serán refrendados por el Presidente del Gobierno y, en su caso, por los Ministros competentes. La propuesta y el nombramiento del Presidente del Gobierno, y la disolución prevista en el artículo 99, serán refrendados por el Presidente del Congreso.

2. De los actos del Rey serán responsables las personas que los refrenden.

Artículo 65

1. El Rey recibe de los Presupuestos del Estado una cantidad global para el sostenimiento de su Familia y Casa, y distribuye libremente la misma.

2. El Rey nombra y releva libremente a los miembros civiles y militares de su Casa.

TÍTULO III

De las Cortes Generales

CAPÍTULO PRIMERO

De las Cámaras

Artículo 66

1. Las Cortes Generales representan al pueblo español y están formadas por el Congreso de los Diputados y el Senado.

2. Las Cortes Generales ejercen la potestad legislativa del Estado, aprueban sus Presupuestos, controlan la acción del Gobierno y tienen las demás competencias que les atribuya la Constitución.

3. Las Cortes Generales son inviolables.

Artículo 67

1. Nadie podrá ser miembro de las dos Cámaras simultáneamente, ni acumular el acta de una Asamblea de Comunidad Autónoma con la de Diputado al Congreso.

BORRADOR
DE LA CONSTITUCIÓN
(Artículos de contenido común)

Artículo 55

Los actos del Rey, a excepción de los mencionados en los artículos 52.*a)* y *b)*, 56.2, serán refrendados por el presidente del Gobierno y, en su caso, por el o los ministros respectivos. Los actos del Rey mencionados en el artículo 56.*a)* y *b)*, serán refrendados por el presidente del Congreso a efectos de autentificar el cumplimiento de los requisitos establecidos por la Constitución para el ejercicio de estas potestades.

Artículo 56

1. El Rey recibe de los presupuestos del Estado una cantidad global, libre de todo gravamen para el sostenimiento de su familia y casa, y distribuye libremente la misma.

2. El Rey nombra libremente a los miembros civiles y militares de su casa y los releva igualmente.

TÍTULO IV

De las Cortes Generales

Artículo 57

1. Las Cortes Generales estarán formadas por dos Cámaras: el Congreso de los Diputados y el Senado.

2. (Art. 57). Nadie podrá ser miembro de las dos Cámaras simultáneamente, ni acumular mandatos de asambleas autonómicas con el de diputado al Congreso.

3. Los miembros de las Cortes repre-

TEXTO CONSTITUCIONAL

2. Los miembros de las Cortes Generales no estarán ligados por mandato imperativo.

3. Las reuniones de Parlamentarios que se celebren sin convocatoria reglamentaria no vincularán a las Cámaras, y no podrán ejercer sus funciones ni ostentar sus privilegios.

Artículo 68

1. El Congreso se compone de un mínimo de 300 y un máximo de 400 Diputados, elegidos por sufragio universal, libre, igual, directo y secreto, en los términos que establezca la ley.

2. La circunscripción electoral es la provincia. Las poblaciones de Ceuta y Melilla estarán representadas cada una de ellas por un Diputado. La ley distribuirá el número total de Diputados, asignando una representación mínima inicial a cada circunscripción y distribuyendo los demás en proporción a la población.

3. La elección se verificará en cada circunscripción atendiendo a criterios de representación proporcional.

4. El Congreso es elegido por cuatro años. El mandato de los Diputados termina cuatro años después de su elección o el día de la disolución de la Cámara.

5. Son electores y elegibles todos los españoles que estén en pleno uso de sus derechos políticos.

La ley reconocerá y el Estado facilitará el ejercicio del derecho de sufragio a los españoles que se encuentren fuera del territorio de España.

6. Las elecciones tendrán lugar entre los treinta días y sesenta días desde la terminación del mandato. El Congreso electo deberá ser convocado dentro de los veinticinco días siguientes a la celebración de las elecciones.

Artículo 69

1. El Senado es la Cámara de representación territorial.

2. En cada provincia se elegirán cuatro Senadores por sufragio universal, libre, igual, directo y secreto por los votantes de cada una de ellas, en los términos que señale una ley orgánica.

BORRADOR DE LA CONSTITUCIÓN
(Artículos de contenido común)

sentan al pueblo español y no están ligados a mandato imperativo.

4. Las reuniones de Parlamentarios que se celebren fuera de las Cámaras y sin convocatoria reglamentaria, no vincularán a las mismas ni podrán ejercer las funciones de éstas, ni ostentar sus privilegios.

Artículo 58

1. Los diputados del Congreso se eligen por sufragio universal, libre, igual, directo y secreto.

2. El Congreso es elegido por cuatro años. El mandato de los diputados termina cuatro años después de su elección o el día de la disolución de la Cámara.

3. El Congreso se integra por un diputado por cada 75.000 habitantes o fracción superior a 40.000 a distribuir con arreglo a la población en los términos que establezca la ley Electoral.

4. Son electores y elegibles todos los españoles mayores de edad que estén en pleno uso de sus derechos políticos. La ley reconocerá y el Estado facilitará el ejercicio del derecho de sufragio a los españoles que residan fuera del territorio de España.

Artículo 59

1. Los senadores serán elegidos por las asambleas legislativas de los territorios autónomos por un período igual al de la propia legislatura, con arreglo a un sistema de representación proporcional y a razón de un senador por cada una de las provincias existentes en el momento de pro-

TEXTO CONSTITUCIONAL

3. En las provincias insulares, cada isla o agrupación de ellas, con Cabildo o Consejo Insular, constituirá una circunscripción a efectos de elección de Senadores, correspondiendo tres a cada una de las islas mayores —Gran Canaria, Mallorca y Tenerife— y uno a cada una de las siguientes islas o agrupaciones: Ibiza-Formentera, Menorca, Fuerteventura, Gomera, Hierro, Lanzarote y La Palma.

4. Las poblaciones de Ceuta y Melilla elegirán cada una de ellas dos Senadores.

5. Las Comunidades Autónomas designarán además un Senador y otro más por cada millón de habitantes de su respectivo territorio. La designación corresponderá a la asamblea legislativa o, en su defecto, al órgano colegiado superior de la Comunidad Autónoma, de acuerdo con lo que establezcan los Estatutos, que asegurarán, en todo caso, la adecuada representación proporcional.

6. El Senado es elegido por cuatro años. El mandato de los Senadores termina cuatro años después de su elección o el día de la disolución de la Cámara.

Artículo 70

1. La ley electoral determinará las causas de inelegibilidad e incompatibilidad de los Diputados y Senadores, que comprenderán, en todo caso:

a) A los componentes del Tribunal Constitucional.

b) A los altos cargos de la Administración del Estado que determine la ley, con la excepción de los miembros del Gobierno.

c) Al Defensor del Pueblo.

d) A los Magistrados, Jueces y Fiscales en activo.

e) A los militares profesionales y miembros de las Fuerzas y Cuerpos de Seguridad y Policía en activo.

f) A los miembros de las Juntas Electorales.

2. La validez de las actas y credenciales de los miembros de ambas Cámaras es-

BORRADOR
DE LA CONSTITUCIÓN
(Artículos de contenido común)

mulgación de la Constitución en él integrados y uno más por cada 250.000 habitantes o fracción superior a 125.000.

2. Salvo disposición en contrario del respectivo estatuto de autonomía, los senadores no habrán de ostentar la condición de miembros de la Asamblea legislativa que los elige, pero sí reunir las condiciones de elegibilidad necesaria para formar parte de la misma.

3. Al comienzo de cada Legislatura, el Congreso, por mayoría de 3/5 de votantes que represente al menos la mayoría absoluta de la Cámara, podrá elegir hasta veinte senadores de entre personas que hubieran prestado servicios eminentes a la cultura, la política, la economía (¿o las armas?) de España.

4. Disposición transitoria. En aquellas provincias (aún) no integradas en un Territorio Autónomo se elegirá un senador por cada provincia y otro más por cada 250.000 habitantes o fracción superior a 125.000. Serán electores todos los concejales de los municipios que constituyen la provincia, y elegibles quienes reúnan las condiciones para ser elegidos concejales. El mandato de los así elegidos tendrá una duración de cuatro años.

Artículo 60

La Ley Electoral determinará los casos de incompatibilidad de los diputados y senadores, que comprenderá en todo caso:

a) A los altos cargos de la Administración del Estado, excepto a los miembros del Gobierno.

b) A los militares profesionales y miembros de las Fuerzas del Orden Público y de la policía gubernativa en activo.

c) A los jueces, fiscales y secretarios judiciales.

d) A los miembros de las Juntas Electorales.

e) A los componentes del Tribunal de Garantías Constitucionales.

Artículo 72

Cada Cámara recibirá y apreciará la va-

TEXTO CONSTITUCIONAL

tará sometida al control judicial, en los terminos que establezca la ley electoral.

Artículo 71

1. Los Diputados y Senadores gozarán de inviolabilidad por las opiniones manifestadas en el ejercicio de sus funciones.

2. Durante el período de su mandato los Diputados y Senadores gozarán, asimismo, de inmunidad y sólo podrán ser detenidos en caso de flagrante delito. No podrán ser inculpados ni procesados sin la previa autorización de la Cámara respectiva.

3. En las causas contra Diputados y Senadores será competente la Sala de lo Penal del Tribunal Supremo.

4. Los Diputados y Senadores percibirán una asignación que será fijada por las respectivas Cámaras.

Artículo 72

1. Las Cámaras establecen sus propios Reglamentos, aprueban autónomamente sus presupuestos y, de común acuerdo, regulan el Estatuto del Personal de las Cortes Generales. Los Reglamentos y su reforma serán sometidos a una votación final sobre su totalidad, que requerirá la mayoría absoluta.

2. Las Cámaras eligen sus respectivos Presidentes y los demás miembros de sus Mesas. Las sesiones conjuntas serán presididas por el Presidente del Congreso y se regirán por un Reglamento de las Cortes Generales aprobado por mayoría absoluta de cada Cámara.

3. Los Presidentes de las Cámaras ejercen en nombre de las mismas todos los poderes administrativos y facultades de policía en el interior de sus respectivas sedes.

Artículo 73

1. Las Cámaras se reunirán anualmente en dos períodos ordinarios de sesiones: el primero, de septiembre a diciembre, y el segundo, de febrero a junio.

2. Las Cámaras podrán reunirse en se-

BORRADOR
DE LA CONSTITUCIÓN
(Artículos de contenido común)

lidez de las actas y credenciales de cada uno de sus miembros. Contra su decisión, el afectado podrá recurrir ante el Tribunal de garantías constitucionales.

Artículo 61

1. Los diputados y senadores gozan de inviolabilidad por los actos realizados y las opiniones manifestadas en el ejercicio de sus funciones.

2. Los diputados y senadores gozan asimismo de inmunidad y sólo podrán ser detenidos en caso de flagrante delito. No podrán ser inculpados ni procesados sin la previa autorización de la Cámara respectiva.

3. (La materia referente al Fuero queda pendiente de redacción.)

Artículo 62

Los diputados y senadores percibirán una remuneración que será establecida por ley.

Artículo 63

1. Las Cámaras establecen sus propios reglamentos, el estatuto de su personal y aprueban autónomamente sus propios presupuestos.

2. Las Cámaras eligen sus respectivos presidentes y los miembros de sus mesas. Las sesiones conjuntas serán presididas por el presidente del Congreso.

3. El presidente ejerce en nombre de las Cámaras todos los poderes administrativos y policiales en el interior de los respectivos palacios.

Artículo 64

1. Las Cortes celebrarán dos períodos ordinarios de sesiones, el primero, de 15 de septiembre a 15 de diciembre, y el segundo, de febrero a julio.

2. Podrán celebrarse períodos extraor-

TEXTO CONSTITUCIONAL

siones extraordinarias a petición del Gobierno, de la Diputación Permanente o de la mayoría absoluta de los miembros de cualquiera de las Cámaras. Las sesiones extraordinarias deberán convocarse sobre un orden del día determinado y serán clausuradas una vez que éste haya sido agotado.

Artículo 74

1. Las Cámaras se reunirán en sesión conjunta para ejercer las competencias no legislativas que el Título II atribuye expresamente a las Cortes Generales.

2. Las decisiones de las Cortes Generales previstas en los artículos 94, 1, 145, 2, y 158, 2, se adoptarán por mayoría de cada una de las Cámaras. En el primer caso, el procedimiento se iniciará por el Congreso, y en los otros dos, por el Senado. En ambos casos, si no hubiera acuerdo entre Senado y Congreso, se intentará obtener por una Comisión Mixta compuesta de igual número de Diputados y Senadores. La Comisión presentará un texto, que será votado por ambas Cámaras. Si no se aprueba en la forma establecida, decidirá el Congreso por mayoría absoluta.

Artículo 75

1. Las Cámaras funcionarán en Pleno y por Comisiones.

2. Las Cámaras podrán delegar en las Comisiones Legislativas Permanentes la aprobación de proyectos o proposiciones de ley. El Pleno podrá, no obstante, recabar en cualquier momento el debate y votación de cualquier proyecto o proposición de ley que haya sido objeto de esta delegación.

3. Quedan exceptuados de lo dispuesto en el apartado anterior la reforma constitucional, las cuestiones internacionales, las leyes orgánicas y de bases y los Presupuestos Generales del Estado.

Artículo 76

1. El Congreso y el Senado, y, en su caso, ambas Cámaras conjuntamente, podrán nombrar Comisiones de investigación sobre cualquier asunto de interés público. Sus conclusiones no serán vinculantes para

BORRADOR
DE LA CONSTITUCIÓN
(Artículos de contenido común)

dinarios de sesiones a petición del Gobierno, de la Diputación Permanente o de la mayoría absoluta de los miembros del Congreso. El período extraordinario de sesiones deberá convocarse sobre un orden del día determinado y será clausurado una vez que éste haya sido agotado.

Artículo 66

1. Las Cámaras funcionarán en Pleno y por comisiones. Las Cámaras podrán delegar en las comisiones legislativas permanentes la aprobación de proyectos o proposiciones de ley, sin perjuicio de la competencia del pleno para recabar el debate y votación de cualquier proyecto o proposición en tramitación.

2. Quedan exceptuadas de lo dispuesto en el apartado anterior las materias siguientes: reforma constitucional, leyes orgánicas, leyes de bases, presupuestos generales del Estado y cuestiones internacionales.

Artículo 67

1. Las Cámaras pueden nombrar comisiones de investigación sobre cualquier asunto. El Gobierno y todas las autoridades y órganos administrativos, deben prestarles ayuda. Sus conclusiones no serán

TEXTO CONSTITUCIONAL

los Tribunales, ni afectarán a las resoluciones judiciales, sin perjuicio de que el resultado de la investigación sea comunicado al Ministerio Fiscal para el ejercicio, cuando proceda, de las acciones oportunas.

2. Será obligatorio comparecer a requerimiento de las Cámaras. La ley regulará las sanciones que puedan imponerse por incumplimiento de esta obligación.

Artículo 77

1. Las Cámaras pueden recibir peticiones individuales y colectivas, siempre por escrito, quedando prohibida la presentación directa por manifestaciones ciudadanas.

2. Las Cámaras pueden remitir al Gobierno las peticiones que reciban. El Gobierno está obligado a explicarse sobre su contenido, siempre que las Cámaras lo exijan.

Artículo 78

1. En cada Cámara habrá una Diputación Permanente compuesta por un mínimo de veintiún miembros, que representarán a los grupos parlamentarios, en proporción a su importancia numérica.

2. Las Diputaciones Permanentes estarán presididas por el Presidente de la Cámara respectiva y tendrán como funciones la prevista en el artículo 73, la de asumir las facultades que correspondan a las Cámaras, de acuerdo con los artículos 86 y 116, en caso de que éstas hubieren sido disueltas o hubiere expirado su mandato y la de velar por los poderes de las Cámaras, cuando éstas no estén reunidas.

3. Expirado el mandato o en caso de disolución, las Diputaciones Permanentes seguirán ejerciendo sus funciones hasta la constitución de las nuevas Cortes Generales.

4. Reunida la Cámara correspondiente, la Diputación Permanente dará cuenta de los asuntos tratados y de sus decisiones.

BORRADOR
DE LA CONSTITUCIÓN
(Artículos de contenido común)

obligatorias para los Tribunales ni afectarán a las resoluciones judiciales.

(Pendiente para segunda lectura la posibilidad de otorgar a las Cámaras las mismas facultades que a las autoridades judiciales en relación con los particulares.)

2. A través del Senado, los diferentes pueblos de España en él representados colaboran en la legislación y la administración del Estado mediante competencias que le atribuye la Constitución.

Artículo 71

1. Las Cámaras y sus comisiones pueden reclamar la presencia de los miembros del Gobierno.

2. Los miembros del Gobierno tienen acceso a las sesiones de las Cámaras y a sus comisiones y la facultad de hacerse oír en las mismas; y podrán solicitar la anuencia de unas u otras para que informen ante las mismas funcionarios de ellos dependientes.

3. Los ministros sólo votan en la respectiva Cámara cuando sean diputados o senadores.

Artículo 68

(Pendiente de redacción la materia referente a la Diputación Permanente.)

TEXTO CONSTITUCIONAL

Artículo 79

1. Para adoptar acuerdos las Cámaras deben estar reunidas reglamentariamente y con asistencia de la mayoría de sus miembros.

2. Dichos acuerdos, para ser válidos, deberán ser aprobados por la mayoría de los miembros presentes, sin perjuicio de las mayorías especiales que establezcan la Constitución o las leyes orgánicas y las que para elección de personas establezcan los Reglamentos de las Cámaras.

3. El voto de Senadores y Diputados es personal e indelegable.

Artículo 80

Las sesiones plenarias de las Cámaras serán públicas, salvo acuerdo en contrario de cada Cámara, adoptado por mayoría absoluta o con arreglo al Reglamento.

CAPÍTULO II

De la elaboración de las leyes

Artículo 81

1. Son leyes orgánicas las relativas al desarrollo de los derechos fundamentales y de las libertades públicas, las que aprueben los Estatutos de Autonomía y el régimen electoral general y las demás previstas en la Constitución.

2. La aprobación, modificación o derogación de las leyes orgánicas exigirá mayoría absoluta del Congreso, en una votación final sobre el conjunto del proyecto.

BORRADOR
DE LA CONSTITUCIÓN
(Artículos de contenido común)

Artículo 69

1. Para adoptar acuerdos, las Cámaras deben estar reunidas reglamentariamente y con la mayoría de sus miembros presentes.

2. Dichos acuerdos, para ser válidos, deberán ser aprobados por la mayoría de sus miembros presentes, sin perjuicio de las mayorías cualificadas que establezca la Constitución, las Leyes Orgánicas o los Reglamentos de las Cámaras; y de lo que éstos dispongan en materia de elecciones.

3. El voto de los senadores y diputados es personal e indelegable.

Artículo 70

1. Las reuniones de las Cámaras serán públicas, salvo acuerdo en contra de cada Cámara, tomado por mayoría absoluta y con arreglo al Reglamento.

De la elaboración de las leyes

Artículo 73

1. Son materias propias de la ley:

a) El desarrollo de los derechos y deberes comprendidos en el Título II y, en lo que procede, de los principios fundamentales declarados en el Título I.

b) El desarrollo de las instituciones de la presente Constitución, incluyendo el derecho electoral y sin perjuicio de las autonomías reglamentarias de las Cámaras.

c) Las normas básicas en materia de orden público.

d) El derecho relativo a las nacionalidades, el Estado y la capacidad civil de las personas.

e) El derecho penal procesal y judicial.

f) Las normas básicas del derecho civil, mercantil, laboral y de la Seguridad Social.

g) Las normas básicas de la Administración y de la función pública y de la defensa nacional.

h) Los presupuestos del Estado.

i) Las cuestiones financieras y fiscales, así como los textos básicos de la planificación económica y social.

TEXTO CONSTITUCIONAL

BORRADOR DE LA CONSTITUCIÓN (Artículos de contenido común)

j) Las normas básicas sobre la ordenación del sector público de la economía.

k) Las normas básicas de la educación pública y de los planes generales de enseñanza.

l) Las normas básicas sobre el régimen del suelo: urbanismo y vivienda.

m) Las delegaciones normativas concedidas al Gobierno.

Texto *a):*

n) Cualquier otra materia cuya regulación legal sea acordada por la mayoría absoluta del Congreso.

Texto *b):*

Cualquier otra materia cuya regulación legal sea acordada por la mayoría absoluta del Congreso.

Dicho acuerdo podrá comprender la suspensión de una disposición reglamentaria, sin perjuicio de tercero, en los términos que una ley determine.

Artículo 74

Las leyes comprendidas en los números 1 y 2 del artículo anterior tendrán el carácter y denominación de Leyes Orgánicas Constitucionales. Deberán ser aprobadas por mayoría absoluta del Congreso.

Artículo 82

1. Las Cortes Generales podrán delegar en el Gobierno la potestad de dictar normas con rango de ley sobre materias determinadas no incluidas en el artículo anterior.

2. La delegación legislativa deberá otorgarse mediante una ley de bases cuando su objeto sea la formación de textos articulados o por una ley ordinaria cuando se trate de refundir varios textos legales en uno solo.

3. La delegación legislativa habrá de otorgarse al Gobierno de forma expresa para materia concreta y con fijación del plazo para su ejercicio. La delegación se agota por el uso que de ella haga el Gobierno mediante la publicación de la norma correspondiente. No podrá entenderse concedida de modo implícito o por tiempo indeterminado. Tampoco podrá permitir la subdelegación a autoridades distintas del propio Gobierno.

Artículo 75

1. El Gobierno podrá solicitar autorización de las Cortes mediante una ley de bases para emitir legislación delegada sobre materias determinadas.

2. No podrá otorgarse ninguna delegación legislativa de modo implícito ni en un texto que no sea presentado expresamente como ley de Bases.

3. Las leyes de Bases se ajustarán a las siguientes normas:

a) Mencionarán expresamente los términos y alcance de delegación legislativa.

b) Indicarán el plazo dentro del cual son válidas.

4. Sin perjuicio de la competencia del Tribunal de Garantías Constitucionales, las Comisiones de las Cortes podrán pedir la suspensión de la legislación delegada en caso de uso incorrecto de la delegación. La resolución corresponde al Pleno.

5. Las leyes de Bases podrán estable-

TEXTO CONSTITUCIONAL

4. Las leyes de bases delimitarán con precisión el objeto y alcance de la delegación legislativa y los principios y criterios que han de seguirse en su ejercicio.

5. La autorización para refundir textos legales determinará el ámbito normativo a que se refiere el contenido de la delegación, especificando si se circunscribe a la mera formulación de un texto único o si se incluye la de regularizar, aclarar y armonizar los textos legales que han de ser refundidos.

6. Sin perjuicio de la competencia propia de los Tribunales, las leyes de delegación podrán establecer en cada caso fórmulas adicionales de control.

Artículo 83

Las leyes de bases no podrán en ningún caso:

a) Autorizar la modificación de la propia ley de bases.

b) Facultar para dictar normas con carácter retroactivo.

Artículo 84

Cuando una proposición de ley o una enmienda fuere contraria a una delegación legislativa en vigor, el Gobierno está facultado para oponerse a su tramitación. En tal supuesto, podrá presentarse una proposición de ley para la derogación total o parcial de la ley de delegación.

Artículo 85

Las disposiciones del Gobierno que contengan legislación delegada recibirán el título de Decretos Legislativos.

Artículo 86

1. En caso de extraordinaria y urgente necesidad, el Gobierno podrá dictar disposiciones legislativas provisionales que tomarán la forma de Decretos-leyes y que no podrán afectar al ordenamiento de las

BORRADOR
DE LA CONSTITUCIÓN
(Artículos de contenido común)

cer en cada caso fórmulas adicionales de control reglamentario.

Artículo 76

Las delegaciones legislativas no podrán en ningún caso:

1. Autorizar la modificación de la propia ley de Bases.
2. Facultarse para dictar normas con carácter retroactivo.
3. Permitir la subdelegación a autoridades distintas del propio Gobierno.

Artículo 77

Cuando una proposición de ley o una emienda fueran contrarias a una delegación legislativa autorizada por ley de Bases, el Gobierno podrá pedir que no se tramite. En tal caso podrá pedirse la tramitación de una proposición de ley para la derogación total o parcial de la ley de Bases.

Artículo 78

Los actos del Gobierno por los que se promulgue legislación delegada recibirán el título de decretos legislativos y serán siempre informados por el Consejo de Estado, que, en todo caso, se pronunciará sobre su conformidad o disconformidad con la ley de Bases.

Artículo 79

1. En casos de extraordinaria y urgente necesidad, el Gobierno podrá someter a la sanción del Rey decretos-leyes regulando materias enumeradas en el artículo 73 que no afecten a la ordenación de las institu-

TEXTO CONSTITUCIONAL

instituciones básicas del Estado, a los derechos, deberes y libertades de los ciudadanos regulados en el Título I, al régimen de las Comunidades Autónomas, ni al Derecho electoral general.

2. Los Decretos-leyes deberán ser inmediatamente sometidos a debate y votación de totalidad al Congreso de los Diputados, convocado al efecto si no estuviere reunido, en el plazo de los treinta días siguientes a su promulgación. El Congreso habrá de pronunciarse expresamente dentro de dicho plazo sobre su convalidación o derogación, para lo cual el Reglamento establecerá un procedimiento especial y sumario.

3. Durante el plazo establecido en el apartado anterior, las Cortes podrán tramitarlos como proyectos de ley por el procedimiento de urgencia.

Artículo 87

1. La iniciativa legislativa corresponde al Gobierno, al Congreso y al Senado, de acuerdo con la Constitución y los Reglamentos de las Cámaras.

2. Las Asambleas de las Comunidades Autónomas podrán solicitar del Gobierno la adopción de un proyecto de ley o remitir a la Mesa del Congreso una proposición de ley, delegando ante dicha Cámara un máximo de tres miembros de la Asamblea encargados de su defensa.

3. Una ley orgánica regulará las formas de ejercicio y requisitos de la iniciativa popular para la presentación de proposiciones de ley. En todo caso se exigirán no menos de 500.000 firmas acreditadas. No procederá dicha iniciativa en materias propias de ley orgánica, tributarias o de carácter internacional, ni en lo relativo a la prerrogativa de gracia.

Artículo 88

Los proyectos de ley serán aprobados

BORRADOR
DE LA CONSTITUCIÓN
(Artículos de contenido común)

ciones del Estado, los derechos y deberes de los ciudadanos ni autonomías.

2. Estos decretos-leyes deberán ser inmediatamente presentados ante las Cortes generales, convocadas al efecto si no estuvieran reunidas, y caducarán, si no fueran convalidados por las mismas en el plazo de los treinta días siguientes a su promulgación.

3. En el plazo establecido en el artículo anterior, las Cortes podrán tramitarlos como proyecto de ley por el procedimiento de urgencia.

4. Corresponde a la potestad reglamentaria del Gobierno la regulación de las materias no reservadas a la ley y que no estén atribuidas por la presente Constitución a las... (regiones autónomas).

5. En caso de duda sobre el carácter legislativo o reglamentario de una norma y previo dictamen de la Comisión de Competencia legislativa del Congreso y del Consejo de Estado, resolverá el Tribunal de Garantías Constitucionales.

Artículo 80

1. La iniciativa legislativa corresponde al Gobierno y a los diputados, bien directamente o bien a través de los grupos parlamentarios.

2. El Senado podrá solicitar del Gobierno la adopción de un proyecto de ley o remitir ante la mesa del Congreso una proposición de ley, delegando ante dicha Cámara un máximo de tres senadores encargados de su defensa.

3. El mismo derecho podrá ejercerse también por las asambleas representativas de las regiones autónomas y demás entes territoriales a los que se les reconozca por ley.

En ambos supuestos se actuará de acuerdo con lo dispuesto en el apartado anterior.

4. Los proyectos de ley del Gobierno serán aprobados en Consejo de Ministros y siempre que se trate de leyes orgánicas o leyes de Bases irán acompañados del informe del Consejo de Estado.

5. Cuando se trate de un Código o de otros textos elaborados por la Comisión

TEXTO CONSTITUCIONAL

en Consejo de Ministros, que los someterá al Congreso, acompañados de una exposición de motivos y de los antecedentes necesarios para pronunciarse sobre ellos.

Artículo 89

1. La tramitación de las proposiciones de ley se regulará por los Reglamentos de las Cámaras, sin que la prioridad debida a los proyectos de ley impida el ejercicio de la iniciativa legislativa en los términos regulados por el artículo 87.

2. Las proposiciones de ley que, de acuerdo con el artículo 87 tome en consideración el Senado, se remitirán al Congreso para su trámite en éste como tal proposición.

Artículo 90

1. Aprobado un proyecto de ley ordinaria u orgánica por el Congreso de los Diputados, su Presidente dará inmediata cuenta del mismo al Presidente del Senado, el cual lo someterá a la deliberación de éste.

2. El Senado, en el plazo de dos meses, a partir del día de la recepción del texto, puede, mediante mensaje motivado, oponer su veto o introducir enmiendas al mismo. El veto deberá ser aprobado por mayoría absoluta. El proyecto no podrá ser sometido al Rey para sanción sin que

BORRADOR DE LA CONSTITUCIÓN (Artículos de contenido común)

General de Codificación, irán acompañados por el dictamen de ésta.

6. En todo caso irán acompañados de una exposición de motivos y de cuantos antecedentes establezca una ley Orgánica de Régimen Jurídico de la Administración, sin perjuicio de las que reclamen las Cámaras.

Disposición transitoria

1. La legislación vigente, que con arreglo a los artículos del presente título regula materias de carácter reglamentario, será objeto de catalogación, en listas propuestas por el Gobierno previo informe del Consejo de Estado.

2. El Gobierno podrá derogar o modificar cada una de dichas leyes por decreto, previa consulta al Congreso durante el plazo de dos meses, en el cual éste podrá ejercer la facultad prevista en el apartado *n)* del artículo 73, salvo siempre la posibilidad de recurso ante el Tribunal de Garantías Constitucionales.

Artículo 81

Las proposiciones de ley se regularán por los reglamentos, de modo que la prioridad debida a los proyectos del Gobierno no impida la garantía efectiva de la capacidad de propuesta de los grupos parlamentarios y de los miembros individuales de las Cámaras, sin perjuicio de un debate previo de toma en consideración y sin que sea necesario la autorización del Gobierno.

Artículo 82

1. Aprobado por el Congreso un proyecto o proposición de ley, el presidente de dicha Cámara dará inmediatamente cuenta del mismo al presidente del Senado, el cual lo someterá a la deliberación de éste. El Senado, en el plazo de un mes, a partir del día de su recepción, puede mediante mensaje motivado, poner su veto al proyecto aprobado por el Congreso de los Diputados. En este caso el proyecto no podrá ser sometido al Rey para su sanción y promulgación, salvo que el Congreso acepte las enmiendas propuestas por el Se-

TEXTO CONSTITUCIONAL

el Congreso ratifique por mayoría absoluta, en caso de veto, el texto inicial, o por mayoría simple, una vez transcurridos dos meses desde la interposición del mismo, o se pronuncie sobre las enmiendas, aceptándolas o no por mayoría simple.

3. El plazo de dos meses de que el Senado dispone para vetar o enmendar el proyecto se reducirá al de veinte días naturales en los proyectos declarados urgentes por el Gobierno o por el Congreso de los Diputados.

Artículo 91

El Rey sancionará en el plazo de quince días las leyes aprobadas por las Cortes Generales, y las promulgará y ordenará su inmediata publicación.

Artículo 92

1. Las decisiones políticas de especial trascendencia podrán ser sometidas a referéndum consultivo de todos los ciudadanos.

2. El referéndum será convocado por el Rey, mediante propuesta del Presidente del Gobierno, previamente autorizada por el Congreso de los Diputados.

3. Una ley orgánica regulará las condiciones y el procedimiento de las distintas modalidades de referéndum previstas en esta Constitución.

CAPÍTULO III

De los Tratados Internacionales

Artículo 93

Mediante ley orgánica se podrá autorizar la celebración de tratados por los que se atribuya a una organización o institución internacional el ejercicio de competencias derivadas de la Constitución. Corresponde a las Cortes Generales o al Gobierno, según los casos, la garantía del cumplimiento de estos tratados y de las resoluciones emanadas de los organismos internacionales o supranacionales titulares de la cesión.

BORRADOR DE LA CONSTITUCIÓN
(Artículos de contenido común)

nado o adopte por mayoría absoluta de sus miembros el texto primeramente aprobado. El plazo de un mes se reducirá al de diez días naturales en los proyectos declarados urgentes para el Gobierno o por el Congreso de los Diputados.

Artículo 83

Las leyes aprobadas definitivamente por las Cortes Generales serán sancionadas por el Rey en el plazo de quince días, promulgándolas y ordenándose inmediatamente su publicación.

Artículo 84

1. La aprobación de leyes aprobadas por las Cortes y aún no sancionadas o de decisiones políticas de especial trascendencia y la derogación de leyes en vigor, podrán ser sometidas a referéndum de los ciudadanos.

2. El referéndum será convocado por el Rey a propuesta del Gobierno, bien por propia iniciativa, bien a iniciativa de cualquiera de las dos Cámaras, de tres asambleas regionales o de 500.000 electores.

3. Una ley orgánica regulará las condiciones y los efectos del referéndum a que se refieren los apartados anteriores.

Véase art. 7 del borrador en p. 201.

TEXTO CONSTITUCIONAL

BORRADOR DE LA CONSTITUCIÓN (Artículos de contenido común)

Artículo 94

1. La prestación del consentimiento del Estado para obligarse por medio de tratados o convenios requerirá la previa autorización de las Cortes Generales, en los siguientes casos:

a) Tratados de carácter político.

b) Tratados o convenios de carácter militar.

c) Tratados o convenios que afecten a la integridad territorial del Estado o a los derechos y deberes fundamentales establecidos en el Título I.

d) Tratados o convenios que impliquen obligaciones financieras para la Hacienda Pública.

e) Tratados o convenios que supongan modificación o derogación de alguna ley o exijan medidas legislativas para su ejecución.

2. El Congreso y el Senado serán inmediatamente informados de la conclusión de los restantes tratados o convenios.

Artículo 95

1. La celebración de un tratado internacional que contenga estipulaciones contrarias a la Constitución exigirá la previa revisión constitucional.

2. El Gobierno o cualquiera de las Cámaras puede requerir al Tribunal Constitucional para que declare si existe o no esa contradicción.

Artículo 96

1. Los tratados internacionales válidamente celebrados, una vez publicados oficialmente en España, formarán parte del ordenamiento interno. Sus disposiciones sólo podrán ser derogadas, modificadas o suspendidas en la forma prevista en los propios tratados o de acuerdo con las normas generales del Derecho internacional.

2. Para la denuncia de los tratados y convenios internacionales se utilizará el mismo procedimiento previsto para su aprobación en el artículo 94.

Véase art. 7 del borrador en p. 201.

TEXTO CONSTITUCIONAL

BORRADOR
DE LA CONSTITUCIÓN
(Artículos de contenido común)

TÍTULO IV

Del Gobierno y de la Administración

Artículo 97

El Gobierno dirige la política interior y exterior, la Administración civil y militar y la defensa del Estado. Ejerce la función ejecutiva y la potestad reglamentaria de acuerdo con la Constitución y las leyes.

Artículo 94

El Gobierno dirige la política general, la administración y la defensa del Estado, y ejerce la función ejecutiva y la potestad reglamentaria de acuerdo con la Constitución y las Leyes.

Artículo 98

1. El Gobierno se compone del Presidente, de los Vicepresidentes, en su caso, de los Ministros y de los demás miembros que establezca la ley.

Artículo 95

1. El Gobierno se compone del presidente, en su caso de los vicepresidentes, y de los demás miembros que establezca la ley que regule la organización y composición de aquél y la distribución de competencias entre sus componentes.

2. El Presidente dirige la acción del Gobierno y coordina las funciones de los demás miembros del mismo, sin perjuicio de la competencia y responsabilidad directa de éstos en su gestión.

Artículo 97

El presidente del Gobierno dirige la acción de éste y distribuye y coordina las funciones de los demás miembros de aquél, sin perjuicio de la responsabilidad directa de éstos por la gestión de sus departamentos.

3. Los miembros del Gobierno no podrán ejercer otras funciones representativas que las propias del mandato parlamentario, ni cualquier otra función pública que no derive de su cargo, ni actividad profesional o mercantil alguna.

4. La ley regulará el Estatuto e incompatibilidades de los miembros del Gobierno.

Artículo 100

1. Los miembros del Gobierno no podrán ejercer otras funciones representativas que no sean las derivadas del mandato parlamentario.

2. Los miembros del Gobierno no podrán desempeñar ninguna actividad o ejercer función pública o privada que dañe la confianza depositada en ellos.

3. Una ley Orgánica regulará las incompatibilidades, estatutos y fueros de los miembros del Gobierno.

Artículo 99

1. Después de cada renovación del Congreso de los Diputados, y en los demás supuestos constitucionales en que así proceda, el Rey, previa consulta con los representantes designados por los Grupos políticos con representación parlamentaria, y a través del Presidente del Congreso, propondrá un candidato a la Presidencia del Gobierno.

2. El candidato propuesto conforme a lo previsto en el apartado anterior ex-

Artículo 85

1. Al iniciarse cada legislatura y en los demás supuestos constitucionales en que proceda, el Congreso de los Diputados, sin debate previo alguno, elegirá al Presidente del Gobierno de entre los candidatos propuestos por los grupos parlamentarios. Será elegido quien reuniese el voto de la mayoría absoluta de los diputados que componen la Cámara, y el Rey lo nombrará Presidente del Gobierno.

2. Si ninguno de los candidatos obtu-

TEXTO CONSTITUCIONAL

pondrá ante el Congreso de los Diputados el programa político del Gobierno que pretenda formar y solicitará la confianza de la Cámara.

3. Si el Congreso de los Diputados, por el voto de la mayoría absoluta de sus miembros, otorgare su confianza a dicho candidato, el Rey le nombrará Presidente. De no alcanzarse dicha mayoría, se someterá la misma propuesta a nueva votación cuarenta y ocho horas después de la anterior, y la confianza se entenderá otorgada si obtuviere la mayoría simple.

4. Si efectuadas las citadas votaciones no se otorgase la confianza para la investidura, se tramitarán sucesivas propuestas en la forma prevista en los apartados anteriores.

5. Si transcurrido el plazo de dos meses, a partir de la primera votación de investidura, ningún candidato hubiere obtenido la confianza del Congreso, el Rey disolverá ambas Cámaras y convocará nuevas elecciones con el refrendo del Presidente del Congreso.

BORRADOR DE LA CONSTITUCIÓN (Artículos de contenido común)

viese la mayoría absoluta de los sufragios en tres votaciones celebradas en días consecutivos, será elegido el candidato que obtuviese en siguiente votación la mayoría relativa de los votos. El candidato así elegido deberá, en el plazo de siete días, formar Gobierno y comparecer ante el Congreso para recibir la confianza de éste por voto de la mayoría absoluta de sus miembros. El Rey nombrará Presidente del Gobierno al candidato así elegido y confirmado.

3. Si no fuese posible la designación de un Presidente del Gobierno por los procedimientos previstos en los párrafos anteriores, el Rey disolverá el Congreso de los Diputados y convocará nuevas elecciones.

Artículo 100

Los demás miembros del Gobierno serán nombrados y separados por el Rey, a propuesta de su Presidente.

Artículo 96

2. Los demás miembros del Gobierno son nombrados y separados por el Rey a propuesta del Presidente de aquél.

Artículo 101

1. El Gobierno cesa tras la celebración de elecciones generales, en los casos de pérdida de la confianza parlamentaria previstos en la Constitución, o por dimisión o fallecimiento de su Presidente.

2. El Gobierno cesante continuará en funciones hasta la toma de posesión del nuevo Gobierno.

Artículo 98

1. El Gobierno cesa por la celebración de elecciones generales en caso de pérdida de la confianza parlamentaria o por dimisión de su presidente.

2. En los dos últimos supuestos, los demás miembros siguen en funciones hasta la formación de nuevo Gobierno.

Artículo 102

1. La responsabilidad criminal del Presidente y los demás miembros del Gobierno será exigible, en su caso, ante la Sala de lo Penal del Tribunal Supremo.

2. Si la acusación fuere por traición o por cualquier delito contra la seguridad del Estado en el ejercicio de sus funciones, sólo podrá ser planteada por iniciativa de la cuarta parte de los miembros del Congre-

Artículo 93

El Presidente y los ministros son penalmente responsables por los actos que cometan en el ejercicio de sus funciones. Dicha responsabilidad será exigida ante la Sala de lo Penal del Tribunal Supremo.

TEXTO CONSTITUCIONAL VIGENTE

so, y con la aprobación de la mayoría absoluta del mismo.

3. La prerrogativa real de gracia no será aplicable a ninguno de los supuestos del presente artículo.

Artículo 103

1. La Administración Pública sirve con objetividad los intereses generales y actúa de acuerdo con los principios de eficacia, jerarquía, descentralización, desconcentración y coordinación, con sometimiento pleno a la ley y al Derecho.

2. Los órganos de la Administración del Estado son creados, regidos y coordinados de acuerdo con la ley.

3. La ley regulará el estatuto de los funcionarios públicos, el acceso a la función pública de acuerdo con los principios de mérito y capacidad, las peculiaridades del ejercicio de su derecho a sindicación, el sistema de incompatibilidades y las garantías para la imparcialidad en el ejercicio de sus funciones.

Artículo 104

1. Las Fuerzas y Cuerpos de seguridad, bajo la dependencia del Gobierno, tendrán como misión proteger el libre ejercicio de los derechos y libertades y garantizar la seguridad ciudadana.

2. Una ley orgánica determinará las funciones, principios básicos de actuación y estatutos de las Fuerzas y Cuerpos de seguridad.

Artículo 105

La ley regulará:

a) La audiencia de los ciudadanos, directamente o a través de las organizaciones y asociaciones reconocidas por la ley, en el procedimiento de elaboración de las disposiciones administrativas que les afecten.

b) El acceso de los ciudadanos a los archivos y registros administrativos, salvo en lo que afecte a la seguridad y defensa del Estado, la averiguación de los delitos y la intimidad de las personas.

c) El procedimiento a través del cual deben producirse los actos administrativos,

BORRADOR DE LA CONSTITUCIÓN
(Artículos de contenido común)

Artículo 101

1. La Administración Pública, en todos sus ámbitos, se ordena de acuerdo con los principios de descentralización y desconcentración y actúa coordinadamente para el cumplimiento de las funciones del Estado.

2. La Administración del Estado y sus órganos periféricos son creados, establecidos y coordinados por el Gobierno, de acuerdo con la Ley.

3. La Ley regulará el estatuto de los funcionarios públicos y garantizará la neutralidad política en el ejercicio de sus funciones.

Artículo 124

1. Las Fuerzas de Orden Público tendrán como misión, defender el ordenamiento constitucional, proteger el libre ejercicio de los derechos y libertades de los ciudadanos y garantizar la seguridad personal de éstos.

2. Una ley Orgánica determinará las funciones, principios básicos de actuación y estatuto de las Fuerzas de Orden Público.

Artículo 101 bis

La ley regulará:

a) La participación de los ciudadanos a través de las organizaciones y asociaciones reconocidas por la ley en la formación de las decisiones administrativas que los afecten.

b) El acceso de los ciudadanos a los archivos y registros administrativos con las solas limitaciones que exijan la seguridad y defensa del Estado o la intimidad de las personas.

c) El procedimiento a través del cual los actos administrativos deben producirse.

d) La sumisión de las disposiciones y

TEXTO CONSTITUCIONAL VIGENTE

garantizando, cuando proceda, la audiencia del interesado.

Artículo 106

1. Los Tribunales controlan la potestad reglamentaria y la legalidad de la actuación administrativa, así como el sometimiento de ésta a los fines que la justifican.

2. Los particulares, en los términos establecidos por la ley, tendrán derecho a ser indemnizados por toda lesión que sufran en cualquiera de sus bienes y derechos, salvo en los casos de fuerza mayor, siempre que la lesión sea consecuencia del funcionamiento de los servicios públicos.

Artículo 107

El Consejo de Estado es el supremo órgano consultivo del Gobierno. Una ley orgánica regulará su composición y competencia.

TÍTULO V

De las relaciones entre el Gobierno y las Cortes Generales

Artículo 108

El Gobierno responde solidariamente en su gestión política ante el Congreso de los Diputados.

Artículo 109

Las Cámaras y sus Comisiones podrán recabar, a través de los Presidentes de aquéllas, la información y ayuda que precisen del Gobierno y de sus Departamentos y de cualesquiera autoridades del Estado y de las Comunidades Autónomas.

Artículo 110

1. Las Cámaras y sus Comisiones pue-

BORRADOR DE LA CONSTITUCIÓN (Artículos de contenido común)

resoluciones administrativas a los principios de jerarquía normativa e inderogabilidad singular de los reglamentos.

Artículo 101 ter

Toda la actividad de la Administración pública está sometida al control jurisdiccional.

Los Tribunales controlan la legalidad de la actuación administrativa y el sometimiento a los fines que la justifican.

Artículo 102

El Consejo de Estado es el supremo órgano consultivo.

Artículo 86

1. El Gobierno responde políticamente de su gestión de modo colectivo, ante el Congreso de los diputados.

2. Al menos en cada sesión ordinaria del Congreso se celebrarán dos debates sobre la orientación de la política general del Gobierno.

3. El Gobierno puede formular declaraciones de política general ante ambas Cámaras.

Artículo 87

Las Cámaras podrán recabar la información que precisen del Gobierno y de sus departamentos y de cualesquiera autoridades, incluyendo las de las organizaciones autónomas.

Artículo 88

1. Los reglamentos de las Cámaras re-

TEXTO CONSTITUCIONAL

den reclamar la presencia de los miembros del Gobierno.

2. Los miembros del Gobierno tienen acceso a las sesiones de las Cámaras y a sus Comisiones y la facultad de hacerse oír en ellas, y podrán solicitar que informen ante las mismas funcionarios de sus Departamentos.

Artículo 111

1. El Gobierno y cada uno de sus miembros están sometidos a las interpelaciones y preguntas que se le formulen en las Cámaras. Para esta clase de debate los Reglamentos establecerán un tiempo mínimo semanal.

2. Toda interpelación podrá dar lugar a una moción en la que la Cámara manifieste su posición.

Artículo 112

El Presidente del Gobierno, previa deliberación del Consejo de Ministros, puede plantear ante el Congreso de los Diputados la cuestión de confianza sobre su programa o sobre una declaración de política general. La confianza se entenderá otorgada cuando vote a favor de la misma la mayoría simple de los Diputados.

Artículo 113

1. El Congreso de los Diputados puede exigir la responsabilidad política del Gobierno mediante la adopción por mayoría absoluta de la moción de censura.

2. La moción de censura deberá ser propuesta al menos por la décima parte de los Diputados, y habrá de incluir un candidato a la Presidencia del Gobierno.

3. La moción de censura no podrá ser votada hasta que transcurran cinco días desde su presentación. En los dos primeros días de dicho plazo podrán presentarse mociones alternativas.

4. Si la moción de censura no fuere aprobada por el Congreso, sus signatarios no podrán presentar otra durante el mismo período de sesiones.

BORRADOR
DE LA CONSTITUCIÓN
(Artículos de contenido común)

gularán el sistema de ruegos y preguntas al Gobierno.

2. Los diputados y senadores podrán interpelar al presidente y a los miembros del Gobierno.

3. Los reglamentos de las Cámaras establecerán las condiciones y el procedimiento, reservando un día a la semana para la eficacia del sistema.

4. Toda interpelación dará lugar a una moción en la cual la Cámara exprese su opinión sobre la respuesta del Gobierno.

Artículo 89

El Presidente del Gobierno, previa deliberación del Consejo de Ministros, puede plantear ante el Congreso de los Diputados la cuestión de confianza sobre su programa o sobre una declaración de política general. La confianza solamente se entenderá negada cuando voten en contra de la misma la mayoría absoluta de los diputados.

Artículo 90

1. El Congreso de los Diputados exige la responsabilidad política del Gobierno mediante la adopción, por mayoría absoluta, de la moción de censura.

2. La moción de censura deberá ser propuesta al menos por la décima parte de los diputados y habrá de incluir un candidato a la presidencia del Gobierno que se entenderá elegido en caso de que el Congreso adoptara la moción.

3. La votación de la moción de censura no podrá celebrarse hasta que transcurran 48 horas de su presentación, durante las que podrán presentarse otras mociones alternativas, y otras 72 horas más para los acuerdos que procedan entre los grupos parlamentarios.

TEXTO CONSTITUCIONAL	BORRADOR DE LA CONSTITUCIÓN (Artículos de contenido común)
	4. Si la moción de censura no fuese aprobada por el Congreso, sus signatarios no podrán presentar otra durante el mismo período de sesiones.
Artículo 114 1. Si el Congreso niega su confianza al Gobierno, éste presentará su dimisión al Rey, procediéndose a continuación a la designación de Presidente del Gobierno, según lo dispuesto en el artículo 99. 2. Si el Congreso adopta una moción de censura, el Gobierno presentará su dimisión al Rey y el candidato incluido en aquélla se entenderá investido de la confianza de la Cámara a los efectos previstos en el artículo 99. El Rey le nombrará Presidente del Gobierno.	**Artículo 91** 1. Si el Congreso niega su confianza al Gobierno, éste deberá presentar su dimisión al Rey, procediéndose a continuación a la designación de nuevo Presidente del Gobierno, según lo dispuesto en el artículo... 2. Si el Congreso adopta una moción de censura, el Gobierno presentará su dimisión al Rey y éste nombrará nuevo Presidente del Gobierno al candidato elegido por las Cortes al adoptar la moción según dispone el artículo...
Artículo 115 1. El Presidente del Gobierno, previa deliberación del Consejo de Ministros, y bajo su exclusiva responsabilidad, podrá proponer la disolución del Congreso, del Senado o de las Cortes Generales, que será decretada por el Rey. El decreto de disolución fijará la fecha de las elecciones. 2. La propuesta de disolución no podrá presentarse cuando esté en trámite una moción de censura. 3. No procederá nueva disolución antes de que transcurra un año desde la anterior, salvo lo dispuesto en el artículo 99, apartado 5.	**Artículo 92** 1. El Rey, a propuesta del Presidente del Gobierno, y previa consulta con los presidentes de ambas Cámaras, podrá disolverlas. 2. La propuesta de disolución no podrá presentarse cuando esté en trámite una moción de censura. 3. No procederá nueva disolución antes de que transcurra un año desde el anterior, salvo lo dispuesto en el apartado 3 del artículo 83. 4. Las elecciones para la Cámara disuelta tendrán lugar no antes de treinta días, ni más tarde de los cincuenta después de la disolución. La Cámara o Cámaras electas deberán ser convocadas dentro de los veinticinco días siguientes a la celebración de las elecciones.
Artículo 116 1. Una ley orgánica regulará los estados de alarma, de excepción y de sitio, y las competencias y limitaciones correspondientes. 2. El estado de alarma será declarado por el Gobierno mediante decreto acordado en Consejo de Ministros por un plazo máximo de quince días, dando cuenta al Congreso de los Diputados, reunido inmediatamente al efecto y sin cuya autorización no podrá ser prorrogado dicho plazo. El decreto determinará el ámbito te-	**Artículo 125** 1. Una ley Orgánica regulará los estados de alarma, de excepción y de sitio y las competencias y limitaciones correspondientes. 2. El estado de alarma será declarado por el Gobierno hasta un máximo de dos semanas, dando cuenta inmediata al Congreso de los Diputados. 3. El estado de excepción será declarado por el Congreso de los Diputados, a propuesta exclusiva del Gobierno. Tendrá un plazo máximo de un mes, prorrogable

TEXTO CONSTITUCIONAL

rritorial a que se extienden los efectos de la declaración.

3. El estado de excepción será declarado por el Gobierno mediante decreto acordado en Consejo de Ministros, previa autorización del Congreso de los Diputados. La autorización y proclamación del estado de excepción deberá determinar expresamente los efectos del mismo, el ámbito territorial a que se extiende y su duración, que no podrá exceder de treinta días, prorrogables por otro plazo igual, con los mismos requisitos.

4. El estado de sitio será declarado por la mayoría absoluta del Congreso de los Diputados, a propuesta exclusiva del Gobierno. El Congreso determinará su ámbito territorial, duración y condiciones.

5. No podrá procederse a la disolución del Congreso mientras estén declarados algunos de los estados comprendidos en el presente artículo, quedando automáticamente convocadas las Cámaras si no estuvieren en período de sesiones. Su funcionamiento, así como el de los demás poderes constitucionales del Estado, no podrán interrumpirse durante la vigencia de estos estados.

Disuelto el Congreso o expirado su mandato, si se produjere alguna de las situaciones que dan lugar a cualquiera de dichos estados, las competencias del Congreso serán asumidas por su Diputación Permanente.

6. La declaración de los estados de alarma, de excepción y de sitio no modificarán el principio de responsabilidad del Gobierno y de sus agentes reconocidos en la Constitución y en las leyes.

TÍTULO VI

El poder judicial

Artículo 117

1. La justicia emana del pueblo y se administra en nombre del Rey por Jueces y Magistrados integrantes del poder judicial, independientes, inamovibles, responsables y sometidos únicamente al imperio de la ley.

BORRADOR
DE LA CONSTITUCIÓN
(Artículos de contenido común)

por otro. El Congreso determinará igualmente la parte del territorio afectado.

4. El estado de sitio será declarado por el Congreso de los Diputados, a propuesta exclusiva del Gobierno y por mayoría absoluta. El Congreso determinará su duración y condiciones.

5. La declaración de los estados de alarma, excepción y sitio no modificará el principio de responsabilidad del Gobierno y sus agentes, reconocido en la Constitución y las leyes.

TÍTULO

El poder judicial

Artículo 103

1. La justicia emana del pueblo y se administra en nombre del Rey, por jueces y magistrados integrantes del poder judicial, independientes, inamovibles, responsables y sometidos únicamente al imperio de la Ley.

TEXTO CONSTITUCIONAL

2. Los Jueces y Magistrados no podrán ser separados, suspendidos, trasladados ni jubilados, sino por alguna de las causas y con las garantías previstas en la ley.

3. El ejercicio de la potestad jurisdiccional en todo tipo de procesos, juzgando y haciendo ejecutar lo juzgado, corresponde exclusivamente a los Juzgados y Tribunales determinados por las leyes, según las normas de competencia y procedimiento que las mismas establezcan.

4. Los Juzgados y Tribunales no ejercerán más funciones que las señaladas en el apartado anterior y las que expresamente les sean atribuidas por ley en garantía de cualquier derecho.

5. El principio de unidad jurisdiccional es la base de la organización y funcionamiento de los Tribunales. La ley regulará el ejercicio de la jurisdicción militar en el ámbito estrictamente castrense y en los supuestos de estado de sitio, de acuerdo con los principios de la Constitución.

6. Se prohíben los Tribunales de excepción.

Artículo 118

Es obligado cumplir las sentencias y demas resoluciones firmes de los Jueces y Tribunales, así como prestar la colaboración requerida por éstos en el curso del proceso y en la ejecución de lo resuelto.

Artículo 119

La justicia será gratuita cuando así lo disponga la ley, y, en todo caso, respecto de quienes acrediten insuficiencia de recursos para litigar.

Artículo 120

1. Las actuaciones judiciales serán públicas, con las excepciones que prevean las leyes de procedimiento.

2. El procedimiento será predominantemente oral, sobre todo en materia criminal.

3. Las sentencias serán siempre motivadas y se pronunciarán en audiencia pública.

BORRADOR
DE LA CONSTITUCIÓN
(Artículos de contenido común)

2. El ejercicio de la potestad jurisdiccional en todo tipo de proceso, juzgando y haciendo ejecutar lo juzgado e imponiendo penas, corresponde en exclusiva a los juzgados y tribunales determinados por las leyes, según las normas de competencia y procedimiento que las mismas establecen.

3. El principio de unidad jurisdiccional es la base de la organización y funcionamiento de los tribunales. La ley regulará el ejercicio de la justicia militar en el ámbito estrictamente castrense y de acuerdo con los principios de la Constitución.

4. Se prohíben los tribunales de excepción, salvo lo dispuesto en cuanto a los estados de guerra y de excepción.

Artículo 104

Todos deben acatar las decisiones firmes de los tribunales y prestar la colaboración que éstos les requieran en el desarrollo del proceso y en la ejecución de las sentencias y demás resoluciones judiciales.

Artículo 105

La justicia es gratuita en el orden penal y laboral; también lo es en el civil y contencioso-administrativo, cuando así lo disponga la ley, y en todo caso, respecto a quienes acrediten insuficiencia de recursos para litigar.

Artículo 106

1. La legislación procesal se inspirará en los principios de eficacia, rapidez y economía.

2. Las actuaciones judiciales serán públicas, salvo el secreto de investigación sumarial. Podrá acordarse, excepcioalmente, la celebración a puerta cerrada por resolución motivada y causa grave.

3. Toda sentencia ha de ser motivada

TEXTO CONSTITUCIONAL

Artículo 121

Los daños causados por error judicial, así como los que sean consecuencia del funcionamiento anormal de la Administración de Justicia, darán derecho a una indemnización a cargo del Estado, conforme a la ley.

Artículo 122

1. La ley orgánica del poder judicial determinará la constitución, funcionamiento y gobierno de los Juzgados y Tribunales, así como el estatuto jurídico de los Jueces y Magistrados de carrera, que formarán un Cuerpo único, y del personal al servicio de la Administración de Justicia.

2. El Consejo General del Poder Judicial es el órgano de gobierno del mismo. La ley orgánica establecerá su estatuto y el régimen de incompatibilidades de sus miembros y sus funciones, en particular en materia de nombramientos, ascensos, inspección y régimen disciplinario.

3. El Consejo General del Poder Judicial estará integrado por el Presidente del Tribunal Supremo, que lo presidirá, y por veinte miembros nombrados por el Rey por un período de cinco años. De éstos, doce entre Jueces y Magistrados de todas las categorías judiciales, en los términos que establezca la ley orgánica; cuatro a propuesta del Congreso de los Diputados y cuatro a propuesta del Senado, elegidos en ambos casos por mayoría de tres quintos de sus miembros, entre abogados y otros juristas, todos ellos de reconocida competencia y con más de quince años de ejercicio en su profesión.

BORRADOR DE LA CONSTITUCIÓN (Artículos de contenido común)

y pronunciada en audiencia pública.

4. El procedimiento será predominantemente oral, sobre todo en materia criminal.

5. Está autorizado el análisis y crítica de las resoluciones judiciales, siempre que no implique desacato a los tribunales o a sus miembros y con respeto a la ejecución de la resolución en firme.

Artículo 107

Los errores judiciales darán derecho al perjudicado a una indemnización conforme a la ley.

Artículo 108

1. La ley Orgánica del Poder Judicial determinará la constitución, funcionamiento y gobierno de los juzgados y tribunales, así como el estatuto jurídico de los jueces y magistrados y del personal al servicio de la Administración de Justicia, de acuerdo con los principios democráticos que inspiran la Constitución y especialmente con las disposiciones del presente título.

2. El Consejo General del Poder Judicial ejercerá las funciones que le atribuya la ley Orgánica del Poder Judicial, especialmente en materia de nombramientos, ascensos e inspección.

3. Su presidente será el del Tribunal Supremo.

Los demás miembros serán nombrados por el Rey en la forma siguiente:

Cuatro a propuesta del Congreso de los Diputados, de entre personas de reconocida competencia en materia jurídica; cuatro a propuesta de los jueces y magistrados, entre los miembros del Poder Judicial; dos a propuesta del Gobierno.

4. La ley Orgánica establecerá el estatuto del Consejo y de sus miembros, la duración de su mandato y demás características del mismo.

5. Los territorios judiciales deberán coincidir con los de las unidades territoriales de autogobierno (?). La ley fijará la

TEXTO CONSTITUCIONAL

Artículo 123

1. El Tribunal Supremo, con jurisdicción en toda España, es el órgano jurisdiccional superior en todos los órdenes, salvo lo dispuesto en materia de garantías constitucionales.

2. El Presidente del Tribunal Supremo será nombrado por el Rey, a propuesta del Consejo General del Poder Judicial, en la forma que determine la ley.

Artículo 124

1. El Ministerio Fiscal, sin perjuicio de las funciones encomendadas a otros órganos, tiene por misión promover la acción de la justicia en defensa de la legalidad, de los derechos de los ciudadanos y del interés público tutelado por la ley, de oficio o a petición de los interesados, así como velar por la independencia de los Tribunales y procurar ante éstos la satisfacción del interés social.

2. El Ministerio Fiscal ejerce sus funciones por medio de órganos propios conforme a los principios de unidad de actuación y dependencia jerárquica y con sujeción, en todo caso, a los de legalidad e imparcialidad.

3. La ley regulará el estatuto orgánico del Ministerio Fiscal.

4. El Fiscal General del Estado será nombrado por el Rey, a propuesta del Gobierno, oído el Consejo General del Poder Judicial.

Artículo 125

Los ciudadanos podrán ejercer la acción popular y participar en la Administración de Justicia mediante la institución del Jurado, en la forma y con respecto a aquellos procesos penales que la ley determine, así como en los Tribunales consuetudinarios y tradicionales.

Artículo 126

La policía judicial depende de los Jue-

BORRADOR
DE LA CONSTITUCIÓN
(Artículos de contenido común)

composición y funcionamiento de los órganos de gobierno de aquéllos (?).

Artículo 109

1. El Tribunal Supremo, con jurisdicción en toda España y en todos los órdenes, salvo lo dispuesto en materia de garantías constitucionales, será el órgano jurisdiccional superior al que corresponderá la competencia en materia de casación (y elaboración consiguiente de la doctrina legal).

2. El presidente del Tribunal Supremo será nombrado por el Rey a propuesta del Consejo General del Poder Judicial en la forma que determine la ley.

Artículo 110

1. El ministerio fiscal tiene por misión promover la acción de la justicia en defensa de la legalidad y de los intereses públicos tutelados por la ley, de oficio o a petición de los interesados; velar por la independencia de los Tribunales, y procurar ante éstos la satisfacción del interés social.

2. El ministerio fiscal es también el órgano de comunicación entre el Gobierno y los órganos de la justicia, ejerciendo sus funciones por medio de órganos propios ordenados conforme a principios de unidad de actuación y dependencia jerárquica y con sujeción en todo caso a los de legalidad e imparcialidad.

3. El ministerio fiscal se regirá por su estatuto orgánico.

4. El nombramiento de fiscal del Tribunal Supremo se hará en la forma establecida para el del presidente de dicho Tribunal.

Artículo 111

Los ciudadanos participarán en la administración de justicia en los casos y formas que las leyes establezcan.

Artículo 112

La policía judicial dependerá de los tri-

TEXTO CONSTITUCIONAL

ces, de los Tribunales y del Ministerio Fiscal en sus funciones de averiguación del delito y descubrimiento y aseguramiento del delincuente, en los términos que la ley establezca.

Artículo 127

1. Los Jueces y Magistrados, así como los Fiscales mientras se hallen en activo, no podrán desempeñar otros cargos públicos, ni pertenecer a partidos políticos o sindicatos. La ley establecerá el sistema y modalidades de asociación profesional de los Jueces, Magistrados y Fiscales.

2. La ley establecerá el régimen de incompatibilidades de los miembros del poder judicial, que deberá asegurar la total independencia de los mismos.

TÍTULO VII

Economía y Hacienda

Artículo 128

1. Toda la riqueza del país en sus distintas formas y sea cual fuere su titularidad está subordinada al interés general.

2. Se reconoce la iniciativa pública en la actividad económica. Mediante ley se podrá reservar al sector público recursos o servicios esenciales, especialmente en caso de monopolio y asimismo acordar la intervención de empresas cuando así lo exigiere el interés general.

Artículo 129

1. La ley establecerá las formas de participación de los interesados en la Seguridad Social y en la actividad de los organismos públicos cuya función afecte directamente a la calidad de la vida o al bienestar general.

BORRADOR DE LA CONSTITUCIÓN
(Artículos de contenido común)

bunales y del ministerio fiscal en sus funciones de averiguación del delito, descubrimiento y aseguramiento del delincuente, en los términos que la ley establezca.

Artículo 113

1. Los jueces y magistrados, mientras se hallen en activo, no podrán desempeñar cargos públicos ni actuar públicamente como miembros de un partido político.

2. La ley establecerá el régimen de incompatibilidades de los miembros del poder judicial, que deberá asegurar la total independencia de los mismos.

3. Se reconoce a los miembros del poder judicial el derecho a formar asociaciones.

Artículo 119

1. Toda la riqueza del país, en sus distintas formas, y sea cual sea su titularidad, está subordinada a los intereses generales, y podrá ser objeto de expropiación forzosa con arreglo a la Constitución y a las leyes.

2. Los poderes públicos podrán intervenir conforme a la ley, en la dirección, coordinación y explotación de las empresas, cuando así lo exigieren los intereses generales.

3. La ley podrá reservar originariamente, al sector público, los servicios públicos esenciales, explotación de fuentes de energía o actividades que constituyan monopolio.

4. La ley podrá establecer modalidades y procedimientos especiales de expropiación.

Artículo 120

La ley establecerá las formas de participación de los interesados en la actividad de todos los organismos públicos, cuya función afecte a la calidad de la vida o al bienestar social.

TEXTO CONSTITUCIONAL

2. Los poderes públicos promoverán eficazmente las diversas formas de participación en la empresa y fomentarán, mediante una legislación adecuada, las sociedades cooperativas. También establecerán los medios que faciliten el acceso de los trabajadores a la propiedad de los medios de producción.

Artículo 130

1. Los poderes públicos atenderán a la modernización y desarrollo de todos los sectores económicos y, en particular, de la agricultura, de la ganadería, de la pesca y de la artesanía, a fin de equiparar el nivel de vida de todos los españoles.

2. Con el mismo fin, se dispensará un tratamiento especial a las zonas de montaña.

Artículo 131

1. El Estado, mediante ley, podrá planificar la actividad económica general para atender a las necesidades colectivas, equilibrar y armonizar el desarrollo regional y sectorial y estimular el crecimiento de la renta y de la riqueza y su más justa distribución.

2. El Gobierno elaborará los proyectos de planificación, de acuerdo con las previsiones que le sean suministradas por las Comunidades Autónomas y el asesoramiento y colaboración de los sindicatos y otras organizaciones profesionales, empresariales y económicas. A tal fin se constituirá un Consejo, cuya composición y funciones se desarrollarán por ley.

Artículo 132

1. La ley regulará el régimen jurídico de los bienes de dominio público y de los comunales, inspirándose en los principios de inalienabilidad, imprescriptibilidad e inembargabilidad, así como su desafectación.

2. Son bienes de dominio público estatal los que determine la ley y, en todo caso, la zona marítimo-terrestre, las playas, el mar territorial y los recursos naturales de la zona económica y la plataforma continental.

3. Por ley se regularán el Patrimonio

BORRADOR
DE LA CONSTITUCIÓN
(Artículos de contenido común)

Véase art. 36 del borrador en p. 212.

Artículo 121

1. El Estado protegerá a los agricultores, ganaderos y pescadores mediante una legislación para la modernización de dichos sectores, a fin de equipararlos en condiciones de desarrollo y nivel de vida a la del resto de los ciudadanos.

Artículo 122

1. El Estado podrá planificar la actividad económica para atender a las necesidades colectivas, equilibrar y armonizar el desarrollo regional y sectorial y estimular el crecimiento de la riqueza del país.

2. Para la elaboración del plan, el Gobierno atenderá a las previsiones que le sean suministradas por las unidades territoriales de autogobierno y el asesoramiento y colaboración de las centrales sindicales y organizaciones empresariales, mediante la constitución de un consejo cuya composición y funciones se desarrollará por ley.

Artículo 41

La ley regulará el régimen jurídico de los bienes de dominio público y de los comunales, inspirándose en los principios de inalienabilidad, imprescriptibilidad e inenmargabilidad *[sic]*, así como su desafectación, sin que en tal supuesto, y mientras no corresponda con arreglo a la ley su enajenación o reversión, puedan ser destinados a usos o fines que no sean de interés general y permanente.

En todo caso, son bienes de dominio público por su naturaleza la zona marítimo-terrestre, las playas, el mar territorial, la

TEXTO CONSTITUCIONAL

del Estado y el Patrimonio Nacional, su administración, defensa y conservación.

Artículo 133

1. La potestad originaria para establecer los tributos corresponde exclusivamente al Estado, mediante ley.
2. Las Comunidades Autónomas y las Corporaciones locales podrán establecer y exigir tributos, de acuerdo con la Constitución y las leyes.
3. Todo beneficio fiscal que afecte a los tributos del Estado deberá establecerse en virtud de ley.
4. Las administraciones públicas sólo podrán contraer obligaciones financieras y realizar gastos de acuerdo con las leyes.

Artículo 134

1. Corresponde al Gobierno la elaboración de los Presupuestos Generales del Estado y a las Cortes Generales su examen, enmienda y aprobación.
2. Los Presupuestos Generales del Estado tendrán carácter anual, incluirán la totalidad de los gastos e ingresos del sector público estatal y en ellos se consignará el importe de los beneficios fiscales que afecten a los tributos del Estado.
3. El Gobierno deberá presentar ante el Congreso de los Diputados los Presupuestos Generales del Estado al menos tres meses antes de la expiración de los del año anterior.
4. Si la Ley de Presupuestos no se aprobara antes del primer día del ejercicio económico correspondiente, se considerarán automáticamente prorrogados los Presupuestos del ejercicio anterior hasta la aprobación de los nuevos.
5. Aprobados los Presupuestos Generales del Estado, el Gobierno podrá presentar proyectos de ley que impliquen aumento del gasto público o disminución de los ingresos correspondientes al mismo ejercicio presupuestario.
6. Toda proposición o enmienda que

BORRADOR DE LA CONSTITUCIÓN
(Artículos de contenido común)

plataforma continental y sus recursos geológicos y mineros.

TÍTULO

Hacienda y Economía

Artículo 114

1. La competencia originaria para establecer tributos corresponde exclusivamente al Estado.
2. Las unidades territoriales de autogobierno y las Corporaciones Locales, podrán establecer y exigir tributos dentro de los límites fijados por las leyes.
3. No podrán realizarse gastos del Estado ni podrán contraerse obligaciones financieras del mismo sin la previa autorización o aprobación de las Cortes.
4. Toda exención o desgravación fiscal deberá establecerse en virtud de ley votada por las Cortes generales.

Artículo 116

1. Corresponde al Gobierno la elaboración del presupuesto de gastos e ingresos del Estado, y a las Cortes Generales su examen, enmienda y aprobación.
2. El Presupuesto General del Estado incluirá la totalidad de los gastos e ingresos del (sector público estatal) y tendrán carácter anual, salvo en lo relativo a inversiones; en este caso, las anualidades deberán constar expresamente.
3. El Gobierno deberá presentar ante el Congreso de los Diputados el Presupuesto General del Estado, al menos, tres meses antes de la expiración del anterior.
4. Si no pudiera ser votado antes del primer día del año económico siguiente, se prorrogará por trimestres la vigencia del último presupuesto, sin que estas prórrogas puedan exceder de cuatro.
5. Aprobado el Presupuesto General del Estado, únicamente el Gobierno podrá presentar proyectos de ley que impliquen aumento de los gastos públicos o disminución de los órganos y toda proposición o enmienda que entrañe aumento de gastos o disminución de ingresos, requerirá la conformidad del Gobierno para su tramitación.

TEXTO CONSTITUCIONAL

suponga aumento de los créditos o disminución de los ingresos presupuestarios requerirá la conformidad del Gobierno para su tramitación.

7. La Ley de Presupuestos no puede crear tributos. Podrá modificarlos cuando una ley tributaria sustantiva así lo prevea.

Artículo 135

1. El Gobierno habrá de estar autorizado por ley para emitir Deuda Pública o contraer crédito.

2. Los créditos para satisfacer el pago de intereses y capital de la Deuda Pública del Estado se entenderán siempre incluidos en el estado de gastos de los presupuestos y no podrán ser objeto de enmienda o modificación, mientras se ajusten a las condiciones de la ley de emisión.

Artículo 136

1. El Tribunal de Cuentas es el supremo órgano fiscalizador de las cuentas y de la gestión económica del Estado, así como del sector público.

Dependerá directamente de las Cortes Generales y ejercerá sus funciones por delegación de ellas en el examen y comprobación de la Cuenta General del Estado.

2. Las cuentas del Estado y del sector público estatal se rendirán al Tribunal de Cuentas y serán censuradas por éste.

El Tribunal de Cuentas, sin perjuicio de su propia jurisdicción, remitirá a las Cortes Generales un informe anual en el que, cuando proceda, comunicará las infracciones o responsabilidades en que, a su juicio, se hubiere incurrido.

3. Los miembros del Tribunal de Cuentas gozarán de la misma independencia e inamovilidad y estarán sometidos a las mismas incompatibilidades que los Jueces.

4. Una ley orgánica regulará la com-

BORRADOR
DE LA CONSTITUCIÓN
(Artículos de contenido común)

6. La Ley de Presupuestos no puede crear nuevos impuestos.

Artículo 117

1. Toda ley que autorice al Gobierno para emitir Deuda Pública o tomar créditos en cualquier forma, habrá de contener las condiciones de la emisión o del crédito.

2. La Deuda Pública está bajo la salvaguardia del Estado. El crédito necesario para satisfacer el pago de intereses y capital se entenderá siempre incluida *[sic]* en el estado de gastos del presupuesto, y no podrá ser objeto de discusión mientras se ajuste estrictamente a las leyes que autorizan la emisión. De idénticas garantías disfrutará, en general, toda operación que implique directa o indirectamente, responsabilidad económica del Tesoro, siempre que se dé el mismo supuesto.

Artículo 118

1. Las cuentas del Estado se rendirán anualmente y serán censuradas por el Tribunal de Cuentas. Este, sin perjuicio de la efectividad de sus acuerdos, remitirá a las Cortes un informe anual en el que, cuando proceda, comunicará las infracciones o responsabilidades ministeriales en que a su juicio, se hubiera incurrido.

2. El Tribunal de Cuentas es el órgano fiscalizador de todas las cuentas del Estado. Dependerá directamente de las Cortes y ejercerá sus funciones por delegación de ellas.

3. Los miembros del Tribunal de Cuentas gozarán de la misma inamovilidad e independencia que los jueces.

4. Una ley Orgánica regulará su organización, competencia y funcionamiento.

TEXTO CONSTITUCIONAL

posición, organización y funciones del Tribunal de Cuentas.

TÍTULO VIII

De la organización territorial del Estado

CAPÍTULO PRIMERO

Principios generales

Artículo 137

El Estado se organiza territorialmente en municipios, en provincias y en las Comunidades Autónomas que se constituyan. Todas estas entidades gozan de autonomía para la gestión de sus respectivos intereses.

Artículo 138

1. El Estado garantiza la realización efectiva del principio de solidaridad consagrado en el artículo 2 de la Constitución, velando por el establecimiento de un equilibrio económico, adecuado y justo entre las diversas partes del territorio español, y atendiendo en particular a las circunstancias del hecho insular.

2. Las diferencias entre los Estatutos de las distintas Comunidades Autónomas no podrán implicar, en ningún caso, privilegios económicos o sociales.

Artículo 139

1. Todos los españoles tienen los mismos derechos y obligaciones en cualquier parte del territorio del Estado.

2. Ninguna autoridad podrá adoptar medidas que directa o indirectamente obstaculicen la libertad de circulación y establecimiento de las personas y la libre circulación de bienes en todo el territorio español.

BORRADOR DE LA CONSTITUCIÓN
(Artículos de contenido común)

Artículo 144

1. Todos los españoles tienen en cualquier (Territorio Autónomo) los mismos derechos y obligaciones.

2. Ningún (Territorio Autónomo) podrá adoptar medidas que, directa o indirectamente, obstaculicen la libre circulación de las personas o de las cosas; ni limitar el derecho de los españoles a establecerse en cualquier parte del Estado, y ejercer su profesión, trabajo o cualquier tipo de función pública.

3. El Derecho del Estado prevalece sobre el de los (Territorios Autónomos) en todo lo que no esté atribuido a la exclusiva competencia de éstos en sus respectivos estatutos.

TEXTO CONSTITUCIONAL

BORRADOR
DE LA CONSTITUCIÓN
(Artículos de contenido común)

CAPÍTULO SEGUNDO

De la Administración local

Artículo 140

La Constitución garantiza la autonomía de los municipios. Estos gozarán de personalidad jurídica plena. Su gobierno y administración corresponde a sus respectivos Ayuntamientos, integrados por los Alcaldes y los Concejales. Los Concejales serán elegidos por los vecinos del municipio mediante sufragio universal, igual, libre, directo y secreto, en la forma establecida por la ley. Los Alcaldes serán elegidos por los Concejales o por los vecinos. La ley regulará las condiciones en las que proceda el régimen del concejo abierto.

Artículo 101 quater

1. La Constitución garantiza la autonomía de los municipios que gozarán de personalidad jurídica plena, y cuyo gobierno y administración corresponde a sus respectivos ayuntamientos, integrados por el alcalde y los concejales. Los concejales serán elegidos por los vecinos del municipio mediante sufragio universal, igual, libre y secreto en la forma establecida por la ley.

Artículo 141

1. La provincia es una entidad local con personalidad jurídica propia, determinada por la agrupación de municipios y división territorial para el cumplimiento de las actividades del Estado. Cualquier alteración de los límites provinciales habrá de ser aprobada por las Cortes Generales mediante ley orgánica.
2. El gobierno y la administración autónoma de las provincias estarán encomendados a Diputaciones u otras Corporaciones de carácter representativo.
3. Se podrán crear agrupaciones de municipios diferentes de la provincia.
4. En los archipiélagos, las islas tendrán además su administración propia en forma de Cabildos o Consejos.

2. Las provincias o, en su caso, las circunscripciones que los estatutos de autonomía establezcan por la agrupación de municipios gozarán igualmente de plena personalidad jurídica. Su gobierno y administración estará encomendado a corporaciones de carácter representativo y servirán de base a la organización territorial de la Administración del Estado, sin perjuicio de otras formas de división establecidas por la ley con este fin.

Artículo 142

Las Haciendas locales deberán disponer de los medios suficientes para el desempeño de las funciones que la ley atribuye a las Corporaciones respectivas y se nutrirán fundamentalmente de tributos propios y de participación en los del Estado y de las Comunidades Autónomas.

3. Las haciendas locales deberán disponer de los medios suficientes para el desempeño de las funciones que la ley atribuye a las corporaciones respectivas y se nutrirán fundamentalmente de impuestos y tasas propios y de participación en los ingresos estatales.

TEXTO CONSTITUCIONAL

CAPÍTULO TERCERO

De las Comunidades Autónomas

Artículo 143

1. En el ejercicio del derecho a la autonomía reconocido en el artículo 2 de la Constitución, las provincias limítrofes con características históricas, culturales y económicas comunes, los territorios insulares y las provincias con entidad regional histórica podrán acceder a su autogobierno y constituirse en Comunidades Autónomas con arreglo a lo previsto en este Título y en los respectivos Estatutos.

2. La iniciativa del proceso autonómico corresponde a todas las Diputaciones interesadas o al órgano interinsular correspondiente y a las dos terceras partes de los municipios cuya población represente, al menos, la mayoría del censo electoral de cada provincia o isla. Estos requisitos deberán ser cumplidos en el plazo de seis meses desde el primer acuerdo adoptado al respecto por alguna de las Corporaciones locales interesadas.

3. La iniciativa, en caso de no prosperar, solamente podrá reiterarse pasados cinco años.

Artículo 144

Las Cortes Generales, mediante ley orgánica, podrán, por motivos de interés nacional:

a) Autorizar la constitución de una comunidad autónoma cuando su ámbito territorial no supere el de una provincia y no reúna las condiciones del apartado 1 del artículo 143.

b) Autorizar o acordar, en su caso, un Estatuto de autonomía para territorios que no estén integrados en la organización provincial.

c) Sustituir la iniciativa de las Corporaciones locales a que se refiere el apartado 2 del artículo 143.

BORRADOR
DE LA CONSTITUCIÓN
(Artículos de contenido común)

Artículo 136

1. Para el ejercicio del derecho a la autonomía a que se refiere el artículo 2.° de la Constitución, las diferentes nacionalidades y regiones que integran España podrán acceder a su autogobierno y constituirse en (Territorios Autónomos).

2. Cada uno de los Territorios Autónomos podrá optar la denominación oficial que mejor corresponda a su identidad histórica.

Artículo 137

1. La iniciativa del proceso autonómico corresponde a los ayuntamientos de una o varias provincias con características históricas o culturales comunes. Para ello, será preciso que lo soliciten las dos terceras partes del número de municipios que se comprendan en aquél, y cuya total población no sea inferior a las dos terceras partes del censo del ámbito territorial de referencia.

2. (Art. 137). Excepcionalmente, el Gobierno podrá proponer a las Cortes Generales la aprobación de una ley Orgánica, que sustituya la iniciativa de los ayuntamientos, cuando razones de interés general aconsejen la aceleración del proceso autonómico de un territorio determinado.

3. Los requisitos del apartado 1.° de este artículo se computarán separadamente para cada una de las provincias que se pretendan integrar en la unidad autonómica. Sólo se seguirá el procedimiento en la medida en que se cumplan en su conjunto dichos requisitos. Todo ello sin perjuicio de reproducirse la petición nuevamente, con idéntica referencia territorial o más limitada.

4. En ningún supuesto el (Territorio Autónomo) podrá ser inferior en su extensión a una región histórica, ni en su po-

TEXTO CONSTITUCIONAL

Artículo 145

1. En ningún caso se admitirá la federación de Comunidades Autónomas.

2. Los Estatutos podrán prever los supuestos, requisitos y términos en que las Comunidades Autónomas podrán celebrar convenios entre sí para la gestión y prestación de servicios propios de las mismas, así como el carácter y efectos de la correspondiente comunicación a las Cortes Generales. En los demás supuestos, los acuerdos de cooperación entre las Comunidades Autónomas necesitarán la autorización de las Cortes Generales.

Artículo 146

El proyecto de Estatuto será elaborado por una asamblea compuesta por los miembros de la Diputación u órgano interinsular de las provincias afectadas y por los Diputados y Senadores elegidos en ellas y será elevado a las Cortes Generales para su tramitación como ley.

Artículo 147

1. Dentro de los términos de la presente Constitución, los Estatutos serán la norma institucional básica de cada Comunidad Autónoma y el Estado los reconocerá y amparará como parte integrante de su ordenamiento jurídico.

2. Los Estatutos de autonomía deberán contener:

a) La denominación de la Comunidad que mejor corresponda a su identidad histórica.

b) La delimitación de su territorio.

BORRADOR
DE LA CONSTITUCIÓN
(Artículos de contenido común)

blación, menor a (un millón y medio de habitantes).

Artículo 152

Las formas de colaboración financiera entre dos o más territorios autónomos y entre éstos y el Estado serán competencia del Estado.

Artículo 138

1. Cumplidos los trámites del artículo precedente, el Gobierno convocará a todos los diputados y senadores elegidos en las circunscripciones comprendidas en los ámbitos territoriales que pretendan acceder al autogobierno, para que se constituyan en *Asamblea,* a los solos efectos de elaborar el correspondiente proyecto de Estatuto de Autonomía, dentro de los límites señalados por la Constitución y por las leyes.

2. El proyecto de Estatuto será tramitado como proyecto de ley ante las Cortes, conforme a un procedimiento especial.

3. El texto aprobado por las Cortes será sometido a referéndum de los electores inscritos en el censo electoral de la o las provincias que pretendan constituirse en región.

Artículo 139

1. Dentro de los términos de la presente Constitución, los estatutos serán la norma básica de cada (Territorio Autónomo) y el Estado español los reconocerá y amparará como parte integrante de su ordenamiento jurídico.

2. Los Estatutos de Autonomía deberán contener:

a) La regulación de las instituciones autónomas propias.

b) Las competencias asumidas por el

TEXTO CONSTITUCIONAL

c) La denominación, organización y sede de las instituciones autónomas propias.

d) Las competencias asumidas dentro del marco establecido en la Constitución y las bases para el traspaso de los servicios correspondientes a las mismas.

3. La reforma de los Estatutos se ajustará al procedimiento establecido en los mismos y requerirá en todo caso, la aprobación por las Cortes Generales, mediante ley orgánica.

Artículo 148

1. Las Comunidades Autónomas podrán asumir competencias en las siguientes materias:

1.ª Organización de sus instituciones de autogobierno.

2.ª Las alteraciones de los términos municipales comprendidos en su territorio y, en general, las funciones que correspondan a la Administración del Estado sobre las Corporaciones locales y cuya transferencia autorice la legislación sobre Régimen Local.

3.ª Ordenación del territorio, urbanismo y vivienda.

4.ª Las obras públicas de interés de la Comunidad Autónoma en su propio territorio.

5.ª Los ferrocarriles y carreteras cuyo itinerario se desarrolle íntegramente en el territorio de la Comunidad Autónoma y, en los mismos términos, el transporte desarrollado por estos medios o por cable.

6.ª Los puertos de refugio, los puertos y aeropuertos deportivos y, en general, los que no desarrollen actividades comerciales.

7.ª La agricultura y ganadería, de acuerdo con la ordenación general de la economía.

8.ª Los montes y aprovechamientos forestales.

9.ª La gestión en materia de protección del medio ambiente.

10.ª Los proyectos, construcción y explotación de los aprovechamientos hidráulicos, canales y regadíos de interés de la Comunidad Autónoma; las aguas minerales y termales.

BORRADOR DE LA CONSTITUCIÓN
(Artículos de contenido común)

Territorio Autónomo dentro del marco establecido en la Constitución.

c) El procedimiento de reforma del Estatuto, que se ajustará en todo caso a lo establecido en el artículo 13, con la salvedad de que la Asamblea de Parlamentarios, a que se refiere el párrafo 1.º de aquél, será sustituida por la Asamblea del Territorio Autónomo mencionado en el 140 a la que corresponderá la iniciativa de la modificación.

Cuando la modificación afecte a los límites del territorio autónomo, el procedimiento se ajustará a lo establecido en el artículo 137.

3. Sin perjuicio del uso de las denominaciones que mejor se correspondan a la identidad histórica de cada Territorio, y de la especificación de su composición y funciones por los Estatutos, la organización institucional autonómica se basará en una Asamblea, un Consejo de Gobierno y un presidente.

TEXTO CONSTITUCIONAL

11.ª La pesca en aguas interiores, el marisqueo y la agricultura, la caza y la pesca fluvial.

12.ª Ferias interiores.

13.ª El fomento del desarrollo económico de la Comunidad Autónoma dentro de los objetivos marcados por la política económica nacional.

14.ª La artesanía.

15.ª Museos, bibliotecas y conservatorios de música de interés para la Comunidad Autónoma.

16.ª Patrimonio monumental de interés de la Comunidad Autónoma.

17.ª El fomento de la cultura, de la investigación y en su caso, de la enseñanza de la lengua de la Comunidad Autónoma.

18.ª Promoción y ordenación del turismo en su ámbito territorial.

19.ª Promoción del deporte y de la adecuada utilización del ocio.

20.ª Asistencia social.

21.ª Sanidad e higiene.

22.ª La vigilancia y protección de sus edificios e instalaciones. La coordinación y demás facultades en relación con las policías locales en los términos que establezca una ley orgánica.

2. Transcurridos cinco años, y mediante la reforma de sus Estatutos, las Comunidades Autónomas podrán ampliar sucesivamente sus competencias dentro del marco establecido en el artículo 149.

Artículo 149

1. El Estado tiene competencia exclusiva sobre las siguientes materias:

1.ª La regulación de las condiciones básicas que garanticen la igualdad de todos los españoles en el ejercicio de los derechos y en el cumplimiento de los deberes constitucionales.

2.ª Nacionalidad, inmigración, emigración, extranjería y derecho de asilo.

3.ª Relaciones internacionales.

4.ª Defensa y Fuerzas Armadas.

5.ª Administración de Justicia.

6.ª Legislación mercantil, penal y penitenciaria, legislación procesal, sin perjuicio de las necesarias especialidades que en este orden se deriven de las particula-

BORRADOR
DE LA CONSTITUCIÓN
(Artículos de contenido común)

Artículo 143

1. (Pendiente de redacción.)

2. A los efectos de lo prevenido en el presente apartado, se entienden como de la exclusiva competencia del Estado, las siguientes materias:

1) La regulación de las condiciones básicas que garanticen la igualdad de todos los españoles en el ejercicio de los derechos y cumplimiento de los deberes constitucionales.

2) Nacionalidad, inmigración y emigración; extranjera y derecho de asilo.

3) Representación diplomática y consular y, en general, del Estado en el exterior; relaciones internacionales; celebración de tratados y la fiscalización del cum-

TEXTO CONSTITUCIONAL

ridades del derecho sustantivo de las Comunidades Autónomas.

7.ª Legislación laboral, sin perjuicio de su ejecución por los órganos de las Comunidades Autónomas.

8.ª Legislación civil, sin perjuicio de la conservación, modificación y desarrollo por las Comunidades Autónomas de los derechos civiles, forales o especiales, allí donde existan. En todo caso, las reglas relativas a la aplicación y eficacia de las normas jurídicas, relaciones jurídico-civiles relativas a las formas de matrimonio, ordenación de los registros e instrumentos públicos, bases de las obligaciones contractuales, normas para resolver los conflictos de leyes y determinación de las fuentes del Derecho, con respeto, en este último caso, a las normas de derecho foral o especial.

9.ª Legislación sobre propiedad intelectual e industrial.

10.ª Régimen aduanero y arancelario; comercio exterior.

11.ª Sistema monetario: divisas, cambio y convertibilidad; bases de la ordenación del crédito, banca y seguros.

12.ª Legislación sobre pesas y medidas, determinación de la hora oficial.

13.ª Bases y coordinación de la planificación general de la actividad económica.

14.ª Hacienda general y Deuda del Estado.

15.ª Fomento y coordinación general de la investigación científica y técnica.

16.ª Sanidad exterior. Bases y coordinación general de la sanidad. Legislación sobre productos farmacéuticos.

17.ª Legislación básica y régimen económico de la Seguridad Social, sin perjuicio de la ejecución de sus servicios por las Comunidades Autónomas.

18.ª Las bases del régimen jurídico de las Administraciones públicas y del régimen estatutario de sus funcionarios que, en todo caso, garantizarán a los administrados un tratamiento común ante ellas; el procedimiento administrativo común, sin perjuicio de las especialidades derivadas de la organización propia de las Comunidades Autónomas; legislación sobre

BORRADOR
DE LA CONSTITUCIÓN
(Artículos de contenido común)

plimiento de las obligaciones internacionales derivadas de los mismos.

4) Defensa y Fuerzas Armadas.

5) Leyes penales, extradición; legislación penitenciaria, sin perjuicio de las específicas instituciones de reinserción social de los respectivos territorios autónomos.

6) Relaciones jurídico-cívicas relativas a la forma del matrimonio, la ordenación de los registros e hipotecas, bases de las obligaciones contractuales y la regulación de los estatutos, personal, real y formal, para coordinar la aplicación y resolver los conflictos entre las distintas legislaciones civiles de España.

7) Leyes procesales, sin perjuicio de las especialidades que en este orden se deriven de las particularidades del derecho sustantivo del territorio autónomo que comporten o permitan la existencia de procedimientos especiales.

8) Relaciones jurídico-mercantiles referentes al estatuto del comerciante y sociedades mercantiles; procedimientos concursales; normas básicas, garantías comunes y eficacia de los títulos-valores; principios generales de la contratación mercantil.

9) Circulación de mercancías y capitales; garantías para el abastecimiento del mercado exterior.

10) Régimen aduanero y arancelario; comercio exterior.

11) Sistema monetario: divisas, cambio y convertibilidad; ordenación general y básica del crédito y la banca; pesas y medidas; determinación de la hora oficial.

12) Dirección, coordinación y planificación general de la actividad económica e industrial del Estado, sin perjuicio de las competencias que correspondan a los respectivos (Territorios Autónomos).

13) Hacienda general y Deuda del Estado.

14) Legislación sobre propiedad intelectual e industrial.

15) Relaciones jurídico-laborales a los efectos de homogeneizar las formas y modalidades de contratación, derechos y obligaciones de los sujetos intervinientes, y demás aspectos relativos a la eficacia de las

TEXTO CONSTITUCIONAL

expropiación forzosa; legislación básica sobre contratos y concesiones administrativas y el sistema de responsabilidad de todas las Administraciones públicas.

19.ª Pesca marítima, sin perjuicio de las competencias que en la ordenación del sector se atribuyan a las Comunidades Autónomas.

20.ª Marina mercante y abanderamiento de buques; iluminación de costas y señales marítimas; puertos de interés general; aeropuertos de interés general; control del espacio aéreo, tránsito y transporte aéreo, servicio meteorológico y matriculación de aeronaves.

21.ª Ferrocarriles y transportes terrestres que transcurran por el territorio de más de una Comunidad Autónoma; régimen general de comunicaciones; tráfico y circulación de vehículos a motor; correos y telecomunicaciones; cables aéreos, submarinos y radiocomunicación.

22.ª La legislación, ordenación y concesión de recursos y aprovechamientos hidráulicos cuando las aguas discurran por más de una Comunidad Autónoma, y la autorización de las instalaciones eléctricas cuando su aprovechamiento afecte a otra Comunidad o el transporte de energía salga de su ámbito territorial.

23.ª Legislación básica sobre protección del medio ambiente, sin perjuicio de las facultades de las Comunidades Autónomas de establecer normas adicionales de protección. La legislación básica sobre montes, aprovechamientos forestales y vías pecuarias.

24.ª Obras públicas de interés general o cuya realización afecte a más de una Comunidad Autónoma.

25.ª Bases del régimen minero y energético.

26.ª Régimen de producción, comercio, tenencia y uso de armas y explosivos.

27.ª Normas básicas del régimen de prensa, radio y televisión y, en general, de todos los medios de comunicación social, sin perjuicio de las facultades que en su desarrollo y ejecución correspondan a las Comunidades Autónomas.

28.ª Defensa del patrimonio cultural, artístico y monumental español contra la

BORRADOR
DE LA CONSTITUCIÓN
(Artículos de contenido común)

relaciones laborales en todo el territorio del Estado.

16) Sanidad exterior, planificación general de la sanidad y (legislación sobre productos farmacéuticos).

16 bis) Legislación básica sobre Seguridad Social correspondiendo la ejecución de los servicios de aquella a cada (Territorio Autónomo).

17) Las bases del régimen jurídico de las Administraciones Públicas y del régimen estatutario de sus funcionarios para garantizar a los administrados un tratamiento general común ante ellas; el procedimiento administrativo común, sin perjuicio de las especialidades derivadas de la organización institucional administrativa de los (Territorios Autónomos).

18) Pesca marítima.

19) Marina mercante y abanderamiento de buques, iluminación de costas y señales marítimas; puertos de interés general; tránsito y transporte aéreo, abanderamiento de aeronaves y aeropuertos.

20) Ferrocarriles y transportes terrestres que transcurran por más de una región o (Territorio Autónomo); régimen general de comunicaciones; líneas aéreas, Correos y Telecomunicaciones, cables submarinos y radiocomunicación.

21) Aprovechamientos hidráulicos e instalaciones eléctricas, cuando las aguas discurran fuera del (Territorio Autónomo) o cuando pertenezcan a cuencas hidrográficas situadas en más de uno de aquellos o el transporte de energía salga de su ámbito jurisdiccional.

22) Obras Públicas de interés general o cuya realización afecta a más de un (Territorio Autónomo).

23) Recursos mineros y energéticos.

24) Normas básicas del régimen de prensa, radio y televisión, y, en general, de los demás medios de comunicación social, sin perjuicio de las facultades que en su desarrollo y ejecución corresponden a los (Territorios Autónomos).

25) La Administración de Justicia. El Estado fijará las bases que permitan armonizar el ejercicio de la función judicial en todo el Estado, de acuerdo con el principio de unidad del poder judicial y de los

TEXTO CONSTITUCIONAL

exportación y la expoliación; museos, bibliotecas y archivos de titularidad estatal, sin perjuicio de su gestión por parte de las Comunidades Autónomas.

29.ª Seguridad pública, sin perjuicio de la posibilidad de creación de policías por las Comunidades Autónomas en la forma que se establezca en los respectivos Estatutos en el marco de lo que disponga una ley orgánica.

30.ª Regulación de las condiciones de obtención, expedición y homologación de títulos académicos y profesionales y normas básicas para el desarrollo del artículo 27 de la Constitución, a fin de garantizar el cumplimiento de las obligaciones de los poderes públicos en esta materia.

31.ª Estadística para fines estatales.

32.ª Autorización para la convocatoria de consultas populares por vía de referéndum.

2. Sin perjuicio de las competencias que podrán asumir las Comunidades Autónomas, el Estado considerará el servicio de la cultura como deber y atribución esencial y facilitará la comunicación cultural entre las Comunidades Autónomas, de acuerdo con ellas.

3. Las materias no atribuidas expresamente al Estado por esta Constitución podrán corresponder a las Comunidades Autónomas, en virtud de sus respectivos Estatutos. La competencia sobre las materias que no se hayan asumido por los Estatutos de Autonomía corresponderá al Estado, cuyas normas prevalecerán, en caso de conflicto, sobre las de las Comunidades Autónomas en todo lo que no esté atribuido a la exclusiva competencia de éstas. El derecho estatal será, en todo caso, supletorio del derecho de las Comunidades Autónomas.

Artículo 150

1. Las Cortes Generales, en materias de competencia estatal, podrán atribuir a todas o a alguna de las Comunidades Autónomas la facultad de dictar, para sí mismas, normas legislativas en el marco de los principios, bases y directrices fijados por una ley estatal. Sin perjuicio de la competencia de los Tribunales, en ca-

BORRADOR
DE LA CONSTITUCIÓN
(Artículos de contenido común)

distintos cuerpos profesionales que lo integran, sin perjuicio de la intervención de los (Territorios Autónomos) en la organización de la misma.

26) Orden Público.

27) Requisitos de expedición y homologación de títulos y la convalidación de los estudios académicos y profesionales.

28) Régimen de la producción, el comercio, la tenencia y el uso de armas y explosivos.

29) Estadísticas para fines estatales.

30) Fomento de la cultura española en el exterior y protección del patrimonio cultural español, por lo que se refiere a la exportación.

3. El Estado podrá autorizar por ley (o en los respectivos Estatutos), la asunción por parte de los (Territorios Autónomos) de la gestión o ejecución de los servicios y funciones administrativas que se deriven de las competencias que corresponden al Estado, de acuerdo con la precedente relación.

4. Las Leyes de Bases, aprobadas por las Cortes Generales, podrán atribuir expresamente, para todos o para alguno de los territorios autónomos, la facultad de dictar la correspondiente legislación delegada, para sus respectivos territorios.

5. El Estado podrá dictar leyes de bases para armonizar las disposiciones normativas regionales, aun en el caso de materias atribuibles a las competencia de éstas, cuando así lo exija el interés general. Corresponde al Senado la apreciación final de esta necesidad.

TEXTO CONSTITUCIONAL

da ley marco se establecerá la modalidad del control de las Cortes Generales sobre estas normas legislativas de las Comunidades Autónomas.

2. El Estado podrá transferir o delegar en las Comunidades Autónomas, mediante ley orgánica, facultades correspondientes a materia de titularidad estatal que por su propia naturaleza sean susceptibles de transferencia o delegación. La ley preverá en cada caso la correspondiente transferencia de medios financieros, así como las formas de control que se reserve el Estado.

3. El Estado podrá dictar leyes que establezcan los principios necesarios para armonizar las disposiciones normativas de las Comunidades Autónomas, aun en el caso de materias atribuidas a la competencia de éstas, cuando así lo exija el interés general. Corresponde a las Cortes Generales, por mayoría absoluta de cada Cámara, la apreciación de esta necesidad.

Artículo 151

1. No será preciso dejar transcurrir el plazo de cinco años, a que se refiere el apartado 2 del artículo 148, cuando la iniciativa del proceso autonómico sea acordada dentro del plazo del artículo 143,2, además de por las Diputaciones o los órganos interinsulares correspondientes, por las tres cuartas partes de los Municipios de cada una de las provincias afectadas que representen, al menos la mayoría del censo electoral de cada una de ellas y dicha iniciativa sea ratificada mediante referéndum por el voto afirmativo de la mayoría absoluta de los electores de cada provincia en los términos que establezca una ley orgánica.

2. En el supuesto previsto en el apartado anterior, el procedimiento para la elaboración del Estatuto será el siguiente:

1.º El Gobierno convocará a todos los Diputados y Senadores elegidos en las circunscripciones comprendidas en el ámbito territorial que pretenda acceder al autogobierno, para que se constituyan en Asamblea, a los solos efectos de elaborar el correspondiente proyecto de Estatuto de

BORRADOR
DE LA CONSTITUCIÓN
(Artículos de contenido común)

Principios de acuerdos

4. Procedimiento de elaboración y aprobación del Estatuto autónomo:

1) Aprobado por la Asamblea de Parlamentarios un texto común, una comisión especial del Congreso, constituida con el criterio de representación proporcional de todos los grupos parlamentarios, examinará, con el concurso y asistencia de una delegación de aquella Asamblea, el texto propuesto, con el fin de alcanzar en el pla-

TEXTO CONSTITUCIONAL

autonomía, mediante el acuerdo de la mayoría absoluta de sus miembros.

2.° Aprobado el proyecto de Estatuto por la Asamblea de Parlamentarios, se remitirá a la Comisión Constitucional del Congreso, la cual, dentro del plazo de dos meses, lo examinará con el concurso y asistencia de una delegación de la Asamblea proponente para determinar de común acuerdo su formulación definitiva.

3.° Si se alcanzare dicho acuerdo, el texto resultante será sometido a referéndum del cuerpo electoral de las provincias comprendidas en el ámbito territorial del proyectado Estatuto.

4.° Si el proyecto de Estatuto es aprobado en cada provincia por la mayoría de los votos válidamente emitidos, será elevado a las Cortes Generales. Los Plenos de ambas Cámaras decidirán sobre el texto mediante un voto de ratificación. Aprobado el Estatuto, el Rey lo sancionará y lo promulgará como ley.

5.° De no alcanzarse el acuerdo a que se refiere el apartado 2.° de este número, el proyecto de Estatuto será tramitado como proyecto de ley ante las Cortes Generales. El texto aprobado por éstas será sometido a referéndum del cuerpo electoral de las provincias comprendidas en el ámbito territorial del proyectado Estatuto. En caso de ser aprobado por la mayoría de los votos válidamente emitidos en cada provincia, procederá su promulgación en los términos del párrafo anterior.

3. En los casos de los párrafos 4.° y 5.° del apartado anterior, la no aprobación del proyecto de Estatuto por una o varias provincias no impedirá la constitución entre las restantes de la Comunidad Autónoma proyectada, en la forma que establezca la ley orgánica prevista en el apartado 1 de este artículo.

Artículo 152

1. En los Estatutos aprobados por el procedimiento a que se refiere el artículo anterior, la organización institucional autonómica se basará en una Asamblea Legislativa, elegida por sufragio universal, con arreglo a un sistema de representación proporcional que asegure, además, la re-

BORRADOR
DE LA CONSTITUCIÓN
(Artículos de contenido común)

zo de tres meses un acuerdo sobre su contenido definitivo.

2) Si se alcanzara dicha conformidad, el texto resultante será sometido a referéndum en bloque y en el ámbito territorial que pretenda extenderse su validez, para su ratificación o denegación.

3) Si el proyecto de Estatuto es aprobado por la mayoría absoluta de los votos válidamente emitidos, será elevado a las Cortes Generales para su aprobación definitiva en una sola votación.

4) De no alcanzarse la conformidad entre las delegaciones de la Asamblea y la comisión especial del Congreso, el proyecto de Estatuto será tramitado como proyecto de ley ante éstas. Los textos aprobados por las mismas, serán sometidos a referéndum de los electores inscritos en el censo electoral de la o las provincias que pretendan constituirse en región.

Artículo 140

1. La Asamblea ejercerá la potestad normativa, la aprobación de los Presupuestos y el Control del Consejo de Gobierno, sin perjuicio de las demás facultades que le atribuyan los respectivos Estatutos y las leyes.

2. La Asamblea será elegida por sufra-

TEXTO CONSTITUCIONAL

presentación de las diversas zonas del territorio; un Consejo de Gobierno con funciones ejecutivas y administrativas y un Presidente, elegido por la Asamblea, de entre sus miembros, y nombrado por el Rey, al que corresponde la dirección del Consejo de Gobierno, la suprema representación de la respectiva Comunidad y la ordinaria del Estado en aquélla. El Presidente y los miembros del Consejo de Gobierno serán políticamente responsables ante la Asamblea.

Un Tribunal Superior de Justicia, sin perjuicio de la jurisdicción que corresponde al Tribunal Supremo, culminará la organización judicial en el ámbito territorial de la Comunidad Autónoma. En los Estatutos de las Comunidades Autónomas podrán establecerse los supuestos y las formas de participación de aquéllas en la organización de las demarcaciones judiciales del territorio. Todo ello de conformidad con lo previsto en la ley orgánica del poder judicial y dentro de la unidad e independencia de éste.

Sin perjuicio de lo dispuesto en el artículo 123, las sucesivas instancias procesales, en su caso, se agotarán ante órganos judiciales radicados en el mismo territorio de la Comunidad Autónoma en que esté el órgano competente en primera instancia.

2. Una vez sancionados y promulgados los respectivos Estatutos, solamente podrán ser modificados mediante los procedimientos en ellos establecidos y con referéndum entre los electores inscritos en los censos correspondientes.

3. Mediante la agrupación de municipios limítrofes, los Estatutos podrán establecer circunscripciones territoriales propias, que gozarán de plena personalidad jurídica.

Artículo 153

El control de la actividad de los órganos de las Comunidades Autónomas se ejercerá:

a) Por el Tribunal Constitucional, el relativo a la constitucionalidad de sus disposiciones normativas con fuerza de ley.

BORRADOR
DE LA CONSTITUCIÓN
(Artículos de contenido común)

gio universal, libre, igual, directo y secreto, con arreglo a un sistema de representación proporcional que en todo caso, respetará los principios establecidos en la ley Electoral General.

3. Todas las normas y acuerdos de la Asamblea deberán respetar los compromisos internacionales del Estado.

4. La promulgación de las normas aprobadas por la Asamblea de cada Territorio Autónomo, se hará en nombre del Rey.

Artículo 141

1. El Consejo de Gobierno ejerce las funciones ejecutiva y administrativa derivadas de las competencias del Territorio Autónomo, así como la potestad reglamentaria en relación con las funciones propias y las delegadas.

2. En el ejercicio de sus competencias, los órganos de los Territorios Autónomos gozarán de las potestades y privilegios propios de la Administración Pública en general.

3. El presidente y los consejeros del (Territorio Autónomo) serán políticamente responsables ante la Asamblea en la forma y modalidades que se establezcan por los respectivos Estatutos.

4. Tanto a los consejeros, como al presidente, les será exigida la responsabilidad civil y penal, conforme a los criterios establecidos en la Constitución para el Gobierno del Estado.

Artículo 142

1. La dirección del Gobierno de cada (Territorio Autónomo) corresponde a un presidente elegido por la Asamblea y nombrado por el Rey.

2. El presidente ostenta la suprema representación del (Territorio), así como la del Estado en aquél.

Artículo 145

El control de la actividad de los órganos autonómicos se ejercerá:

a) El relativo a la constitucionalidad y legalidad, por el Tribunal de Garantías Constitucionales.

b) El concerniente al uso de las fun-

TEXTO CONSTITUCIONAL

b) Por el Gobierno, previo dictamen del Consejo de Estado, el del ejercicio de funciones delegadas a que se refiere el apartado 2 del artículo 150.

c) Por la jurisdicción contencioso-administrativa, el de la administración autónoma y sus normas reglamentarias.

d) Por el Tribunal de Cuentas, el económico y presupuestario.

Artículo 154

Un Delegado nombrado por el Gobierno dirigirá la Administración del Estado en el territorio de la Comunidad Autónoma y la coordinará, cuando proceda, con la administración propia de la Comunidad.

Artículo 155

1. Si una Comunidad Autónoma no cumpliere las obligaciones que la Constitución y otras leyes le impongan, o actuare de forma que atente gravemente al interés general de España, el Gobierno, previo requerimiento al Presidente de la Comunidad Autónoma y, en el caso de no ser atendido, con la aprobación por mayoría absoluta del Senado, podrá adoptar las medidas necesarias para obligar a aquéllas al cumplimiento forzoso de dichas obligaciones o para la protección del mencionado interés general.

2. Para la ejecución de las medidas previstas en el apartado anterior, el Gobierno podrá dar instrucciones a todas las autoridades de las Comunidades Autónomas.

BORRADOR
DE LA CONSTITUCIÓN
(Artículos de contenido común)

ciones delegadas a que se hace referencia en el artículo 143.4 por el Consejo de Estado.

c) El de la Administración autonómica, a la jurisdicción Contencioso-Administrativa.

d) El Económico y presupuestario, con intervención del Tribunal de Cuentas.

Artículo 146

Un delegado nombrado por el Gobierno y residente en la capital de la región, dirigirá la Administración periférica del Estado no delegada y la coordinación cuando proceda con la Administración autonómica.

Artículo 147

1. Todos los textos legislativos aprobados por la Asamblea de la región, serán inmediatamente comunicados por el presidente regional al Gobierno que puede, en el plazo de un mes, solicitar de la Asamblea una segunda deliberación sobre todos o algunos extremos del texto, señalando las razones para ello. En este caso, el texto no se considerará aprobado si no es votado por la mayoría absoluta de los miembros de la Asamblea.

2. Si a juicio del Gobierno el texto aprobado por la mayoría absoluta de los miembros de la Asamblea es contrario a una norma de rango superior, daño los intereses generales, en el plazo de quince días puede, respectivamente, interponer el correspondiente recurso ante el Tribunal de Garantías Constitucionales o plantear la cuestión ante el Senado. La decisión de estas instancias se impondrá a todos.

3. En ningún caso la ley aprobada por las instancias autónomas puede publicarse antes de haber transcurrido los plazos fijados en los párrafos anteriores, salvo que el Gobierno hubiera comunicado al presidente regional su consentimiento expreso. Los plazos pueden reducirse en una tercera parte cuando el proyecto en cuestión hubiera sido declarado urgente por la Asamblea de Territorios Autónomos.

TEXTO CONSTITUCIONAL

BORRADOR DE LA CONSTITUCIÓN (Artículos de contenido común)

Artículo 148

1. Si un territorio autónomo no cumpliera las obligaciones que la Constitución u otra ley estatal le imponga respecto del Estado, el Gobierno con la aprobación del Senado podrá adoptar las medidas necesarias para obligar al territorio autónomo al cumplimiento de dichas obligaciones por vía coercitiva.

2. Para la ejecución de las medidas coercitivas, el Gobierno tiene derecho de dar instrucciones a todos los territorios autónomos y a las autoridades de los mismos.

Artículo 156

1. Las Comunidades Autónomas gozarán de autonomía financiera para el desarrollo y ejecución de sus competencias con arreglo a los principios de coordinación con la Hacienda estatal y de solidaridad entre todos los españoles.

2. Las Comunidades Autónomas podrán actuar como delegados o colaboradores del Estado para la recaudación, la gestión y la liquidación de los recursos tributarios de aquél, de acuerdo con las leyes y los Estatutos.

Artículo 149

1. Los territorios autónomos gozarán de autonomía financiera para el desarrollo de sus competencias y funciones, sin perjuicio de la soberanía tributaria que corresponde al Estado y del principio de solidaridad entre todos los españoles.

2. Los territorios autónomos podrán actuar como delegados o colaboradores del Estado para la recaudación, la gestión y la liquidación de los recursos tributarios de aquél, de acuerdo con los Estatutos y las leyes.

Artículo 157

1. Los recursos de las Comunidades Autónomas estarán constituidos por:

a) Impuestos cedidos total o parcialmente por el Estado; recargos sobre impuestos estatales y otras participaciones en los ingresos del Estado.

b) Sus propios impuestos, tasas y contribuciones especiales.

c) Transferencias de un Fondo de Compensación interterritorial y otras asignaciones con cargo a los Presupuestos Generales del Estado.

d) Rendimientos procedentes de su patrimonio e ingresos de derecho privado.

e) El producto de las operaciones de crédito.

2. Las Comunidades Autónomas no podrán en ningún caso adoptar medidas tributarias sobre bienes situados fuera de su territorio o que supongan obstáculo para la libre circulación de mercancías o servicios.

Artículo 150

1. Los recursos de los Territorios Autónomos, estarán constituidos:

a) Por recargos sobre los tributos estatales. Estos recargos sólo podrán recaer sobre la renta o el patrimonio de las personas físicas residentes en el territorio autonómico o sobre el gasto, siempre que, en este caso, sus cargas no graviten fuera del territorio en que ejerza su jurisdicción el ente regional ni supongan obstáculos para la libre circulación de bienes en el territorio del Estado.

Los entes regionales podrán establecer igualmente contribuciones especiales y tasas, por obras, servicios o actividades realizadas por los mismos.

b) Por transferencias del Estado que se realizarán a través de un fondo de carácter general, para atender la realización de gastos corrientes, y un fondo especial para el desarrollo regional, con objeto de

TEXTO CONSTITUCIONAL

3. Mediante ley orgánica podrá regularse el ejercicio de las competencias financieras enumeradas en el precedente apartado 1, las normas para resolver los conflictos que pudieran surgir y las posibles formas de colaboración financiera entre las Comunidades Autónomas y el Estado.

Artículo 158

1. En los Presupuestos Generales del Estado podrá establecerse una asignación a las Comunidades Autónomas en función del volumen de los servicios y actividades estatales que hayan asumido y de la garantía de un nivel mínimo en la prestación de los servicios públicos fundamentales en todo el territorio español.

2. Con el fin de corregir desequilibrios económicos interterritoriales y hacer efectivo el principio de solidaridad, se constituirá un Fondo de Compensación con destino a gastos de inversión, cuyos recursos serán distribuidos por las Cortes Generales entre las Comunidades Autónomas y provincias, en su caso.

BORRADOR
DE LA CONSTITUCIÓN
(Artículos de contenido común)

financiar los proyectos de inversión que coadyuven al mismo.

Artículo 151

1. Anualmente, en los Presupuestos Generales del Estado, se fijará la asignación con que los territorios autónomos deben participar en los ingresos globales del Estado, con cargo a un fondo de compensación territorial, en función del volumen de los servicios y actividades de carácter público asumidas por los territorios autónomos, de las exigencias del desarrollo general y de la garantía de un nivel mínimo en la prestación de los servicios públicos fundamentales en todo el Estado.

2. La asignación global para cada territorio autónomo con cargo al referido fondo será aprobada anualmente por el Senado, atendiendo fundamentalmente al coste de las competencias asumidas por cada territorio autónomo.

Igualmente, el Senado asignará a cada territorio autónomo, con cargo al mismo fondo, una determinada cantidad con criterios que atiendan a la corrección de los desequilibrios económicos existentes entre las diferentes nacionalidades y regiones.

TÍTULO IX

Del Tribunal Constitucional

Artículo 159

1. El Tribunal Constitucional se compone de 12 miembros nombrados por el Rey; de ellos, cuatro a propuesta del Congreso por mayoría de tres quintos de sus miembros; cuatro a propuesta del Senado, con idéntica mayoría; dos a propuesta del Gobierno, y dos a propuesta del Consejo General del Poder Judicial.

2. Los miembros del Tribunal Constitucional deberán ser nombrados entre Magistrados y Fiscales, Profesores de Universidad, funcionarios públicos y Aboga-

Garantías

Artículo 130

1. Los miembros del Tribunal de Garantías serán nombrados por el Rey.

2. A propuesta del Gobierno.

4. *[sic]* A propuesta del Congreso.

3. *[sic]* A propuesta del Senado.

2. *[sic]* A propuesta del Consejo General del Poder Judicial.

2. Los miembros del Tribunal de Garantías Constitucionales deberán ser nombradas entre magistrados y fiscales profesores numerarios de facultades de Derecho y Ciencias Políticas de cualquier Uni-

TEXTO CONSTITUCIONAL

dos, todos ellos juristas de reconocida competencia con más de quince años de ejercicio profesional.

3. Los miembros del Tribunal Constitucional serán designados por un período de nueve años y se renovarán por terceras partes cada tres.

4. La condición de miembro del Tribunal Constitucional es incompatible: con todo mandato representativo; con los cargos políticos o administrativos; con el desempeño de funciones directivas en un partido político o en un sindicato y con el empleo al servicio de los mismos; con el ejercicio de las carreras judicial y fiscal, y con cualquier actividad profesional o mercantil.

En lo demás, los miembros del Tribunal Constitucional tendrán las incompatibilidades propias de los miembros del poder judicial.

5. Los miembros del Tribunal Constitucional serán independientes e inamovibles en el ejercicio de su mandato.

Artículo 160

El Presidente del Tribunal Constitucional será nombrado entre sus miembros por el Rey, a propuesta del mismo Tribunal en pleno y por un período de tres años.

Artículo 161

1. El Tribunal Constitucional tiene jurisdicción en todo el territorio español y es competente para conocer:

a) Del recurso de inconstitucionalidad contra leyes y disposiciones normativas con fuerza de ley. La declaración de inconstitucionalidad de una norma jurídica con rango de ley, interpretada por la jurisprudencia, afectará a ésta, si bien la sentencia o sentencias recaídas no perderán el valor de cosa juzgada.

b) Del recurso de amparo por violación de los derechos y libertades referidos en el artículo 53, 2, de esta Constitución, en los casos y formas que la ley establezca.

c) De los conflictos de competencia entre el Estado y las Comunidades Autónomas o de los de éstas entre sí.

d) De las demás materias que le atri-

BORRADOR
DE LA CONSTITUCIÓN
(Artículos de contenido común)

versidad española y abogados, todos ellos con más de veinte años de ejercicio profesional.

3. Los miembros del Tribunal de Garantías serán designados por un período de nueve años y se renovarán por terceras partes cada tres años.

4. La condición de miembro del Tribunal de Garantías Constitucionales es incompatible con todo mandato representativo, cargo político o administrativo, función judicial y fiscal, ejercicio de la carrera forense, pertenencia a la directiva de un partido político o empleo al servicio del mismo y, en general, tendrán las incompatibilidades propias de los miembros del poder judicial. Serán, asimismo, independientes e inamovibles durante el ejercicio de su mandato.

Artículo 131

El Tribunal de Garantías Constitucionales será presidido por aquel de sus miembros que el Rey designe cada tres años a propuesta del mismo Tribunal en pleno.

Artículo 132

El Tribunal de Garantías Constitucionales tiene jurisdicción en todo el territorio del Estado y es competente para conocer de las siguientes materias:

a) De la declaración de inconstitucionalidad de leyes y normas con fuerzas de la ley del Estado y de las unidades territoriales de autogobierno.

b) De los conflictos jurídicos entre los órganos centrales y los de las unidades territoriales de autogobierno y los de éstas entre sí.

c) De los recursos de amparo por violación de los derechos establecidos en el Título II de la presente Constitución cuando se hubieran agotado los demás recursos.

d) En los demás casos previstos en la Constitución o en las leyes.

TEXTO CONSTITUCIONAL

buyan la Constitución o las leyes orgánicas.

2. El Gobierno podrá impugnar ante el Tribunal Constitucional las disposiciones y resoluciones adoptadas por los órganos de las Comunidades Autónomas. La impugnación producirá la suspensión de la disposición o resolución recurrida, pero el Tribunal, en su caso, deberá ratificarla o levantarla en un plazo no superior a cinco meses.

Artículo 162

1. Están legitimados:

a) Para interponer el recurso de inconstitucionalidad, el Presidente del Gobierno, el Defensor del Pueblo, 50 Diputados, 50 Senadores, los órganos colegiados ejecutivos de las Comunidades Autónomas y, en su caso, las Asambleas de las mismas.

b) Para interponer el recurso de amparo, toda persona natural o jurídica que invoque un interés legítimo, así como el Defensor del Pueblo y el Ministerio Fiscal.

2. En los demás casos, la ley orgánica determinará las personas y órganos legitimados.

Artículo 163

Cuando un órgano judicial considere, en algún proceso, que una norma con rango de ley, aplicable al caso, de cuya validez dependa el fallo, pueda ser contraria a la Constitución, planteará la cuestión ante el Tribunal Constitucional en los supuestos, en la forma y con los efectos que establezca la ley, que en ningún caso serán suspensivos.

Artículo 164

1. Las sentencias del Tribunal Constitucional se publicarán en el *Boletín Ofi-*

BORRADOR DE LA CONSTITUCIÓN
(Artículos de contenido común)

Función de interpretación: Pendiente para segunda lectura.

Artículo 133

1. Están legitimados para interponer el recurso de inconstitucionalidad, el presidente del Congreso de los Diputados, el presidente del Senado, el presidente del Gobierno, los presidentes de los Parlamentos de las Unidades Territoriales de Autogobierno, los presidentes de los Consejos Ejecutivos de las mismas, el defensor del pueblo, cincuenta diputados, veinticinco senadores.

2. Están legitimados para interponer recurso de amparo, toda persona natural o jurídica que invoque un interés legítimo o del defensor del pueblo previsto en el artículo...

3. Están legitimados para plantear los conflictos jurídicos a que se refiere el artículo 132, *b),* el Gobierno o los órganos supremos de las Unidades Territoriales de Autogobierno, según los casos.

4. En los supuestos previstos en el apartado *d)* del artículo 132, las personas naturales o jurídicas previstas en las respectivas leyes orgánicas o en las específicas del propio Tribunal de Garantías.

5. Cuando algún juez o tribunal, de oficio, considere en algún proceso que una norma legal invocada, puede ser contraria a la Constitución, elevará consulta al Tribunal de Garantías Constitucionales para que decida sobre la constitucionalidad de la misma.

Artículo 134

Las sentencias del Tribunal de Garantías Constitucionales tienen efectos plenos

TEXTO CONSTITUCIONAL

cial del Estado con los votos particulares, si los hubiere. Tienen el valor de cosa juzgada a partir del día siguiente de su publicación y no cabe recurso alguno contra ellas. Las que declaren la inconstitucionalidad de una ley o de una norma con fuerza de ley y todas las que no se limiten a la estimación subjetiva de un derecho, tienen plenos efectos frente a todos.

2. Salvo que en el fallo se disponga otra cosa, subsistirá la vigencia de la ley en la parte no afectada por la inconstitucionalidad.

Artículo 165

Una ley orgánica regulará el funcionamiento del Tribunal Constitucional, el estatuto de sus miembros, el procedimiento ante el mismo y las condiciones para el ejercicio de las acciones.

TÍTULO X

De la reforma constitucional

Artículo 166

La iniciativa de reforma constitucional se ejercerá en los términos previstos en los apartados 1 y 2 del artículo 87.

Artículo 167

1. Los proyectos de reforma constitucional deberán ser aprobados por una mayoría de tres quintos de cada una de las Cámaras. Si no hubiera acuerdo entre ambas, se intentará obtenerlo mediante la creación de una Comisión de composición paritaria de Diputados y Senadores, que presentará un texto que será votado por el Congreso y el Senado.

2. De no lograrse la aprobación mediante el procedimiento del apartado anterior, y siempre que el texto hubiere obtenido el voto favorable de la mayoría absoluta del Senado, el Congreso por mayoría de dos tercios podrá aprobar la reforma.

3. Aprobada la reforma por las Cortes Generales, será sometida a referéndum para su ratificación cuando así lo soliciten, dentro de los quince días siguientes

BORRADOR
DE LA CONSTITUCIÓN
(Artículos de contenido común)

e inmediatos, a partir del día siguiente de su publicación en el *Boletín Oficial del Estado;* tienen eficacia frente a todos, y no cabe recurso contra ellas.

Salvo que en la sentencia se disponga otra cosa, se aplicará el principio de conservación de la norma para todas aquellas partes de la ley que no estén afectadas por la inconstitucionalidad. Se respetarán los derechos adquiridos por terceros de buena fe, hasta el momento de la publicación del fallo.

Artículo 135

Una ley Orgánica regulará el funcionamiento del Tribunal de Garantías Constitucionales, el estatuto de sus miembros y el procedimiento ante el mismo.

TÍTULO

De la reforma de la Constitución

Artículo 126

La iniciativa de reforma constitucional se ejercerá en los términos del artículo 80.

Artículo 127

1. Las propuestas de reforma constitucional, cuando fueren de carácter parcial, deberán ser aprobadas por la mayoría de los dos tercios de cada Cámara y sometidas a referéndum.

Artículo 128

1. En caso de desacuerdo entre las Cámaras, se intentará resolverlo en una conferencia conjunta, integrada por miembros de las (dos Cámaras), en proporción a su número.

2. De no lograrse el acuerdo, resolverá en definitiva el Congreso por mayoría de dos tercios.

3. De no lograrse dicho quórum, quedará sin efecto la reforma.

TEXTO CONSTITUCIONAL

a su aprobación, una décima parte de los miembros de cualquiera de las Cámaras.

Artículo 168

1. Cuando se propusiere la revisión total de la Constitución o una parcial que afecte al Título preliminar, al Capítulo segundo, Sección primera del Título I, o al Título II, se procederá a la aprobación del principio por mayoría de dos tercios de cada Cámara, y a la disolución inmediata de las Cortes.

2. Las Cámaras elegidas deberán ratificar la decisión y proceder al estudio del nuevo texto constitucional, que deberá ser aprobado por mayoría de dos tercios de ambas Cámaras.

3. Aprobada la reforma por las Cortes Generales, será sometida a referéndum para su ratificación.

Artículo 169

No podrá iniciarse la reforma constitucional en tiempo de guerra o de vigencia de alguno de los estados previstos en el artículo 116.

DISPOSICIONES ADICIONALES

Primera.

La Constitución ampara y respeta los derechos históricos de los territorios forales.

La actualización general de dicho régimen foral se llevará a cabo, en su caso, en el marco de la Constitución y de los Estatutos de Autonomía.

Segunda.

La declaración de mayoría de edad contenida en el artículo 12 de esta Constitución no perjudica las situaciones amparadas por los derechos forales en el ámbito del Derecho privado.

Tercera.

La modificación del régimen económico y fiscal del archipiélago canario requerirá informe previo de la Comunidad Autónoma o, en su caso, del órgano provisional autonómico.

BORRADOR
DE LA CONSTITUCIÓN
(Artículos de contenido común)

2. (Art. 127). Cuando se propusiera la revisión total, se procederá a la aprobación del principio de la mayoría de los dos tercios de cada Cámara y a la disolución inmediata de las Cortes.

3. Las nuevas Cámaras elegidas deberán ratificar la decisión y proceder al estudio del nuevo texto constitucional. Este deberá ser aprobado por mayoría absoluta de ambas Cámaras y sometido a referéndum.

4. Se entenderá que es revisión total la que afecte a más de la mitad de los artículos de la Constitución o a un Título completo de la misma.

Artículo 129

No procede la reforma constitucional, ni trámite alguno de los indicados, en tiempo de guerra o de declaración de alguno de los estados de excepción.

TEXTO CONSTITUCIONAL

Cuarta.

En las Comunidades Autónomas donde tengan su sede más de una Audiencia Territorial, los Estatutos de Autonomía respectivos podrán mantener las existentes, distribuyendo las competencias entre ellas, siempre de conformidad con lo previsto en la ley orgánica del poder judicial y dentro de la unidad e independencia de éste.

DISPOSICIONES TRANSITORIAS

Primera.

En los territorios dotados de un régimen provisional de autonomía, sus órganos colegiados superiores, mediante acuerdo adoptado por la mayoría absoluta de sus miembros, podrán sustituir la iniciativa que el apartado 2 del artículo 143 atribuye a las Diputaciones Provinciales o a los órganos interinsulares correspondientes.

Segunda.

Los territorios que en el pasado hubiesen plebiscitado afirmativamente proyectos de Estatuto de autonomía y cuenten, al tiempo de promulgarse esta Constitución, con regímenes provisionales de autonomía podrán proceder inmediatamente en la forma que se prevé en el apartado 2 del artículo 148, cuando así lo acordaren, por mayoría absoluta, sus órganos preautonómicos colegiados superiores, comunicándolo al Gobierno. El proyecto de Estatuto será elaborado de acuerdo con lo establecido en el artículo 151, número 2, a convocatoria del órgano colegiado preautonómico.

BORRADOR
DE LA CONSTITUCIÓN
(Artículos de contenido común)

Principios de acuerdos

1. Se aprueba, sin redacción específica, una disposición transitoria que reconozca la especialidad de las nacionalidades y regiones dotadas de regímenes preautonómicos, en los que la iniciativa para dotarse de un régimen definitivo de autogobierno corresponderá a los órganos ya existentes.

TEXTO CONSTITUCIONAL VIGENTE SIN CORRESPONDENCIA CON EL BORRADOR

Tercera.

La iniciativa del proceso autonómico por parte de las Corporaciones locales o de sus miembros, prevista en el apartado 2 del artículo 143, se entiende diferida, con todos sus efectos, hasta la celebración de las primeras elecciones locales una vez vigente la Constitución.

Cuarta.

1. En el caso de Navarra, y a efectos de su incorporación al Consejo General Vasco o al régimen autonómico vasco que le sustituya, en lugar de lo que establece el artículo 143 de la Constitución, la iniciativa corresponde al Órgano Foral competente, el cual adoptará su decisión por mayoría de los miembros que lo componen. Para la validez de dicha iniciativa será preciso, además, que la decisión del Órgano Foral competente sea ratificada por referéndum expresamente convocado al efecto, y aprobado por mayoría de los votos válidos emitidos.

2. Si la iniciativa no prosperase, solamente se podrá reproducir la misma en distinto período del mandato del Órgano Foral competente, y en todo caso, cuando haya transcurrido el plazo mínimo que establece el artículo 143.

Quinta.

Las ciudades de Ceuta y Melilla podrán constituirse en Comunidades Autónomas si así lo deciden sus respectivos Ayuntamientos, mediante acuerdo adoptado por la mayoría absoluta de sus miembros y así lo autorizan las Cortes Generales, mediante una ley orgánica, en los términos previstos en el artículo 144.

Sexta.

Cuando se remitieran a la Comisión Constitucional del Congreso varios proyectos de Estatuto, se dictaminarán por el orden de entrada en aquélla, y el plazo de dos meses a que se refiere el artículo 151 empezará a contar desde que la Comisión termine el estudio del proyecto o proyectos de que sucesivamente haya conocido.

Séptima.

Los organismos provisionales autonómicos se considerán disueltos en los siguientes casos:

a) Una vez constituidos los órganos que establezcan los Estatutos de autonomía aprobados conforme a esta Constitución.

b) En el supuesto de que la iniciativa del proceso autonómico no llegara a prosperar por no cumplir los requisitos previstos en el artículo 143.

c) Si el organismo no hubiera ejercido el derecho que le reconoce la disposición transitoria primera en el plazo de tres años.

Octava.

1. Las Cámaras que han aprobado la presente Constitución asumirán, tras la entrada en vigor de la misma, las funciones y competencias que en ella se señalan, respectivamente, para el Congreso y el Senado, sin que en ningún caso su mandato se extienda más allá del 15 de junio de 1981.

2. A los efectos de lo establecido en el artículo 99, la promulgación de la Constitución se considerará como supuesto constitucional en el que procede su aplicación. A tal efecto, a partir de la citada promulgación se abrirá un período de treinta días para la aplicación de lo dispuesto en dicho artículo.

Durante este período, el actual Presidente del Gobierno, que asumirá las funciones y competencias que para dicho cargo establece la Constitución, podrá optar por utilizar la facultad que le reconoce el artículo 115 o dar paso, mediante la dimisión, a la aplicación de lo establecido en el artículo 99, quedando en este último caso en la situación prevista en el apartado 2 del artículo 101.

3. En caso de disolución, de acuerdo con lo previsto en el artículo 115, y si no se hubiera desarrollado legalmente lo previsto en los artículos 68 y 69, serán de aplicación en las elecciones las normas vigentes con anterioridad, con las solas excepciones de que en lo referente a inelegibilidades e incompatibilidades se aplicará directamente lo previsto en el inciso segundo de la letra *b)* del apartado 1 del artículo 70 de la Constitución, así como lo dispuesto en la misma respecto a la edad para el voto y lo establecido en el artículo 69.3.

Novena.

A los tres años de la elección por vez primera de los miembros del Tribunal Constitucional se procederá por sorteo para la designación de un grupo de cuatro miembros de la misma procedencia electiva que haya de cesar y renovarse. A estos solos efectos se entenderán agrupados como miembros de la misma procedencia a los dos designados a propuesta del Gobierno y a los dos que proceden de la formulada por el Consejo General del Poder Judicial. Del mismo modo se procederá transcurridos otros tres años entre los dos grupos no afectados por el sorteo anterior. A partir de entonces se estará a lo establecido en el número 3 del artículo 159.

DISPOSICIÓN DEROGATORIA

1. Queda derogada la Ley 1/1977, de 4 de enero, para la Reforma Política, así como, en tanto en cuanto no estuvieran ya derogadas por la anteriormente mencionada Ley, la de Principios del Movimiento Nacional de 17 de mayo de 1958; el Fuero de los Españoles, de 17 de julio de 1945; el del Trabajo, de 9 de marzo de 1938; la Ley Constitutiva de las Cortes, de 17 de julio de 1942; la Ley de Sucesión en la Jefatura del Estado, de 26 de julio de 1947, todas ellas modificadas por la Ley Orgánica del Estado, de 10 de enero de 1967, y en los mismos términos esta última y la de Referéndum Nacional de 22 de octubre de 1945.

2. En tanto en cuanto pudiera conservar alguna vigencia, se considera definitivamente derogada la Ley de 25 de octubre de 1839 en lo que pudiera afectar a las provincias de Álava, Guipúzcoa y Vizcaya.

En los mismos términos se considera definitivamente derogada la Ley de 21 de julio de 1876.

3. Asimismo, quedan derogadas cuantas disposiciones se opongan a lo establecido en esta Constitución.

DISPOSICIÓN FINAL

Esta Constitución entrará en vigor el mismo día de la publicación de su texto oficial en el *Boletín Oficial del Estado.* Se publicará también en las demás lenguas de España.

POR TANTO,

MANDO A TODOS LOS ESPAÑOLES, PARTICULARES Y AUTORIDADES, QUE GUARDEN Y HAGAN GUARDAR ESTA CONSTITUCIÓN COMO NORMA FUNDAMENTAL DEL ESTADO.

PALACIO DE LAS CORTES, A VEINTISIETE DE DICIEMBRE DE MIL NOVECIENTOS SETENTA Y OCHO.

JUAN CARLOS R.

EL PRESIDENTE DE LAS CORTES
Antonio Hernández Gil.

EL PRESIDENTE DEL CONGRESO DE LOS DIPUTADOS
Fernando Álvarez de Miranda y Torres

EL PRESIDENTE DEL SENADO
Antonio Fontán Pérez.

TEXTO DEL BORRADOR SIN CORRESPONDENCIA CON EL TEXTO CONSTITUCIONAL VIGENTE

Artículo 65

Las Cámaras funcionarán en Pleno y por comisiones.

2. (Art. 95). El Gobierno responde colectivamente de su gestión.

1. (Art. 96). El presidente del Gobierno es nombrado por el Rey, en los términos previstos en el artículo...

Artículo 99

Podrán nombrarse vicepresidentes, en número máximo de tres, que sustituirán por su orden al presidente.

Este podrá delegar en ellos las atribuciones que juzgue oportuno. De no existir vicepresidentes, la sustitución corresponde al ministro que se designe.

Artículo 115

Las cuestiones relacionadas con la Hacienda Pública serán reguladas por una Ley Orgánica de Administración y Contabilidad.

Artículo 116 bis

El Gobierno necesita estar autorizado por la ley para disponer de las propiedades del Estado. Será nulo todo (acto) que infrinja este precepto.

Artículo 158

Los territorios autónomos elaborarán su presupuesto anual, con equilibrio de ingresos y gastos, sin perjuicio de la posibilidad en la formación de presupuestos extraordinarios a financiar con cargo a sus recursos específicos o a los procedentes de operaciones de créditos.

Principios de acuerdos

2. Hacienda de los territorios autónomos.

Se acuerda que la potestad tributaria derivada, de los territorios autónomos, permitirá la libre creación de tasas y contribuciones especiales, y por lo que se refiere a los impuestos, tendrá competencia, de acuerdo con una lista que vendrá fijada en la Constitución. En principio, dichos impuestos serían los que pudieran territorializarse y como ejemplo, los que gravan determinadas ventas y el comercio al detalle; en caso de coincidencia con las figuras impositivas del Estado, los hechos imponibles y bases aplicables serían las mismas que las de éste.

3. (Principios de acuerdos.) *Orden Público.*

Sin perjuicio de la posibilidad de creación de policías territoriales que coadyuven al mantenimiento del Orden Público, en la forma en que se acordase por los Estatutos y acuerdos sobre la transferencia de competencias.

ÍNDICE ONOMÁSTICO